JN426877

장사꾼이 유교(儒敎)를 말하다.

-중국 청나라 유상(儒商) 이야기

중국 청나라
유상 이야기

장사꾼이 유교儒教를 말하다

백 철 지음

학자원

책을 내면서

21세기 들어 중국이 화두이다. 중국에 대해 많은 정치, 경제 개론서와 어학, 문화 관련 책들이 쏟아지고 있다. 중국은 바로 옆에 있는 나라인 만큼 관광, 경제교류 뿐 아니라 정치적인 관계도 긴밀하다. 하지만 중국에 대해 우리는 과연 얼마나 체계적이고 종합적인 분석과 연구를 하고 있는 것일까?

필자는 중국 고전문학을 전공하고 경제신문 기자로 사회생활을 시작했다. 기자생활 동안 사회, 정치, 경제 등 여러 분야를 취재해 지식과 경험을 확대하고 뛰어난 사람들을 만날 수 있었다. 그러나 각 업계의 주요 인사들을 취재하면서 우리나라의 지식인과 사회 지도층이 여전히 실질보다는 명분과 형식을 중요시하고 탁상공론에 치우친 사람들이 많다는 것을 느끼게 됐다.

특히 중국의 경우는 많은 사람들이 중국을 왕래하고 중국어도 학습하며 중국 전문가들이 많은 것처럼 보이나 실상은 전문가가 부족하고 체계적인 분석도 전무하다시피 했다. 이 때문에 많은 기업이 중국에 진출해도 시행착오를 반복하고 중국에 휘둘리는 경우를 다수 발견했다.

필자는 고려대학교 석사논문으로 '중국의 협객사상'에 대해 썼고 복단대학교 박사논문은 '중국인의 상업의식'을 주제로 연구했다. 중국인의 가장 기본적인 문화특색이라고 볼 수 있는 의협(義俠)과 상업(商業)에 대해 연구를 했으나 기자생활을 통해서는 실무를 접해볼 수 있는 기회는 없었다. 실무를 경험하겠다는 생각으로 모든 사람들의 만류를 무릅쓰고 과감히 전직해 중국 상업계에 뛰어들었다.

초기 5년 동안은 미국, 유럽, 호주 지역 해외영업을 담당했으나 이후 드디어 중국 영업을 시작해 10년가량 경험했고 이 중 8년은 중국 현지에서 근무를 하며 현재도 중국 광주에서 중국영업을 진행하고 있다.

그동안 학교에서 이론적인 공부를 하고 현장에서는 실무 위주로 경험을 해왔는데 중국 영업만 10년을 채운 올해, 그동안 공부했던 내용과 경험했던 일들을 출판 형태로 정리하고자 본서를 저술하게 됐다.

필자는 중국고전문학을 전공했기 때문에 중국고전문학을 기본 텍스트로 삼아 경영이론과 융합하는 차원에서 저술했다. 특히 석사논문과 박사논문을 통해 공통으로 연구한 작품과 인물인 ≪요재지이(聊齋志異)≫와 포송령(蒲松齡)을 주요대상으로 했고 청나라 초기를 시대적 배경으로 삼았다.

청나라 초기는 정치적으로는 통제와 억압이 심했으나 문화, 경제적으로는 많은 발전을 이뤘고 만주족이라는 소수민족이 집권해 중국 역사상 가장 강력한 국가체제를 수립한 시기이다. 현재의 중국 지도자 시진핑이 청나라 초기 전성기를 이끌었던 황제 강희제와 비슷한 면모를 갖고 있고 당시의 시대적 분위기와 현재 중국의 상황이 비슷한 부분들이 많다.

시진핑이 비록 강희제처럼 소수민족 출신의 황제는 아니나 치열한 권력투쟁을 통해 강력한 독재 권력을 확보하고 국제사회 리더로 나선 부분은 동일하다. 또한 경제, 국방력을 발전시키는 것 외에도 문화 사업을 진작하고 시진핑 사상까지 개발한 점은 문화적 소양이 높고 대규모 출판 사업을 펼쳤던 강희제와 비슷한 부분이다.

본서가 중국문화와 경제에 대해 연구하는 일종의 지침서가 되기를 바란다. 아직까지는 중국고전문학과 경영이론을 융합하는 이론에 대해 학계에서 연구하는 시도는 많지 않다. 단순히 흥미위주의 내용 없는 책들만 일부 출판됐을 뿐이다. 본서를 시작으로 중국 현지 영업의 실무와 고전문학을 필두로 한 문화현상에 대한 책들을 지속 저술할 계획이다.

졸고를 작성하는데 있어서 많은 분들의 도움을 받았다. 특히 중국경제에 대해 관심을 갖게 해준 매일경제신문사, 실제 중국영업을 할 수 있도록 기회를 준 대림코퍼레이션, ㈜효성 등 지금까지 근무해온 3개 회사에 감사를 드린다. 이들 회사에서 근무할 기회가 없었다면 필자 역시 도서관에서만 맴돌며 현실과 동떨어진 연구와 저술만 했을 가능성이 크다.

또한 묵묵히 옆에서 지켜봐주고 도와준 가족들과 출판할 수 있도록 도와주신 학자원 김병환 사장께도 감사를 드린다.

| 차 례 |

포송령의 상업의식과 경제관 ◈ 91

포송령 상업의식의 현대적 해석 ◈ 197

결론 ◈ 229

서론

중국을 어떻게 볼 것인가? 한국인으로서 가장 식상하면서도 동시에 가장 중요한 화두이다. 오천년 넘는 세월동안 중국에 종속되다시피 하며 많은 문화를 공유해왔기 때문에 중국을 가장 잘 알고 있다고 생각하지만 실제로는 제대로 아는 것이 없다.

21세기 들어서 중국을 빼놓고는 한국경제, 정치의 앞날을 생각하지 못할 정도로 중국의 정치, 경제적 위치가 중요해졌으나 이에 대한 체계적 분석과 준비가 부족한 것이 현실이다. 중국이 강력한 경제적 파워를 바탕으로 중국몽(中國夢), 동북공정(東北工程) 등 문화사업과 일대일로(一帶一路) 등 경제정책을 병행하며 새로운 중화질서를 구축하려는 시기에 인접국인 한국도 경제적, 문화적 대비를 해야 할 필요성이 크다.

본서에서는 중국 역대 상인(商人)들의 직업관, 상업의식 및 청

(淸)나라 초기 지식인 출신 상인, 즉 유상(儒商)들의 사상에 대해 다루고 있다. 청나라 초기 학문을 닦은 학자출신 상인들이 유교에 대해 어떤 생각을 갖고 있고 유교를 어떻게 말하고 있는지를 주요 테마로 삼고 향후 중국의 정치적, 경제적 비상에 대비해 한국은 어떻게 접근하고 중국과 관계를 구축해야 하는지에 대한 방향을 제시하려는 것이 본서의 목적이다.

중국인의 상업의식은 중국의 역사만큼이나 유구한 전통과 특색을 자랑하고 있다. 비록 한때는 성리학과 같은 관념적 유학(儒學)의 영향을 받아 지식인 계층을 중심으로 상업과 상인을 경시하는 풍조를 보이기도 했으나 중국인의 기질 자체는 내세의 안녕보다 현세의 금전과 물질을 중요시하고 평생 부자가 되는 것을 지상최고의 과제로 삼을 정도로 부(富)에 대한 숭배개념이 유난히 강하다. 특히 근대 초기 정치적 정체기를 지나 개혁, 개방이 이뤄진 후 상업에 대한 인식과 상업구조에 많은 변화가 일어났고 중국경제 발전에 맞춰 중국특색을 갖춘 상업과 상인들의 모습도 나타나기 시작했다.

최근 많은 경제학자들이 중국 상업의 역사적 전통에 관심을 기울이는 추세에 맞춰 문학계 또한 중국 문학작품들을 통해서 중국의 상업적 전통과 역사에 대한 조명을 하려는 시도가 있다. 이른바 융합학문적 접근방법인데 필자는 중국의 역대 왕조 중 고대에서 근대로 넘어가는 시기이고 마지막 봉건왕조이며 중국의 소수민족인 만주족이 중국을 지배했던 청나라 초기를 배경으로 당시 중국인들의 상업의식과 상업문화에 대한 분석을 하고자 한다.

청나라는 한족의 10분의 1도 안 되는 인구로 중국전체를 지배하고 신강(新疆), 티벳, 내몽고를 아우르는 광활한 중국영토를 확정했으며 한국인과도 혈연적 긴밀성을 갖고 있는 만주족에 의해 이뤄진 왕조이다. 만주족은 한족의 왕조인 명나라 즉, 대명국(大明國)을 멸망시키고 대청국(大淸國)을 세워 새로운 중원의 패자로 등극했다. 청나라 초기 한족을 제압하기 위해 문자옥(文字獄) 등 강압적인 공포정치를 구사하고 변발(辮髮), 치파오(旗袍) 등 만주족의 문화도 강요하며 전중국을 지배했다.

지배력이 안정화되자 강희제(康熙帝), 옹정제(雍正帝), 건륭제(乾隆帝) 등 초기 황족(皇族)들의 뛰어난 리더십을 발판삼아 문화, 상업을 부흥해 어느 역대 왕조보다 융성한 국가를 일궈냈고 봉건왕조 중 가장 긴 268년(1644~1912) 동안 중국전역을 지배했다. 누르하치가 '금(金)'이라는 나라를 세운 1616년부터 계산한다면 296년 동안 왕조를 유지했던 뛰어난 민족이다. 그러나 청나라 중기 이후 만주족으로서의 패기와 정체성을 잃어버리고 중국 마지막 봉건왕조와 함께 순식간에 역사의 뒤안길로 사라져버려 현재는 신분증 상의 '만족(滿族)'이라는 명칭만 남아있는 정도로 한족(漢族)에 완전 동화된 신비로운 민족이다.

만주족의 청나라가 무너지고 신해혁명, 항일투쟁 및 공산혁명이 진행됐던 19세기 말부터 20세기까지 약 100년 동안 중국의 침체기가 있었으나 오천년의 전체 역사를 조망해보면 중국은 세계적으로 유례를 찾아보기 힘든 경제적 발전과 문화전통을 이뤄냈고 21세기 들어서는 미국과 함께 G2(Group of Two)로 자리

매김하는 등 새로운 전성기를 구가하고 있다.

현재 중국의 발전은 어느 날 갑자기 일어난 사건이 아니라 중국의 문화적 전통과 잠재력에서 그 원동력을 찾을 수 있다. 이 때문에 단순히 서양 학자들에 의해 완성된 경제학적 관점과 분석기법으로 중국의 사회, 경제를 재단해서는 오류를 범할 수 있다는 문제의식을 갖고 아시아적 관점에서 중국경제와 상업문화를 분석해보고자 한다. 이는 동아시아에 속한 한국, 일본에 대해서도 마찬가지이다.

중국인의 상업에 대한 추구와 갈망은 앞에서도 언급한 것처럼 강렬하고 유명하다. 그렇다면 많은 문화와 전통 면에서 중국을 모방하고 숭상했던 고려, 조선 등 한민족(韓民族)의 역대왕조는 왜 상업의식에서만큼은 중국인만큼 강렬하고 원초적이지 못했을까? 중국의 문화를 받아들였으나 한국인의 정서가 좀 더 형이상학적이고 고상해서 물질보다는 원리원칙, 명분을 더 중요시했기 때문일까? 유학의 발상지인 중국보다 더 예학(禮學)을 발전시켜 체면, 의리만 있으면 안분지족(安分知足)하는 군자(君子)에 대한 지향성이 더 강했기 때문이었을까?

필자는 본서에서 단순히 중국의 상업의식만 분석하는 것이 아니라 한국의 전통적 상업의식과 직업관 등도 비교 분석하고자 한다. 자칫 방대한 작업이 될 수도 있으나 우선 본서에서는 중국 고전문학을 전공한 기자 출신 기업인의 시각에서 중국 전통문화와 한국 전통문화를 비교하는 단초만 제공하고자 한다.

필자는 중국 고전문학 전공으로 박사학위를 취득하는 한편 경제신문 취재기자, 대기업 중국 주재원 업무를 수행하며 중국경제, 문화에 대한 이해를 심화할 수 있었다. 특히 7년간 대림그룹의 무역상사인 대림코퍼레이션 중국주재원으로 파견돼 상해, 북경에 판매법인을 세우고 중국 내수영업을 진행한 경험은 중국인의 상업에 대한 인식, 중국경제의 시스템 및 상업거래 관행에 대해 피부로 느낄 수 있는 소중한 경험이었다.

이러한 경험을 기반으로 현재는 (주)효성 중국 광주지사 주재원으로 파견돼 화남지역의 비즈니스를 진행하고 있다. 기업인 출신이 쓴 중국관련 서적은 단순히 중국기업과 통상(通商)에 대해 피상적으로 진단한 것이 대부분이고 학자 출신이 쓴 책은 현실과 동떨어진 문화 관련 책들이 대부분이었으나 본서는 기업인 입장에서 실무경험이 녹아있는 중국문화 분석서로 자리매김하고자 한다.

우리나라 대부분의 기업들이 중국어, 중국문화에 대한 이해도가 높은 직원보다 경영학, 공대 출신자들을 사전 교육도 없이 주먹구구식으로 중국지사에 파견하는 경향이 많다. 기술영업과 현지지사의 관리를 한국식으로 강화하겠다는 의도인데 실제로는 고객과의 소통커녕 중국지사 직원들에게도 중간통역을 통해 의사전달을 하며 한국에서 배운 경영학이나 기술관련 지식을 활용조차 못하는 아이러니한 상황들이 종종 벌어진다.

기업 뿐 아니라 중국 주재 외교관이나 각종 관공서 파견 직원들 대부분이 중국인들과 직접 상담하거나 공문서를 읽을 수 있는 수준의 중국어 실력을 갖추지 못하고 중국문화와 사회제도에 대한 이해도 현저히 낮다. 언론사의 특파원 기자들도 현지 기관, 기업체 홍보팀에서 제공하는 보도자료나 통역보조원을 통해 검색한 인터넷 자료를 기초로 기사를 쓰기 때문에 정밀하고 현장감 있는 기사를 쓰기가 어렵다.

이 때문에 대부분의 기업체·공공기관 주재원, 언론사 특파원들이 중국근무를 외유성 근무 또는 그저 이력서에 하나 보태기 좋은 소재라고 생각하는 경향이 강하다. 이와 같은 상황을 보면 업종을 막론하고 '현지 상황에 동화(入鄕隨俗)'해 중국인이 인정하는 중국 전문가를 양성하는 일이 한국에서 얼마나 요원한 길인가라는 생각이 든다.

중국 정치, 경제활동의 핵심이라고 볼 수 있는 '인적 네트워크(人際關係)'를 쌓기 위해 중국역사, 당시(唐詩), 명청소설(明清小說) 등의 주제를 갖고 중국인과 중국어로 토론하며 교제하는 경험을 했다면 고품격의 이너서클(Inner circle)에 진입한 중국전문가라고 볼 수 있다. 중국의 이너서클은 어떤 업종을 막론하고 차나 술, 음식을 즐기면서 중국 역사, 인문지식을 활용해 서로의 품격과 수준을 가늠해보는 지식유희적인 관행이 많다. 이 때문에 대부분의 중국 고위관료나 대기업 임원진들은 고전문학과 역사에 대한 소양이 있으며 이너서클을 통해서 인정한 친구 또는 중국전문가라고 생각한다면 평생을 같이 할 정도로 신뢰관계를 형성한다. 그러나 아직까지 이정도 수준에 오른 한국인을 개인적으로는 만나본 적이 없다. 이 때문에 본서가 이와 같은 중국 전문가들이 양산되는데 일조가 되기를 바란다.

중국 상업의식의 형성

1. 중국 상업의식의 형성과 발전

전통적으로 중국인들은 상업과 상인에 대해 언급할 때 '장사꾼 가운데 간사하지 않은 자가 없다(無商不奸)', '장사꾼은 이익을 중요시하고 의리를 가볍게 여긴다(重利輕義)', '군자(君子)는 의(義)에 밝고 소인(小人)은 이(利)에 밝다(君子喩於義小人喩於利)', '장사치 열 명 가운데 아홉은 간사하다(十商九奸)'라는 표현을 자주 사용하며 상업과 상인을 천시했다. 중국인들이 직업을 네 가지로 구분하면서 '사(士), 농(農), 공(工), 상(商)'이라고 나열해 '상(商)'의 순서를 가장 마지막에 제시했듯이 직업 중에는 상업이 가장 낮은 가치를 지녔다고 생각했다.

가장 높은 지위라고 보는 사(士), 즉 문인들에 대해서도 '문인들은 하나도 실천하는 것이 없다(文人無行)', '백가지 중 하나도 쓸모가 없는 것이 서생이다(百無一用是書生)'라는 부정적 평가가 없는 것은 아니나 전통적으로 문인을 우러러보고 상인을 경시한 것이 중국인들의 전통적인 가치관이다. 이러한 가치관이 생긴 이유는 이익보다는 군자의 도를 더욱 중요시했던 유가사상의 강력한 영향력 때문에 생겨났다고 볼 수 있다. 상인들에 대한 부정적 인상은 상인들이 대부분 교육을 많이 받지 못해 천박하고 세련되지 못한 이유도 있으나 봉건사회의 주요세력인 사대부, 문인들이 의도적으로 왜곡한 측면도 있다.

중국의 지식인들이 대부분 상업에 대한 부정적 의견을 갖고 있었으나 일부 지식인들은 상업에 대해 긍정적으로 바라보고 상업과 상인에 대한 저술을 하기도 했고 심지어 본인이 직접 상인이 되어 상업에 종사한 사례도 많다.

중국 역사상 가장 일찍 상업에 종사한 문인은 자공(子貢)을 들 수 있다. 자공의 성은 단목(端木)이고 이름은 사(賜)로서 춘추시대 위(魏)나라의 상인이며 공자의 제자이기도 했다. 자공은 조(曹)나라, 노(魯)나라 등을 주유하며 많은 재물을 모아 상업적 재능을 발휘했고 제(齊)나라 오(吳)나라 등을 유세하며 오나라가 제나라를 공격하게 해 노나라를 구하는 정치적인 수완도 발휘했다.

중국 역사상 최초의 유상(儒商 · 학자 출신 또는 지식을 갖춘 상인)이라고 말할 수 있다. 이 때문에 유상 출신이 많은 청나라 휘상(徽商 · 안휘성 지역 출신의 상인)들은 '사업은 도주같이, 인생은 단목처럼(陶朱事業, 端木生涯)'이란 말을 편액(扁額)으로 만들어 가게에 걸어놓고 자공을 또 다른 유명한 상인 범려(范蠡)와 함께 존숭하고 받들었다. 또한 문화수준이 있는 상인이라면 모두들 장사에 대한 기술을 '자공의 기술(子貢之術)'이라고 불렀다. 중국에서는 개혁 · 개방 이래 직업을 바꿔 장사를 하는 하해(下海)현상을 '자공현상'(子貢現象)이라 부른다.[1]

공자는 자공의 상업행위에 대해 반대하는 의견을 내지 않았고 오히려 그의 수제자 안회(顏回)와 같이 거론하며 "안회는 도에 가까웠고 자주 끼니를 굶었다. 자공은 천명을 받아들이지 않고 재화를 늘렸으나 억측하면 자주 맞았다."[2]라고 언급했다. 이렇게 긍정적으로 자공을 평가한 이유 중 하나는 비록 자공의 학문적 성과는 크지 않았으나 당시 공자가 천하를 주유하며 제후를 설득하기 위해 필요한 경비를 조달했기 때문이다.[3] 자공은 공자를

---

1 박병석, ≪중국상인문화≫, 서울 : 교문사, 2001년 3월, 344-345쪽

2 回也其庶乎, 屢空. 賜不受命, 而貨殖焉, 臆測屢中. (성백효 역주, <선진(先進)>, ≪논어집주(論語集註)≫11장, 서울 : 전통문화연구회, 1994년 10월, 215-216쪽)

3 자공은 공자에게서 배운 뒤에 물러나 위나라에서 벼슬하였다. 물자를 축적하기도 하고 시기를 기다렸다가 내어 팔기도 하여 조나라와 노나라 사이에서 재물을 모았다. 그래서 공자의 70 제자 가운데 자공이 가장 부유하였다. 원헌은 술지게미와 쌀겨도 제대로 먹지 못하고 후미진 뒷골목에 묻혀 살았다. 자공은 사두마차를 타고 말 탄 수행원들을 늘어세웠으며 비단 꾸러미 폐백으로 제후들에게 초빙되었다. 그가 찾아가는 나라마다 왕들이 몸소 뜰로 내려와 그에게 대등한 예를 행하지 않는 적이 없었다. 공자의 이름이 천하에 널리 알려지게 된 것도 자공이 모시고 따라다녔기 때문이다. 이야말로 '세력을 얻어서 더욱 세상에 드러난 자'가 아니겠는가.(子贛既學於仲尼, 退而仕於衛, 廢著鬻財於曹魯之間, 七十子之徒, 賜最爲饒益. 原憲不厭糟糠, 匿於窮巷. 子貢結駟連騎, 束帛之幣以聘享諸侯, 所至, 國君無不分庭與之抗禮. 夫使孔子名布揚於天下者, 子貢先後之也. 此所謂得埶而益彰者乎. (사마천, <화식열전>, ≪사기≫ 권129, 북경 : 중화서국, 1994년 6월, 3258쪽))

수행하며 돈을 벌어야 했으므로 어느 한 곳에 정착해서 일을 해야 하는 농업, 공업 보다는 상업을 기반으로 경제적 조달을 했다. 자공은 바쁜 와중에도 학문적 수행을 게을리 하지 않아 공자에게 질문을 하는 과정에서 공자가 유가의 대표적인 윤리관인 "자신이 원하지 않는 것을 남에게 베풀지 말라(己所不欲 勿施於人)"[4]라는 말을 하는 상황을 만들기도 한다. 이와 같은 윤리관은 향후 유상들의 대표적인 윤리경영 철학으로도 활용된다.

중국의 상업전통을 이해하기 위해서는 춘추시대 말기 유명한 상인이면서 정치가였던 범려(范蠡)를 빠뜨릴 수 없다. 그는 월왕(越王) 구천(勾踐)을 도와 오(吳)나라를 멸망시키는 대업을 이뤘으나 홀연히 모든 권력과 이권을 포기하고 이름마저 도주공(陶朱公)으로 바꾼 후 잠적한다.

그는 전쟁과 지략을 이용해 일시적으로 한 국가의 대권을 잡을 수 있으나 그 권세가 영원하지 않고 언젠가는 권력의 희생양이 될 수 있다는 정치논리를 간파했기 때문에 산동지방으로 이주한 후 이름까지 바꾸고 새로운 직업인 상업에 종사하며 제 2의 인생을 시작해 다른 개국공신들과는 달리 천수를 누린다.

> 범려가 회계산의 치욕을 씻은 후 탄식하며 말했다. "계연의 계책이 일곱 가지였는데 월나라가 그 가운데 다섯을 써서 뜻을 이

4 子貢問曰 有一言而可以終身行之者乎, 子曰其恕乎 己所不欲 勿施於人 (성백효 역주, <위령공(衛靈公)>, ≪논어집주(論語集註)≫ 제15장, 서울 : 전통문화연구회, 1994년 10월, 317쪽)

뤘다. 이미 나라에 써보았으니 나는 이를 집에 써보리라." 그리고는 조각배를 타고 강호를 떠다녔다. 성과 이름까지 바꾸었다. 제나라에 가서는 치이자피(鴟夷子皮)라 부르고 도(陶)에 가서는 주공(朱公)이라 했다. 주공은 도(陶)는 천하의 한가운데이고 사방 제후 나라들과 통해있어 물자를 교역할 만한 곳이라고 생각하고는 상업에 종사하며 물자를 축적했다. 시세의 변동에 따라 팔아서 이익을 거두고 남에게 부담을 주지도 않았다. 그러므로 사업에 능한 자는 사람을 잘 다루고 시세에 맡기는 법이다. 주공은 19년 동안에 세 번이나 천금을 모았는데 다시 벌어들인 것은 가난한 벗들과 먼 형제들에게 나눠주었다. 이야말로 '부유하면 그 덕을 행하기 좋아하는 자'이다. 그는 말년에 노쇠해지자 자손들에게 집안일을 맡겼다. 자손들이 기업을 다스리고 재산을 늘려서 드디어 재물이 거만(巨萬)에 이르렀다. 그러므로 부를 말하는 사람은 모두 도주공을 일컫게 됐다.[5]

범려는 정치적 성공만큼 상업에서도 성공을 거둬 후세 사람들로부터 장사의 성인(商聖)이라고 불리는 영예를 누렸다. 특히 그는 처세능력과 함께 시황과 시기를 적절히 이용하고 인재를 활용하는 면에서 탁월한 능력을 발휘해 막대한 부를 이뤘다.

자공과 범려가 활약했던 춘추시대(春秋時代)는 소를 이용한 농

5 范蠡旣雪會稽之恥, 乃喟然而嘆曰, 計然之策七, 越用其五而得意. 旣已施於國, 吾欲用之家. 乃乘扁舟浮於江湖, 變名易姓, 適齊爲鴟夷子皮, 之陶爲朱公. 朱公以爲陶天下之中, 諸侯四通, 貨物所交易也. 乃治産積居, 與時逐而不責於人. 故善治生者, 能擇人而任時. 十九年之中三致千金, 再分散與貧交疏昆弟. 此所謂富好行其德者也. 後年衰老而聽子孫, 子孫脩業而息之, 遂至巨萬. 故言富者皆稱陶朱公. (司馬遷, <貨殖列傳>, ≪史記≫ 卷129, 北京: 中華書局, 1994년 6월, 3257쪽)

경작과 철제농기구가 도입돼 농업 생산량과 경제규모가 커지고 상업 또한 발전한다. 그러나 전국시대(戰國時代)에 들어서는 한층 어지러워진 정치적 환경으로 말미암아 왕권을 비호하려는 노력의 일환으로 '본업을 받들고 말류를 금지하자(事本禁末)'라는 주장과 함께 내성외왕(內聖外王)[6]이 당시 지식인의 지상과제로 떠올랐다. 이 때문에 상업을 천시하는 기조가 팽배했고 서생 출신으로 상업에 뛰어드는 사람은 수적으로도 극소수였으며 대부분 폄하의 대상이 되었다. 그럼에도 불구하고 정권을 잡기 위해서는 정치이론보다는 경제적 토대가 필요했고 상업을 활용한 경제적 토대로 권력을 획득하고자 하는 시도는 지속됐다.

전국시대(戰國時代)의 대표적 상인으로 여불위(呂不韋)를 들 수 있는데 정치권력을 장사에 이용하는 이른바 관상(官商)의 전형적인 모습을 보이고 있다. 여불위는 진(秦)의 장양왕(莊襄王)을 재정적으로 후원해 장양왕의 아들 정(政)이 진시황(秦始皇)이 될 수 있도록 도왔다. 여불위가 조(趙)나라 수도 한단(邯鄲)에 갔을 때 진(秦)나라의 서공자(庶公子)로 볼모로 와 있는 자초(子楚 · 장양왕의 이름)를 만나본 후 아버지와 대화를 나누는 과정 중에서 자신의 상업의식을 압축적으로 보여주는 발언을 한다.

---

6 안으로는 수양이 깊은 성인이요 밖으로는 제왕의 어진 정치를 한다는 뜻으로 학술과 덕행을 갖춘 성인의 특성으로 간주되는 개념이다. ≪장자(莊子)≫ <천하(天下)>편에서 처음 언급되며 도가의 이론으로 등장했으나 이후 유가의 대표적인 군자관으로 탈바꿈했다.

> 복양 사람 여불위가 한단에 장사하러 가서 볼모로 와있는 진나라 공자 이인(자초의 초명)을 만났다. 여불위가 집에 돌아와서 아버지에게 "밭을 갈아서 얻을 수 있는 이익이 얼마입니까?"라고 묻자 아버지가 "열배다"라고 답했다. "주옥을 팔아서 얻을 수 있는 이익은 몇 배입니까?"라고 묻자 "백배다"라고 답했다. "나라의 군주를 세워서 얻는 이익은 몇 배입니까?"라고 묻자 "수를 헤아릴 수가 없다"라고 답했다. 여불위는 "지금 열심히 농사를 지어도 따뜻한 옷과 풍족한 음식을 얻기가 힘든데 나라를 세우고 군주를 옹립하면 그 은택은 후세에까지 미치니 저는 그 일을 하고자 합니다."라고 말했다.[7]

이익 측면에서 농업은 상업만 못하고 상업은 정치권력을 잡는 것보다 못하므로 권력을 이용해 부를 얻겠다는 확고한 상업의식을 드러낸 내용이다. 즉, 여불위에게 있어서 모든 정치활동과 경제행위의 가치를 판단하는 척도는 투자해 얻을 수 있는 이익률이었다. 여불위는 권력을 이용해 부를 축적했을 뿐 아니라 직접 진나라의 재상이 되어 전국통일의 초석을 닦았지만 결국은 자신의 아들로 추정되는 진시황에 의해 죽임을 당한다.

상업과 정치권력의 결탁은 중국 역사상 유구하게 이어져온 상거래 관행이자 현재까지도 유효한 상인들의 철칙이다. 중국 지방정부는 수천 개씩의 주요 인허가권을 쥐고 있다. 여기에 예산집행과 감독은 기본이고 처벌권까지 행사한다. 서방국가와 달리

---

7 濮陽人呂不韋賈於邯鄲見子異人. 歸而謂父日耕田之利幾倍日十倍, 珠玉之利贏幾倍日百倍,立國家之主贏幾倍日無數. 日今力田疾作不得煖衣餘食. 今建國立君澤可以遺世願往事之. (<秦策>, ≪戰國策≫, 上海: 上海古籍出版社, 2009년 2월, 50쪽)

삼권분립이 안 돼 정부 부처 간 견제도 없다. 권한은 막강한데 보수는 지나치게 낮다. 2015년 기준 중국의 1급 공무원 3년차 월 기본급이 3340위안(약 59만원)정도에 불과하다. 이러한 제도적 모순과 허점이 정치권력과 상업의 공생관계를 공고히 한다. 즉, 막강한 공권력으로 기업가들의 이권을 보호해주고 뇌물을 받아 부족한 월급을 충당하는 음성적인 자금거래가 이뤄진다. 청렴한 공직을 강조하기 위해 설정한 저임금 체계였으나 실제로는 공무원들의 부패와 사치를 심화해 중국정부의 존립마저 위협하는 부메랑으로 다가왔다. 이 때문에 최근 시진핑(習近平) 정부가 다양한 부패척결과 공무원 임금제도의 개선을 시도하고 있으나 중국 상업의식의 뿌리 깊은 전통 중 하나인 공권력과 재력의 결탁은 단시일에 사라지기는 힘들다.

전국시대(戰國時代) 또 다른 대상인으로 백규(白圭)가 있다. 그는 역사상 최초로 자신의 상업이론을 비교적 체계적으로 설파하고 실천해 부를 이룬 인물로서 후대의 상인들이 상업의 조사(祖師 · 일종의 창시자로서 한 분야의 원조 또는 존경받는 인물을 일컫는 말)로서 떠받드는 인물이다.

그가 실천하고 총결한 상업경영이론은 첫째 '시세의 변화를 잘 살펴 남이 팔아버릴 때 사들이고 남이 사들일 때 팔아버리는 것'이다. 둘째 '박리다매(薄利多賣)'로써 많은 돈을 벌려면 값싼 곡식을 취급하라고 했다. 값싼 곡식 같은 생활필수품은 비록 이윤은 높지 않지만 거래량은 매우 많기 때문에 자금회전이 빠르고 가격을 그리 높이지 않아도 큰 이익을 얻을 수 있다는 이론이다. 그러나 생산성을 높이려면 품질향상이 필수적이라는 것도 간과하지 않고 수확을 늘리려면 상급종자를 써야 한다고 강조했다.

세 번째 상업경영이론은 '절검(節儉)'으로 변변치 못한 음식이라도 잘 먹고 하고 싶은 욕구를 참으며 의복을 검소하게 입을 것을 강조했다. 아울러 하인들과도 고락(苦樂)을 같이하며 동료의식을 중요시했다. 넷째, 상인으로 성공하기 위해서는 '지용인강(智勇仁强)'의 네 가지 품성을 갖춰야 한다며 이 네 가지 자격을 갖추지 않으면 수하로서 받아들이지 않았다.[8] 지(智)는 시기를 장악해 임기응변하는 것이고 용(勇)은 일을 결단하는 용기를 말하며 인(仁)은 남이 팔아버릴 때 사들이고 남이 사들일 때 팔아버려 사고파는 것을 적절히 하는 것이다. 강(强)은 지켜야 할 것은 인내심을 갖고 끝까지 지켜내는 강단을 말한다. 그의 농산물을 대상으로 한 상업경영이론과 실천 내용은 ≪사기(史記)≫ <화식열전(貨殖列傳)>에 비교적 자세히 나와 있다.[9]

---

8 박병석, ≪중국상인문화≫, 서울 : 교문사, 2001년 3월, 342-344쪽.

9 백규는 주나라 사람이다. 위나라 문후 때에 이극은 땅을 최대한 이용하는 데에 힘을 기울였지만, 백규는 시세의 변동을 살펴보기 좋아하였다. 그래서 세상 사람들이 버릴 때에는 사들였으며 세상 사람들이 사들일 때에는 팔아넘겼다. 곡식이 익으면 곡식을 사들이는 대신에 명주실과 옻을 내다 팔았고 고치가 나오면 비단과 풀솜을 사들이는 대신에 곡식을 내다 팔았던 것이다. 태음이 동쪽에 있는 해에는 풍년이 들고 그 이듬해에는 흉년이 든다. 또 남쪽에 있는 해에는 가뭄이 들었다가 그 이듬해에는 풍년이 든다. 서쪽에 있는 해에는 풍년이 들었다가 그 이듬해에는 흉년이 든다. 북쪽에 있는 해에는 크게 가물었다가 그 이듬해에는 풍년이 든다. 물난리가 나면 태음이 다시 동쪽으로 돌아온다. 이렇게 풍년과 흉년의 순환을 살펴보며 사고팔았으므로 백규의 축적이 해마다 갑절로 늘어났다.

전국시대 성악설(性惡說)을 제창했던 순자(荀子)는 상인 출신은 아니었으나 인간의 본성과 이기적인 성정을 꿰뚫은 철학자이다. 그의 제자인 이사(李斯)와 한비(韓非)가 대표적인 법가사상가일 만큼 그의 사상은 다분히 현실적이고 세상을 계도할 수 있는 이론적 근거를 주장했다. 그가 쓴 부국론(富國論)은 치국을 위한 경제관을 나타내는 동시에 경제윤리적인 면을 강조한 저술이다. 그러나 당시 다른 사상가들이 그러하듯이 그의 저술도 상업과 상인들에 대한 본격적인 분석보다는 전국시대 패권을 차지하기 위한 통치이론으로서의 경제윤리 관념을 선언적으로 저술한 것이다.

그러나 그의 부국론은 공자, 맹자 등 다른 유가 사상가들이

돈을 늘리려면 값싼 곡식을 사들였고, 수확을 늘리려면 좋은 종자를 썼다. 거친 음식을 달게 먹고, 좋아하는 것도 참았다. 옷을 절약해 입고 일 시키는 종들과 괴로움도 즐거움도 함께 했다. 시기를 보아 행동하는 데에는 마치 사나운 짐승이나 새가 달려드는 것처럼 했다. 그러므로 그는 이렇게 말했다. "나는 생업을 경영하면서 마치 이윤과 여상이 정책을 도모하듯이 손자와 오자가 병사를 쓰듯이 상앙이 법을 시행하듯이 했다. 그런 까닭에 임기응변하는 지혜도 없고 일을 결단하는 용기도 없으며 얻었다가 내어주는 어짐도 없고 지켜야 할 것을 끝까지 지키는 강단도 없는 사람에게는 그가 아무리 내 방법을 배우고 싶어 해도 가르쳐주지 않겠다." 생업에 대하여 논하는 천하 사람들은 백규를 원조로 모신다. 백규가 그것을 시험해 보였기 때문다. 그는 뛰어난 점을 시험해본 것이지, 마구 한 것은 아니었다.(白圭, 周人也. 當魏文侯時, 李克務盡地力, 而白圭樂觀覩時變变, 故人棄我取, 人取我與. 夫歲孰取穀, 予之絲漆；繭出取帛絮, 予之食. 太陰在卯, 穰；明歲衰悪. 至午, 旱；明歲美. 至酉, 穰；明歲衰惡. 至子, 大旱；明歲美, 有水. 至卯, 積著率歲倍. 欲長錢, 取下穀；長石斗, 取上種. 能薄飮食, 忍嗜欲, 節衣服, 與用事僮僕同苦樂, 趨時若猛獸摯鳥之發. 故曰:「吾治生産, 猶伊尹、呂尚之謀, 孫吳用兵, 商鞅行法是也. 是故其智不足與權變, 勇不足以決斷, 仁不能以取予, 彊不能有所守, 雖欲學吾術, 終不告之矣.」蓋天下言治生祖白圭. 白圭其有所試矣, 能試有所長, 非苟而已也. (사마천, <화식열전>, ≪사기≫ 권129, 북경: 중화서국, 1994년 6월, 3258-3259쪽))

도의론(道義論) 위주의 경제관념을 표방한 것과 달리 공리주의적인 색채가 강한 경제사상을 담고 있다. 순자가 부국론에서 말한 '부민(富民)'은 강본(强本)과 절용(節用)의 두 가지 측면을 말한다. 강본은 자원을 개발하는 것으로 생산영역에 속하며 경제발전의 중요 요소이다. 절용은 지출을 조절한다는 의미로 소비영역에 속하며 역시 경제발전의 한 요소로 강본과 상호 영향관계가 있다고 분석했다.

> 나라를 풍족하게 하는 도리는 쓰는 것을 절약하여 백성들을 넉넉하게 해주고, 그 남는 것을 잘 저장하는 것이다. 예의로써 쓰는 것을 절약하고 정치로써 백성들을 넉넉하게 한다. 백성들이 넉넉해지면 여유가 많아진다. 백성들이 넉넉하면 백성들이 부유해지고 백성들이 부유해지면 밭은 비옥하고 잘 가꾸어진다. 밭이 비옥하고 잘 가꾸어져 있으면 곡식의 생산이 백배로 늘어난다. 임금은 법에 따라 세금을 받고 백성들은 예에 따라 쓰는 것을 절약한다면 남는 것이 언덕이나 산처럼 많아지고 때때로 태워버리지 않으면 그것을 저장할 곳이 없을 정도가 된다. 군자들이 어찌하여 남는 것이 없음을 걱정하는가? 진실로 쓰는 것을 절약하여 백성들을 넉넉하게 해준다면 반드시 어질고 의롭고 성인답고 훌륭하다는 명성이 생길 것이며 또한 언덕이나 산처럼 물자가 쌓여있는 부유함을 누릴 것이다. 이렇게 되는 것은 다름 아니라 바로 쓰는 것을 절약하여 백성들에게 여유가 있도록 해주기 때문이다. 쓰는 것을 절약하여 백성들을 넉넉하게 해줄 줄 모른다면 백성들은 가난해진다. 백성들이 가난해지면 밭이 척박해지고 황폐해진다. 밭이 척박해지고 황폐해지면 수확이 반도 안 되게 줄

> 어든다. 임금이 비록 세금 거두기를 좋아하여 심하게 거둬들인다 하더라도 거둬들여지는 양은 적을 것이다. 그런데도 예를 따라 그 쓰는 것을 절약하지 않는다면 반드시 이익을 탐하여 너무 거둬들인다는 악명이 높아질 것이며, 또한 창고는 텅 비고 궁핍해지는 실정에 놓일 것이다. 이렇게 되는 것은 다름 아니라 바로 쓰는 것을 절약하여 백성들을 넉넉하게 해줄 줄 모르기 때문이다. <강고(康誥)>[10]에 "하늘처럼 백성들을 크게 감싸주고 또 덕을 닦는다면 그대 자신이 부유하게 되리라"고 한 것은, 이것을 뜻하는 말이다.[11]

강본과 절용 중에서 순자는 강본을 더욱 중요시했다. 그는 국가의 통치자들은 반드시 재부(財富)의 본원소재(本源所在)를 알아야 한다며 전답 토지가 재부의 근본이고 건물, 도자기 가마, 양식창고 등은 재부의 파생품이라고 보았다. 백성들이 절기(節氣)에 맞춰 농사를 짓고 수확물은 창고에 저장하는 등 순서에 맞게 진행하는 것이 재화의 본원이고 차별적으로 세금을 징수해 관부 창고에 저장하는 것은 재화의 말류라고 보았다. 순자는 당시 치국의 이론을 위해 경세치용의 방법을 설파했으나 본격적으로 상

---

10 ≪서경(書經)≫주서(周書)의 편명

11 足國之道, 節用裕民, 而善藏其餘. 節用以禮, 裕民以政. 被裕民故多餘. 裕民則民富, 民富則田肥以易, 田肥以易則實出百倍. 上以法取焉, 而下以禮節用之, 余若丘山, 不時焚燒, 無所藏之. 夫君子奚患乎無余. 故知節用裕民, 則必有仁義聖良之名, 而且富厚丘山之積矣. 此無它故焉, 生于節用裕民也. 不知節用裕民則民貧, 民貧則田瘠以穢, 田瘠以穢則出實不半, 上雖好取侵奪, 猶將寡獲也. 而或以無禮節而用之, 則必有貪利糺撟之名, 而且有空虛窮乏之實矣. 此無它故, 不知節用裕民也. 康誥曰 : 弘覆乎天, 若德裕乃身, 此之謂也. (순자 저, 김학주 역, <富國>, ≪荀子≫, 서울 : 을유문화사, 2015년 7월, 319-320쪽)

업의식 또는 경제관을 표현한 주장이라고 보기에 부족한 면이 있다.

순자를 포함해 순자가 활동했던 춘추전국시대의 사상가들의 상업과 경제에 대한 관점은 대부분 치국, 경세의 이론과 밀접한 관련이 있다. 그도 그럴 것이 당시 시대적 배경은 열국(列國)이 패권(覇權)을 얻기 위해 살벌한 경쟁을 벌이던 시기였으므로 어떻게 하면 경쟁에서 살아남아 본인이 속한 국가가 승리할 수 있는가에 대한 방법론에 몰두했던 시기다.

상인과 상업의식에 대해 객관적으로 평가하고 이론적 분석을 시도한 최초의 학자는 한(漢)나라 초기 역사학자 사마천(司馬遷)이라고 볼 수 있다. 그의 대표작 ≪사기열전(史記列傳)≫의 마지막 장에 나오는 서문 <태사공자서(太史公自序)>의 바로 앞부분에 <화식열전(貨殖列傳)>을 배치한 것은 당시 편집방식으로 볼 때 <화식열전(貨殖列傳)>이 열전(列傳) 중 가장 중요한 장이라는 의미이다.

<화식열전(貨殖列傳)>의 제목 중 화(貨)는 재산을 뜻하고 식(殖)은 재산의 증식을 의미한다. <화식열전(貨殖列傳)>은 춘추시대부터 사마천이 살았던 한나라 초기까지 상공업 분야에서 많은 재산을 증식한 자, 즉 오늘날의 개념으로 볼 때 성공한 기업가들의 행적을 기록한 전기(傳記)라고 볼 수 있다. 다만 당시 상인들의 성공담만 쓴 것이 아니라 사마천 개인의 경제관과 상업, 상인에 대한 견해도 기록했는데 <화식열전(貨殖列傳)>의 마지막 부분에서 사마천은 다음과 같이 말했다.

> 이로 말미암아 본다면, 치부(致富)에 일정한 업이 없고 재물에도 일정한 주인이 없다. 유능한 자에게는 재물이 모여들고 못난 자에게선 흩어지고 만다. 천금을 모은 집안은 한 도읍을 차지한 임금과 맞먹고 거만(巨萬)의 부를 모은 자는 왕자(王者)의 즐거움을 같이 한다. 이들이야말로 소봉(素封)[12]을 지닌 자가 아니겠는가?[13]

이 부분에서 사마천은 재력과 권력을 동급으로 보고 재산을 증식하는 즐거움이 왕자(王者)가 돼 권력을 잡는 것과 다를 바 없다는 견해를 피력했다. 현재로서는 이상할 게 없는 견해이나 이천년 전 당시 봉건사회의 분위기를 감안하면 상당히 파격적인 발상이다.

공자 이래로 중국 전통사회의 지식인들은 유일한 직업이 관료로 나가는 것이라고 생각했고 관직에 나가 의(義)를 행하는 것을 최대 이상으로 삼았다. 생산노동 관련 일은 소인(小人)들이 하는 것이고 이익을 추구하는 것은 군자(君子)가 할 수 없는 일이라고 생각했는데 사마천은 이러한 전통의식을 깨고 사람들이 이익을 추구하는 것이 지극히 정상적이고 장려할 만한 일이라고 생각했다.

게다가 사람들이 이익의 기본 없이 오로지 인의만 얘기하는

12 제후의 지위에 있지 않으면서도 제후의 봉토(封土)와 비슷한 수입이 있는 부자(富者)

13 由是觀之, 富無經業, 則貨無常主, 能者輻輳, 不肖者瓦解. 千金之家比一都之君, 巨萬者乃與王者同樂. 豈所謂素封者邪. 非也. (사마천, <화식열전>, ≪사기≫ 권129, 북경: 중화서국, 1994년 6월, 3282-3283쪽)

것은 오히려 수치스럽다며 부유해야만 인의도 따라온다고 설파했다. 심지어 물질과 경제적 기초가 있어야만 도덕교화 등도 실행할 수 있다면서 물질문명의 정신문명에 대한 절대적인 영향력에 대해서도 강조했다. 이러한 내용은 현대사회 민주주의 발전과정에서도 여실히 나타난 문제로 민주주의와 시민의식의 성숙은 경제적인 발전과 비례관계에 있고 일인당 GDP 1만 달러 이하의 국가에서는 민주주의가 실행되기 힘들다는 사례로 증명된다.

사마천이 이와 같은 주장을 한 것은 당시 한나라의 경제토대와 사회현상을 오랜 기간 관찰한 끝에 내린 결론이라고 볼 수 있다. 즉, 한나라 초기 정치적, 경제적 토대가 회복되고 제도가 정비되면서 상업도 상당 수준 발전해 전국적으로 무역거래를 하는 장소가 생겨났고 자신만의 고유한 상업전략으로 성공한 상인들도 다수 나타났다. 사마천은 이들에 대한 전기를 썼다.

> 한나라가 일어나 천하가 통일되자, 관문과 다리를 열고 산림과 연못의 금법을 늦추었다. 그러자 부유한 장사꾼과 큰 장사꾼들이 천하를 두루 돌아다니게 되어 교역하는 물건 가운데 유통되지 않는 것이 없었다. 원하는 물건은 무엇이든지 얻을 수 있게 되었다. 한나라는 호걸들과 제후국의 호족들을 서울로 옮겨 살게 하였다.[14]

14 漢興, 海內爲一, 開關梁, 弛山澤之禁, 是以富商大賈周流天下, 交易之物莫不通, 得其所欲而徙豪傑諸侯彊族於京師. (사마천, <화식열전>, ≪사기≫ 권129, 북경: 중화서국, 1994년 6월, 3261쪽)

그 중에서도 조간(刁間)이라는 상인은 노예들 중에서 능력 있는 자를 선발해 잘 활용하는 뛰어난 용인술을 보여 사업에 성공한 예로 나온다. 항상 문제를 일으키거나 사나운 노예들이 있으면 다른 사람들은 대부분 멀리하거나 수하로 쓰지 않았으나 조간만은 그러한 노예들 중에도 능력이 있는 자들이 보이면 부하로 중용해 상업 활동에 종사하도록 했다. 결국 자신을 신임해준 주인에게 보답하고자 노력했던 노예들의 뛰어난 상술로 조간은 막대한 부를 쌓을 수 있었다. 당시 신분사회 속에서 가장 낮은 계층인 노예를 중용했다는 것도 놀라운 일이지만 성격마저 괴팍한 노예들 개개인의 능력을 통찰해 적재적소에 중용한 조간의 인사능력은 현대의 기업경영에 있어서도 본받을 만하다.

> 제나라 풍속은 노예를 천대하였지만 조간만은 노예를 사랑하고 귀하게 여겼다. 사납고 교활한 노예는 사람들의 걱정거리였지만 오직 조간만은 그들을 거두어들여 생선 장사나 소금 장사를 시켜 돈을 벌어들이게 했다. 이따금 수레나 말을 늘어세우고 다니며 고을 태수와 교제하면서도 노예들을 더욱 신임하였다. 그래서 끝내 그들의 힘을 입어 수천만의 부를 일으켰다. 그러기에 '벼슬할 바에야 차라리 조간의 노예가 되겠다'는 말까지 나왔다. 조간이 뛰어난 노예들을 잘 부려 넉넉하게 해주고 그들의 힘을 주인을 위해 다하게 하였음을 칭찬한 말이다.[15]

15 齊俗賤奴虜, 而刁間獨愛貴之. 桀黠奴, 人之所患也, 唯刁間收取, 使之逐漁鹽商賈之利, 或連車騎, 交守相, 然愈益任之. 終得其力, 起富數千萬. 故日寧爵毋刁, 言其能使豪奴自饒而盡其力. (사마천, <화식열전>, ≪사기≫ 권129, 북경: 중화서국, 1994년 6월, 3279쪽)

조(曹)지역에 사는 병씨(邴氏)는 산동에서 사업에 성공해 그 지역의 많은 문인들이 그의 영향을 받아 학문을 포기하고 상업에 종사할 정도였다.

> 노나라 사람들의 풍속은 검소하고 인색하였는데 조(曹)에 사는 병(邴)씨는 더욱 심하였다. 그는 제련업으로 사업을 일으켜 많은 부를 쌓았다. 그러나 집안에서는 부형으로부터 자손들에 이르기까지 모두 약속하기를 '구부리면 줍는 것이 있어야 하고 머리를 들면 취하는 것이 있어야 한다'고 했다. 돈놀이를 하며 행상하는 자가 군, 국에 널렸다. 추나라와 노나라에서는 그 때문에 학문을 버리고 이익을 좇는 자들이 많아졌는데 조의 병씨 영향이었다.[16]

사마천은 ≪사기(史記)≫의 <화식열전(貨殖列傳)>에서 당시 직업에 대한 분석을 함과 동시에 자신의 견해도 밝혔다. 그는 직업을 농(農), 공(工), 상(商), 우(虞) 네 가지 직업, 즉 사업(四業)으로 나눴다. 특이한 점은 당시 일반적인 인식인 사, 농, 공, 상 사민(四民)으로 직업을 나눠서 보지 않았고 사(士)계층을 제외하고 우(虞)라는 계층을 넣어 직업을 분류했다. 우(虞)는 임업에 종사하는 직업군을 나타내는 것으로 농업, 공업, 상업, 임업 네 가지 업종이 먹고 사는 것의 근원이라고 봤고 근원이 크면 풍요로워지고 근원이 적으면 빈곤해지며 위로 나라가 부유해지고 아래로

16 魯人俗儉嗇, 而曹邴氏尤甚, 以鐵冶起, 富至巨萬, 然自家父兄子孫約, 俯有拾, 抑有取, 貰貸行賈遍郡國, 鄒, 魯以其故多去文學而趨利者, 以曹邴氏也. (사마천, <화식열전>, ≪사기≫ 권129, 북경: 중화서국, 1994년 6월, 3279쪽)

집안을 부유하게 할 수 있다고 봤다.[17]

즉, 정신노동 직종인 사(士)를 제외하고 실질적인 재화와 생산물을 창출하는 농업, 공업, 상업, 임업을 경제적 토대와 직업군으로 분류했다. 본인이 사(士)의 계층에 속하면서도 이와 같은 경제관을 가졌다는 것은 당시로서는 상상도 못할 수준이고 지금까지도 위대한 사상가로 칭송받는 사마천의 혁신적인 직업관이라고 말할 수 있다.

사마천의 이와 같은 시대를 앞서간 혁신적인 사상에도 불구하고 사마천이 살았던 한나라 이래로 위진남북조(魏晉南北朝), 수당(隋唐)시대 등 수많은 조대에서 상업과 상인은 여전히 폄하의 대상이었고 지식인 계층인 사인(士人 · 선비)들만 존중받았다.

한나라 이후 위진남북조시대는 사회가 혼란하고 빈번한 전쟁으로 인해 상업이 발전하지 못했고 오히려 퇴보현상까지 나타났다. 이러한 사회상황과 더불어 상인에 대한 무시나 폄하현상이 갈수록 심해졌고 당(唐)나라 때까지도 상인 경시 풍조는 크게 변하지 않았다.

특히 수(隋)나라부터 시작된 과거제도에는 상인들이 응시할 기회조차 갖지 못했으므로 정상적인 방법으로는 상인출신이 관

17 이 네 가지(農, 工, 商, 林)는 백성들이 입고 먹는 것의 근원이다. 근원이 크면 백성들은 풍요해지고 근원이 적으면 백성들은 빈곤해진다. 이 네 가지는 위로 나라를 부유하게 하고 아래로 집안을 부유하게 한다. 빈부의 도는 남이 빼앗을 수도 없고 줄 수도 없다. 잘 운용하는 자는 넉넉해지고 못하는 자는 가난한 것이다.(此四者, 民所衣食之原也. 原大則饒, 原小則鮮. 上則富國, 下則富家. 貧富之道, 莫之奪予, 而巧者有餘, 拙者不足. (사마천, <화식열전>, ≪사기≫ 권129, 북경 : 중화서국, 1994년 6월, 3255쪽))

료나 지도층이 될 수 있는 길이 봉쇄됐다. 하지만 당나라에서는 법 규정에 상인들이 과거에 참가할 수 없다고 명문화했으나 실제로 엄격히 집행되지 않아 상인들이 참가하기도 했다. 상인들이 과거에 참가하는 경우 과거시험의 경쟁률이 높아지고 이는 사인(士人)들의 과거합격률이 낮아지는 결과를 부르므로 자연스레 사인들의 상인들에 대한 반감, 멸시의 태도도 강해졌다. 즉, 선진양한(先秦兩漢)의 문인, 위진남북조의 귀족관료, 당오대(唐五代)의 관료사대부 등 각 시대의 지도층 세력은 상인들과 일정한 거리를 두고 거의 교류가 없었다.

중국 고대사회의 일관된 공식적 정책은 중농억상(重農抑商)으로 춘추전국시대 수많은 백가사상들 중에서 유가만을 국가경영이론으로 삼았던 한무제(漢武帝) 이후로는 모든 문사들의 관심은 공부해서 관직에 나가는데 있었고 내성외왕(內聖外王)을 이념적 목표로 삼게 된다. 즉, 내면적으로는 부(富)에 대한 관심이 높고 상업이 발전하고 있을지라도 당시 사회의 표면적 가치는 상업을 억제하고 농업과 학문을 받들던 시대였다.

시민사회가 성숙하기 시작한 송나라에 들어서는 상인들의 지식수준이 높아지고 당시 유행한 통속문학의 영향으로 문인들의 상인에 대한 시각도 관대해졌다. 즉, 화본소설 등 통속문학의 발전에 힘입어 지식, 문학 향유의 기회가 일반 서민들에게도 넓게 퍼져감에 따라 상인들의 문화수준이 높아짐과 동시에 문인들의 상인에 대한 이해도도 높아졌다.

몽고족이 통치한 원나라에서는 지배층의 엄격한 신분통제 정책에 따라 당시 문인들의 사회적 지위는 급격히 하락한다. 이 때문에 자연스럽게 원나라 문인들이 상인 등 하층 시민들과 접촉하고 이해할 수 있는 기회가 많아지고 희곡 등의 통속문학이 꽃을 피우며 이어지는 명나라 때는 문화적 배경을 갖춘 상인들의 양적 증가와 함께 상인으로서 직업관 등이 확고해진다.

원나라가 멸망하고 명나라가 들어서는 과정 중 전쟁과 약탈로 인해 많은 농토가 손상됐고 농산물 생산량이 부족했으므로 명나라 초기 집권층은 중농억상(重農抑商) 정책을 펼치며 농업을 진작하고 생산량을 늘리고자 했다. 그러나 이와 같은 중농억상 정책이 이미 발전하고 있는 상업에 많은 영향을 주지는 못했고 실질을 숭상하고 자유로운 풍조의 심학(心學), 양명학(陽明學)과 같은 학문기풍 등으로 말미암아 상업과 상인을 숭상하고 존경하는 조류마저 나타났다.

또한 괄목할만한 상황은 명대 이전에는 문인 출신이 상업에 종사하면서 상업 관련 저술을 하는 사람들이 다수였던 반면 명대 후기 들어서는 상인 출신이 문화적인 소양을 갖추면서 저술 활동을 하는 사람들이 늘어났다는 점이다.

예를 들면 휘상(徽商)[18] 호진(胡鎭)은 ≪몽초당고(夢草堂稿)≫를 출간하고 역시 같은 휘상(徽商) 출신인 정작(鄭作)은 ≪방산자집(方山子集)≫을 출간하며 글을 쓰거나 시를 발표했다. 그들의 작품들이 비록 정통문인들의 작품들과 비교해 문학적인 수준이 조

18 안휘성 출신 상인들을 일컫는 말로 학문적 배경을 갖춘 사람들이 많아 대표적 유상(儒商)으로 꼽힌다.

금 떨어질지라도 상인과 문인들의 교류와 융합현상이 심화하고 있는 시대적 상황을 잘 보여준다. 즉, 명대 상인들은 문인들로부터 문학적 지도를 받고 문인들은 상인들로부터 경제적인 도움을 받으며 서로의 수준을 높이는 공생관계가 형성됐다.

명나라 문인들 중에는 상인가정 출신도 많았다. 대표적인 예로 명대 전칠자(前七子)의 대표격인 이몽양(李夢陽 · 1473~1529)은 상인의 자손이다. 그는 감숙성(甘肅省)에서 태어나 하남성(河南省) 개봉(開封)으로 이사해 주로 북방지역에서 성장했는데 그의 조부 이충(李忠)이 상업을 가업으로 삼아 중간규모 정도의 점포를 운영했다. 비록 이몽양은 홍치(弘治) 7년(1494) 진사시험에 합격해 호부주사 등 벼슬을 했지만 그의 형 이맹화(李孟和)는 가업을 이어받아 장사를 했다.

자유로운 분위기가 강했던 강소성(江蘇省), 절강성(浙江省) 지역에는 상인집안 출신의 문인들의 수가 더욱 많았는데 희곡작가 고렴(高濂 · 1573~1620)은 항주(杭州) 출신으로 그의 부친은 어렸을 때부터 학업을 포기하고 평생 장사를 했던 상인이다. 소주(蘇州) 출신 문인 당인(唐寅 · 1470~1524)은 주점을 운영하는 상인의 집안에서 태어났고 왕총(王寵 · 1494~1533), 육심(陸深 · 1477~1544), 장봉익(張鳳翼 · 1527~1613), 전여성(田汝成 · 1503~1557)은 모두 강소, 절강성 출신 상인의 가정에서 태어났다.

양명학 태주학파(泰州學派)의 대표적 사상가 이지(李贄 · 1527~1602)는 복건성(福建省) 천주(泉州)의 부유한 상인의 집안에서 자라났다. 천주는 지금도 그렇지만 당시 중국의 주요 무역항구 중

하나였으므로 이지의 가문도 주로 해상무역에 종사했다. 비록 이지의 아버지부터는 상업에 종사하지 않았으나 이지의 많은 친척들이 여전히 상업과 해상무역을 생업으로 삼았다. 그의 혁신적인 사상도 이러한 상인가정의 분위기와 무관하지 않다.

상인가정에서 자라난 많은 문인들이 명대 지성사의 주류를 형성했으므로 비록 그들이 상인으로 활동하거나 본격적으로 상업에 대한 저술을 하지는 않았더라도 자연스레 상인의 생활에 대한 이해와 긍정적인 시각이 녹아든 저술을 하게 된다.

특히 양명학(陽明學)의 실질숭상의 학풍은 상업에 대한 긍정적인 평가뿐 아니라 혁신적인 직업관도 정립했다. 양명학의 창시자인 왕수인(王守仁 · 1472~1528)은 그의 저서에서 다음과 같이 말했다.

> 옛날의 사민(四民)이라는 것은 업(業)은 다르나 도(道)는 같다. 즉, 그 마음을 다하면 하나로 통한다. 선비는 정치를 잘 수행하고 농민은 (농작물을) 잘 기르고 공인은 물건을 잘 만들고 상인은 재화를 잘 유통시켜야 한다. 각자 자신의 자질에 맞게 일하고 힘닿는 데까지 노력하는 것이 업이고 그 마음을 다해야 한다.[19]

왕양명은 직업에 대해 전통적인 사(士), 농(農), 공(工), 상(商)의 개념을 인용하나 사회적 지위, 우열관계를 구분하지 않고 각

19 古者四民異業而同道, 其盡心焉, 一也. 士以修治, 農以具養, 工以利器, 商以通貨, 各就其資之所迫, 力之所及者而業焉, 以求盡其心. (왕양명(王陽明), <절암방공묘표(節庵方公墓表)>, ≪양명전집(陽明全書)≫ 卷25, 北京: 中華書局, 1998년.)

자 직분에 맞게 해야 할 일과 그 존재가치가 있다는 평등한 직업관을 설파했다. 특히 왕양명의 사상은 2017년 10월 18일부터 24일까지 일주일 동안 열린 제 19차 중국 전국대표대회에서 높이 추앙받으며 마르크스보다 더 존중받아야 할 사상가라고 평가됐다. 다분히 정치적 의도에서 발표된 선언적 발언이나 양명학이 중국의 현대를 이끌어오고 일본의 개혁을 추진하는 밑거름이 되었다는 것은 부정할 수 없다. 그럼에도 조선시대에는 철저히 배격당하고 책조차 못 읽게 한 것은 아이러니일 수밖에 없다.

명나라 말기 휘상 출신 문인 왕도곤(汪道昆 · 1525~1593)은 그의 저서에서 좀 더 급진적인 견해를 피력하고 있다.

> 양자강 이남의 새로운 도시들의 문물이 발전했다. 그 도시의 풍속은 학문을 하지 않으면 상업에 종사했다. 서로 대체하는 것이 천경(踐更 · 부역을 다른 사람에게 돈을 주고 대신하게 하는 것)과 같았다. 즉, 성공한 상인이 어찌 저명한 유학자 못지않겠는가?[20]

왕도곤은 당시 성공한 상인과 저명한 유학자는 사회적 지위면에서 어느 것이 더 낫고 우월하다는 가치평가는 의미가 없다고 봤다. 오히려 기존에 사회적 지위가 높다고 생각되는 유학자로서의 직업이 상인보다 나을 바가 없다는 의견까지 피력했다.

상인 출신 학자들의 자유롭고 혁신적인 사상기풍에 힘입어 명

20 大江以南, 新都以文物著. 其俗不儒則賈, 相代若踐更. 要之, 良賈何負閎儒. (汪道昆, <誥贈奉直大夫戶部員外郎公暨贈宣人閔氏合葬墓誌銘>, ≪태함집(太函集)≫ 卷55, 合肥 : 黃山書社, 2004년 12월.)

나라 말기에 중국 근대화의 초석을 닦는 분위기까지 만들었으나 만주족의 청나라가 등장함으로써 사상적인 면에서 잠시 정체기를 맞을 수밖에 없었다. 그러나 상업발전의 기조는 청나라 초기 정치적인 격변기에도 지속됐고 상업의식 역시 심화했다고 볼 수 있다.

심지어 이전에는 금기시되거나 소수의 사례밖에 보이지 않았던 문인출신으로 상업에 종사하거나 상인 출신으로 저작을 하며 선비 못지않은 지식을 자랑하는 계층들이 출현하기 시작한다. 특히 만주족이 지배했던 청대 왕조로 진입하면 상인 출신으로 관직에까지 진출한 이른바 관상(官商)이 등장하는데 호설암(胡雪巖), 정관응(鄭觀應), 성선회(盛宣懷), 주학희(周學熙), 장건(張謇) 등이 대표적인 예들이다. 중국인들은 민족성 자체가 현실적인 재물, 부유함에 대한 숭배의식이 강렬하다. 그러나 보수적인 유가사상의 질곡 때문에 이전 왕조에는 노골적으로 드러내지 못했으나 명나라 이후의 시대 분위기로 말미암아 상업과 상인을 더 이상 경시하지 않고 당당히 존중하는 풍조가 나타났다.

청나라 들어 사회, 정치적으로 보수화됐으나 경제적인 면은 지속 발전해 상인의 지위도 갈수록 높아진다. 특히 휘상 출신 호설암(胡雪巖)은 사업에 성공해 많은 재산을 축적한 동시에 관직에도 나아가 '홍정상인(紅頂商人)'이라는 영예도 얻었다. 또한 춘추시대 범려(范蠡)가 '상성(商聖)'으로 불리는 것에 빗대 두 번째 상성(商聖)이라는 뜻의 '아상성(亞商聖)'으로 불리는 등 존경과 부러움의 대상이 됐다.

산서성(山西省)에서 전당업으로 성공한 진상(晉商)출신 교귀발(喬貴發), 교치용(喬致庸) 부자(父子)는 자금성(紫禁城)에 버금가는 대저택(喬家大院)을 건축해 지금까지도 많은 여행객이 찾고 영화 촬영장소로 자주 활용되는 명승지가 됐다.

현대 중국에 들어서는 5명의 중국인 중 3명이 장사를 한다는 말이 있을 정도로 부를 쌓기 위해 상업에 종사하는 일을 당연시하고 중국 역사상 가장 왕성한 상업의식이 존재한다고 볼 수 있는 시대이다. 한국과는 달리 대학교수나 의사 직위를 버리고 사업을 하거나 장사를 하는 사례가 비일비재할 정도이다. 공산주의적인 사회시스템으로 인해 노동 강도가 강하지 않다고 생각되는 의사나 교수의 월급이 사회적으로 높은 수준이 아니기 때문에 교수나 의사직위를 버리고 돈을 벌기 위해 사업에 뛰어드는 이유도 있으나 표면적인 형식보다는 실질을 숭상하는 중국인들 특유의 직업의식이 더 중요한 원인이다.

중국인들의 구어(口語) 속에 사업을 한다는 의미로 '생의를 한다(做生意)' 또는 '매매를 한다(做買賣)'는 표현을 자주 쓴다. 이 중 '생의(生意)'라는 단어는 중국인들이 평상시에 자주 쓰는 표현이다. 이 표현은 '삶의 의미'로 직역할 수 있으나 그렇다고 형이상학적인 의미를 포함하는 것은 아니고 상업활동과 경영활동을 나타내며 즉, 일종의 생존방식을 표현한다. 영어의 비즈니스(Business)와 같은 뜻이라고 볼 수 있는데 굳이 삶의 의미라는 단어로 표현한 것은 중국인들에게 있어서 장사를 하고 돈을 번다는 것은 삶의 의미 전부라는 것을 이 구어식 표현으로 엿볼 수 있다.

중국 전통문화를 가장 많이 모방한 조선왕조에서 지배계층의 공리공담과 비현실적인 정치운용으로 부에 대한 추구는커녕 생존만이 목표였던 조선민중들과 비교한다면 중국 서민들은 부를 추구하는 것을 생존의 목표로 삼고 일생을 바칠 수 있는 여유로움은 누릴 수 있었다. 중국인들은 재화의 중요성을 인식한 후에서야 자신의 인생을 아낄 수 있다고 생각했고 상업은 생존의 수단 뿐 아니라 인생의 의미를 발굴해가는 한 가지 방법이라고 생각했다.

중국인들은 세계 경제사에 있어서 최초로 주판, 지폐, 어음 등을 발명하고 전당포라는 금융 시스템을 구축하는 등 근대 이후를 제외하고는 서양국가보다 월등히 앞서는 경제력을 과시했다. 서양인들로부터 '중국인들은 상인종(商人種)'이라는 호칭을 들을 정도로 상업의 전통과 저력은 찬란했고 현재까지도 세계 경제의 중심축을 형성하고 있다. 다만, 지식인들의 상업에 대한 평가와 인식이 각 시대별로 달랐을 뿐이다.

중국 문화에서 전통적으로 이상적인 인간형으로 묘사되는 군자(君子), 재자가인(才子佳人 · 뛰어난 재주를 가진 선비와 미녀), 협객(俠客) 등과 함께 후대 들어서는 학식을 갖춘 상인 즉 유상(儒商)도 이상적 인간형으로 추가됐다. 오로지 선비만이 유일한 이상적 인간형이었던 조선과는 다른 부분이다.

현대 중국에 들어서는 성공한 상인들이 이 시대의 영웅이라고 불릴 정도로 상인의 지위는 정치 지도자보다 더 영향력이 있다.

알리바바의 마윈(馬雲), 텐센트의 마화텅(馬化騰), 바이두의 리옌홍(李彦宏), 완다그룹의 왕젠린(王健林) 등과 같이 성공한 CEO들은 중국의 현대판 유상(儒商), 협객(俠客), 영웅(英雄)들이라고 불리며 존중을 받고 있다.

반면 유학 특히 주자학의 영향을 받은 조선 왕조, 현대의 대한민국은 상인 천시문화, 선비·관료 존중문화가 여전히 존재한다. 일반 기업에 취업하는 것보다 말단 직원이라도 공무원이 되고자 하고 뒷돈을 대서라도 교수가 되고자 하는 풍조, 정부 고위 관직이나 국회의원 후보로 기업인보다는 교수나 법조인을 선호하는 추세는 대한민국의 뿌리 깊은 유가전통을 보여준다. 동시에 실질적인 국부를 창출하는 일에 종사하는 인력보다 선비를 더 존중하는 풍조가 강하게 남아있다는 증거이다.

현실경험이 부족한 교수, 관료들이 존중을 받고 논문이나 출판을 도맡기 때문에 사회의 이론과 방향성은 항상 겉돌기 마련이고 뜬구름 잡는 재탕이론들이 다수 등장한다. 이러한 문제점을 방지하려면 실무경험을 갖춘 기업가들이 학문에 대한 소양을 쌓아 책을 집필하고 논문을 써서 한국경제, 문화의 올바른 방향을 제시해야 한다. 즉, 현대판 유상(儒商)을 다수 양성해 한국 경제와 정치 및 문화를 선도해야 하는 시점이다.

2. 소설 속의 상업의식

중국의 상업발전과 상업의식의 사회에 대한 영향은 여러 가지 문학형식을 통해서 나타났는데 그 관점, 시각은 시대마다 차이가 있었다. 여러 문학형식 가운데서도 특히 소설은 다양한 내용을 가장 자세하게 다룰 수 있다는 형식적 특성으로 인해 상업과 관련된 당시의 문화현상, 시대적 가치관 등을 엿볼 수 있는 중요한 자료들이다. 이 때문에 많은 역사학자들이 소설을 주요 텍스트로 설정해 당시 역사나 사회 환경을 연구하는 사례가 많다.[21] 특히 소설의 발달은 시민사회가 발전하고 상업이 발전하는 시대상황과 같이 전개됐기 때문에 소설 속에서 상업의 내용이 다양하게 표현돼있다.

1) 문언소설 속의 상업의식

중국의 소설은 표현하는 양식에 따라 문언소설(文言小說)과 백화소설(白話小說)로 나뉜다. 뜻글자인 한자로 구성돼있는 중국어의 특성상 글쓰기와 말하기는 이원화될 수밖에 없었다. 즉 글쓰기 따로 말하기 따로였는데 필기소설이라고도 불리는 문언소설

21 미국의 저명한 중국사학자인 조너선 스펜스(Jonathan D. Spence)는 소설을 역사 연구의 주 텍스트로 삼는 저술활동을 하고 있다. 예로 그가 쓴 ≪The Death of Woman Wang≫은 ≪요재지이(聊齋志異)≫를 대상으로 해 청대 초기 사회모습을 분석한 역사서로 소설형식의 독특한 풍격을 갖고 있다.

은 구어와는 동떨어진 문어체로 된 소설을 말한다. 당대(唐代)에는 전기소설(傳奇小說)이라고도 불린 문언소설은 당시 과거시험의 한 과목으로도 출제되는 등 크게 유행했으며 송나라 때 이방(李昉)등 12명의 학자가 ≪태평광기(太平廣記)≫라는 책으로 집대성했다.

전기소설이 유행한 당나라는 상업이 발전하고 외래문물이 수입되는 등 당시 전 세계에서 가장 발전한, 현재의 미국과 같은 나라로 성장했으나 전기소설 속 상업에 대한 묘사는 지배이론인 유가사상의 영향 때문에 자세하지 않다. 특히 명분 위주의 정주학(程朱學)이 유행했던 송나라의 문언소설에는 상업에 대한 묘사가 많지 않다. 다만 홍매(洪邁)가 편찬한 문언소설집 ≪이견지(夷堅志)≫에는 70여 편의 상인을 묘사한 작품들이 등장하는 등 당시 사회가 상인계층이 발전하고 시민사회로 성장하고 있음을 증빙하는 내용들이 등장한다.

문언소설은 문체와 형식의 한계로 말미암아 복잡다단(複雜多端)한 상인과 상업세계를 정밀하게 묘사하는 것은 현실적으로 불가능했다. 문인들이 자신의 신변잡기나 소감을 기록하는 장르로서 기능을 하는 경우가 대부분이었기 때문에 문인들의 신분적 한계로 말미암아 상인과 상업에 대해 묘사할 수가 없었다. 특히나 성리학의 명분 위주의 유학이 득세한 시기였던 송나라에서 문인들이 상인과 상업에 대해 깊이 있게 이해해 문언소설로 기록한 사례는 거의 드물었다.

명대(明代) 들어서는 백화소설(白話小說)의 전성기라고 할 만큼 당시 구어(口語) 즉, 백화(白話)로 쓴 장편 백화소설이 유행했고 문언소설은 상대적으로 창작량이 적었다. 하지만 만주족에 의해 정권이 교체된 청대(淸代)는 표현의 자유가 억제되고 복고주의나 고증학 위주로 재편되는 과정에서 일부 작가들이 문언소설을 저술하며 문언소설의 마지막 전성기를 이끌었다. 즉, 포송령(蒲松齡)의 ≪요재지이(聊齋志異)≫, 기윤(紀昀)의 ≪열미초당필기(閱微草堂筆記)≫, 원매(袁枚)의 ≪자불어(子不語)≫ 등 주목할 만한 작품들이 출현했다.

특히 청나라 초기에 저작된 포송령의 ≪요재지이(聊齋志異)≫는 군계일학으로 불릴 수 있는 작품이다. 문언소설의 형식을 갖고 있으나 전체 497편(장우학(張友鶴) 편저, ≪요재지이회교회주회평본(聊齋志異會校會注會評本)≫ 기준 본문 491편, 부록 6편 총 497편)의 작품 중 상업과 상인에 대한 묘사를 담고 있는 작품들이 전체 작품의 11.7%인 58편을 차지하고 있다.[22] 또한 그 묘사도

---

22 ≪요재지이(聊齋志異)≫에서 상인이 등장하는 작품 즉, 상인고사(商人故事)의 목록은 아래와 같다. <종리(種梨)>, <노산도사(勞山道士)>, <왕성(王成)>, <가아(賈兒)>, <주우(酒友)>, <아보(阿寶)>, <희술(戱術)>, <야차국(夜叉國)>, <소이(小二)>, <궁몽필(宮夢弼)>, <뇌조(雷曹)>, <청매(青梅)>, <나찰해시(羅刹海市)>, <신십사낭(辛十四娘)>, <건상채(蹇償債)>, <아두(鴉頭)>, <김영년(金永年)>, <의견(義犬)>, <운취선(雲翠仙)>, <세후(細侯)>, <유량채(劉亮采)>, <혜방(蕙芳)>, <유성(劉姓)>, <이상(二商)>, <유생(柳生)>, <아수(阿繡)>, <김화상(金和尙)>, <상부(商婦)>, <세류(細柳)>, <국사(局詐)>, <저생(褚生)>, <곽녀(霍女)>, <추호(醜狐)>, <전복무(錢卜巫)>, <장불량(張不量)>, <부옹(富翁)>, <적녀(績女)>, <농부(農婦)>, <금릉을(金陵乙)>, <의견(義犬)>, <교녀(喬女)>, <유부인(劉夫人)>, <포상(布商)>, <신녀(神女)>, <아섬(阿纖)>, <서운(瑞雲)>, <구대낭(仇大娘)>, <용비상공(龍飛相公)>, <산호(珊瑚)>, <황영(黃英)>, <임수(任秀)>, <백추련(白秋練)>, <왕대(王大)>,

정밀하고 말미에 나와 있는 '이사씨왈(異史氏曰)'이라는 평론부분을 통해 작가의 견해와 상업의식에 대해 직접 논설하기도 했다. 중국문학사에서도 중요한 위치를 차지하고 있는 ≪요재지이≫는 그 상업의식과 상인에 대한 인식과 표현이 발군의 수준을 확보하고 있다.

2) 백화소설 속의 상업의식

문언소설은 그 형식의 전근대성, 표현제약 때문에 ≪요재지이≫ 이후로는 이에 필적할만한 작품이 나타나지 못하고 그 수명을 다하고 만다. 당시 복잡다단한 시민사회를 표현하고 독자로 성장한 시민계층을 만족시키기 위해서는 해독하기 힘든 문언보다 읽기 편한 백화가 더 적합했다. 또한 다수 대중에게 소설이 상품으로 팔리는 문학의 상업화가 지속되면서 독자가 관심을 가지는 주제와 내용들이 표현돼야만 했다.

즉, 구태의연한 선비나 군자의 이야기보다는 당시 흥미를 끌 만한 상인, 기생, 협객들의 이야기가 다수 등장했다. 백화소설의 시초라고 볼 수 있는 송나라 화본소설의 편찬이 일반 대중에게 팔기 위한 상업적 목적에서 시작됐기 때문에 그 내용 또한 다분히 현실적이고 흥미위주의 내용들로 이뤄졌다.

<왕십(王十)>, <갈객(蠍客)>, <효조(鴞鳥)>, <인침(紉針)>, <방문숙(方文淑)> 총 58편

백화소설은 그 형식과 체제상 당시 사회현실을 가장 핍진하게 그려낼 수 있는 문학양식으로 송원(宋元)시대 유행했던 화본소설(話本小說)부터 시작했다고 볼 수 있다. 송원시대 사회와 그 이전 당대(唐代) 사회의 가장 큰 차이점은 바로 시민계층의 발흥이다. 송나라부터 시민계층이 형성되기 시작했고 시민계층 속에는 상인, 수공업자, 하급문인, 하급정부관료 등이 포함됐는데 이들 가운데 경제력을 갖고 있는 상인들의 세력이 가장 컸다고 볼 수 있다.

시민계층의 발전은 문학의 변화와 발전도 촉진했는데 당시 시민계층의 생활과 생각들을 짤막하고 함축적인 시가형식으로는 도저히 표현할 수가 없었다. 이 때문에 소설과 희곡 등의 서사문학 특히 일반 대중들이 쓰는 언어를 그대로 표현하는 백화문학이 발전할 수밖에 없었다.

백화소설이 다루는 주제와 내용은 이전의 문언소설과 비교해 볼 때 훨씬 다채로웠다. 화본소설(話本小說)은 편찬 초기부터 일반 대중들에게 팔기 위한 상업적인 목표가 강했으므로 내용 역시 일반대중들의 관심을 끌기 쉬운 통속적인 내용, 심지어 색정적이고 자극적인 것들 이른바 현대의 19금(禁) 내용도 많았다.

백화소설이 송나라부터 시작했다 하더라도 당시 소설의 대부분은 문헌으로 기록되기보다는 설서인(說書人)들의 구두표현으로 전해져 내려왔다. 초기 구전형태로 계승된 화본소설은 명대에 들어서야 체계적으로 책으로 정리되고 상업적 출판까지 이뤄졌다.

명나라 문인들이 화본소설의 형식과 내용을 모방해 비슷한 형식의 백화소설로 창작한 작품을 의화본소설(擬話本小說)이라고 부른다. 대표적인 의화본소설집으로는 ≪유세명언(喩世明言)≫, ≪경세통언(警世通言)≫, ≪성세항언(醒世恒言)≫, ≪초각박안경기(初刻拍案驚奇)≫, ≪이각박안경기(二刻拍案驚奇)≫ 등 이른바 ≪삼언이박(三言二拍)≫을 포함해 ≪육십가소설(六十家小說)≫, ≪웅용봉사종소설(熊龍峰四種小說)≫ 등의 작품들이 있다.

이 가운데 ≪삼언이박(三言二拍)≫은 단편백화소설의 대표적인 소설집이라고 볼 수 있는데 기녀(妓女), 여승(女僧), 상인(商人) 등 하층계급의 인물들이 주로 소설 속에 등장한다. ≪삼언이박(三言二拍)≫을 편찬한 풍몽룡(馮夢龍), 능몽초(淩濛初)는 문인출신의 출판가로 출판의 목적이 거창한 경세제민이나 철학적 취향을 위한 것이 아니라 상업적인 이윤취득이었기 때문에 당시 서민들이 관심을 가질만한 내용과 인물들을 텍스트로 흥미위주의 스토리를 구성했다. 이 때문에 서민계층에서 활동했던 다양한 인물, 직업군들의 신변잡기, 사랑, 고통, 기쁨 등의 스토리들이 역동적으로 기술돼 있고 특히 상업에 대한 인식과 상인의 면모에 대해 비교적 자세히 기술돼 있다.

≪삼언이박(三言二拍)≫중에서 상인이 주인공 또는 주요인물로 등장하고 상인생활과 상업의식을 묘사하는 작품들은 66편으로 ≪삼언이박(三言二拍)≫ 전체 198편 소설 중에서 1/3 정도의 높은 비중을 차지한다.

66편의 단편소설 속에서 묘사하고 있는 상인들의 형상은 자신의 업무에 진력하고 의로운 행위를 하는 긍정적인 모습도 나타나지만 사업에서 온갖 고난을 겪거나 사기를 당해 좌절하기도 하고 때로는 욕망을 채우기 위한 저열한 행위도 하는 등 다양한 세상사와 인간 군상들의 모습을 보여준다. ≪삼언이박(三言二拍)≫에 나타난 상인들의 형상을 몇 가지로 나누면 다음과 같다.

첫째, 자신의 직업에 대해 자부심과 투철한 직업의식을 갖고 사업의 성공을 위해 열심히 노력하는 모범적인 상인형상이다.

≪성세항언(醒世恒言)≫ 권10의 <유소관자웅형제(劉小官雌雄兄弟)>의 주인공 상무(桑茂)는 산동지역에서 장사를 하는 젊은 상인으로 사업상 맞닥뜨리는 많은 어려움을 이겨내고 근면과 신용으로 결국은 성공을 이뤄낸다는 모범적인 상인형상으로 묘사돼 있다. ≪경세통언(警世通言)≫ 권22의 <송소관단원파전립(宋小官團圓破氈笠)>에서도 생업에 매진하는 주인공을 중심으로 사업성공을 위해 부지런히 일하고 생활하는 상인들의 긍정적인 모습들을 나타냈다. ≪이각박안경기(二刻拍案驚奇)≫ 권37 <첩거기정객득조 삼구액해신전령(疊居奇程客得助 三救厄海神顯靈)>의 주인공은 거듭된 불운을 겪는 휘주 출신 상인이나 낙심하지 않고 성실하게 본업에 종사하므로 나중에는 해신(海神)의 도움을 받아 아름다운 부인을 얻고 사업도 크게 성공한다는 얘기이다.

≪초각박안경기(初刻拍案警奇)≫ 권8 <오장군일반필수 진대낭삼인중회(烏將軍一飯必酬 陳大郎三人重會)>의 초반부 얘기 주인공은 한 젊은 상인으로 세 번 장사를 하러 나갔다가 세 번 모두 강도를 만나 재물을 빼앗겼지만 끝까지 포기하지 않는 불굴의

의지와 강도가 넘겨준 뜻밖의 횡재로 많은 재화를 얻게 된다는 얘기를 다뤘다.

곧장 집으로 가서 작은어머니를 뵙고는 앞에 일어났던 일을 자세히 말씀드렸다. 양씨는 "비록 돈을 잃어버렸다 해도 이렇게 많은 모시풀을 얻었으니 크게 손해 본 건 아니구나."하고는 곧 그 중 한 다발을 펼쳐 보았다. 안쪽까지 한 켜 한 켜 풀어 보는데 다발 속에 딱딱한 덩어리 하나가 단단히 묶여 있는 것이었다. 조심조심 풀어 보니 얇은 종이 몇 겹으로 싼 백금 덩이였다. 계속해서 다발들을 펼쳐 보니 하나같이 마찬가지였다. 배에 싣고 온 모시풀에 모두 오천 냥이 넘는 금덩이가 들어 있던 것이었다. 노련한 대상인이 뱃길에 출몰하는 강도를 예방하기 위해 단순히 모시풀인 것처럼 가장해서 다발 속에 몰래 숨겨 다른 사람들의 눈을 속였던 것이다. 강도들이 마구잡이로 약탈했던 것이 결국 오늘 왕생을 부자로 만들 줄이야 누가 알았겠는가? 양씨와 왕생은 소리쳤다. "세상에나!" 비록 두어 번 놀라고 두려움에 떨긴 했지만 거저 이런 횡재를 하여 본전의 몇 배가 되니 더할 수 없이 기뻤다. 이로부터는 나가서 장사를 할 때마다 매번 잘 풀려 몇 년 되지 않아 결국 대부호가 되었다. 이는 왕생의 복이기도 하지만 그 강도의 보기 드문 한 가닥 자비로운 마음 덕택이었던 것이다. 그러니 강도들 중에도 좋은 사람이 없는 것은 아니라는 것을 알 수 있다.[23]

---

23 見過嬸嬸, 又把上項事一一說了. 楊氏道："雖沒了銀子, 換了偌多苎麻來, 也不爲大亏." 便打開眧捆來看, 只見一層一層, 解到裏邊, 捆心中一塊硬的, 纏束甚緊. 細細解開, 乃是幾層綿紙. 包着成錠的白金. 隨開第二捆, 捆捆皆同. 一船苧麻, 共有五千兩有餘. 乃是久慣大客商, 江行防盜, 假意貨苧麻, 暗藏在捆內, 瞞人眼目的. 誰知被强盜不問好歹劫來, 今日却富了王生. 那時楊氏與王生叫聲"慚愧"雖然受了兩三番驚恐, 却平白地得此橫財, 比本錢

둘째로 다른 사람을 돕기 좋아하고 정의로우며 악인의 모함을 받아 고난을 당하기도 하지만 결국에는 해피엔딩으로 끝나는 의인 스타일의 상인형상이다. ≪성세항언(醒世恒言)≫ 권1의 <양현령경의혼고녀(兩顯令競義婚孤女)>의 주인공은 은혜를 알고 보답을 할 줄 아는 강직한 상인인데 그의 도움으로 한 여종이 도움을 받는 내용을 그렸다. ≪유세명언(喻世明言)≫ 권2의 <진어사교감금채전(陳御史巧勘金釵鈿)>과 권16 <범거경계서사생교(范巨卿鷄黍死生交)>에서도 남의 재물을 탐하지 않고 의리와 신의를 중요시하는 상인들의 모습을 표현했다.

셋째 기녀, 여승들과 욕망에 휩싸여 애정행각을 벌이거나 돈으로 매수해 관직을 사는 등 부패하고 탐욕스런 상인형상이다. ≪경세통언(警世通言)≫ 권15의 <금영사미비수수동(金令史美婢酬秀童)>은 부패하고 탐욕스런 전당포 상인의 모습을 그렸고 권32의 <두십낭노침백보상(杜十娘怒沉百寶箱)>은 한 상인의 이기심과 탐욕으로 인해 서로 사랑하는 한 쌍의 연인이 헤어질 수밖에 없는 내용을 묘사했다. 권34 <옥교란백년장한(玉嬌鸞百年長恨)>에서는 한 기녀와의 사랑을 저버리는 저열한 상인의 형상을 표현했다.

≪초각박안경기(初刻拍案警奇)≫ 권15 <위조봉랑심반귀산 진수

加倍了, 不勝之喜. 自此以後, 出去營運, 遭遭順利. 不上數年, 遂成大富之家. 這個雖是王生之福, 却是難得這大王一點慈心, 可見强盜中未嘗沒有好人. (凌濛初 編著, 張明高 校注, 卷之八 <烏將軍一飯必酬 陳大郎三人重會>, ≪二拍初刻拍案驚奇≫, 北京 : 中華書局, 2014년 10월, 115쪽)

재교계잠원방(韋朝奉狼心盤貴産 陳秀才巧計賺原房)>의 등장인물 중 한명인 위조봉(韋朝奉)은 전당포를 경영하는 휘주 출신 상인인데 과도하게 욕심을 부리다가 다른 사람들로부터 원망의 대상이 된다는 내용을 담고 있다.

넷째로 때로는 여인에 유혹당하기도 하고 사기를 당하거나 작은 눈앞의 이익에 전전긍긍해 남에게 해를 끼치기도 하는 소시민적인 상인의 모습들이다. ≪경세통언(警世通言)≫ 권24의 <옥당춘락난봉부(玉堂春落難逢夫)>는 한 상인과 기녀의 갈등을 그리는 한편 그들의 비극적 결말을 나타냈고 ≪경세통언(警世通言)≫ 권25의 <계원외도궁참회(桂員外途窮懺悔)>는 사업에 실패한 상인의 모습을 그렸다.

≪초각박안경기(初刻拍案驚奇)≫ 권25 <조사호천리유음 소소연일시정과(趙司戶千里遺音 蘇小娟一詩正果)>에서는 기생 소반노를 흠모한 나머지 과도하게 집착해 소반노가 병 때문에 손님을 받지 못한 것을 자신을 홀대한다고 오해하고는 복수를 다짐하는 소인배 상인의 모습을 표현했다.

> 한편, 반노는 조사호가 간 뒤 발을 문 밖으로 내지 않고 손님 하나라도 받지 않고, 다만 양양에서 소식이 오기만을 기다렸다. 두 번 편지가 왔으나 일을 결말지었다는 소식은 보이지 않았다. 아녀자의 몸인지라 안달이 나도 어찌 할 수 없이 기다리며 삭일 수밖에 없었다. 어느 날 어잠(於潛)현의 상인 하나가 몇 상자의 관용 비단을 가지고 전당에 와서는 반노의 명성을 듣고 한 번 보려고 몇 번을 애써보았으나 반노는 병을 이유삼아 보질 않았다.

> 이후로 병이 과연 중해졌으나 상인은 핑계 댄다고 생각을 하고는 마음에 앙심을 품었다. 소연이 비록 두 번 접대를 했으나 되지 않은 속물인 것을 알고는 다시는 눈에 두지 않았다. 몇 번인가 소연의 처소에서 머물겠다고 졸랐으나 "언니의 병이 중하니 저녁으로 함께 있으면서 약 시중을 들어야 하니 손님은 받을 수 없습니다."라며 거절했다. 결국 일이 성사되지 않자 그 사람은 다른 기생집으로 가서 묵었다.[24]

이와 같이 다양한 형상의 상인들의 모습은 ≪삼언이박(三言二拍)≫ 작품들에 활기를 불어넣고 당시 많은 사람들의 인기를 끌었던 소설 속 캐릭터였다. 상인들의 때로는 자유분방하고, 때로는 비분강개하고, 때로는 저열한 인간성의 다양한 면모를 보여줬기 때문에 당시 소설의 독자들은 자신의 주위에서 자주 볼 수 있는 캐릭터들이 소설 속에 형상화되는 모습을 보고 희열을 느꼈다.

≪삼언이박(三言二拍)≫의 상인 관련 작품들은 30% 이상의 비중을 차지하며 결코 적은 분량은 아니나 다분히 흥미위주의 내용을 중심으로 한 소설형식이었기 때문에 상업의식에 대해 직접

---

24 却說蘇盼奴自從趙司戶去後, 足不出門, 一客不見, 只等襄陽來音. 豈知來的信雖有兩次, 却不曾見幹着了當的實事. 他又是個女流, 急得亂跳也無用, 終日盼望, 納悶而已. 一日, 忽有個於潛商人, 帶着幾箱官絹, 到錢塘來. 聞着盼奴之名, 定要一見. 纏了幾番, 盼奴只是推病不見. 以後果然病得重了, 商人只認做推托, 心懷憤恨. 小娟雖是接待兩番, 曉得是個不在行的蠢物, 也不把眼稍帶着他. 幾番要砑在小娟處宿歇, 小娟推道："姐姐病中, 晚間要相伴, 伏侍湯藥, 留客不得." 畢竟纏不上, 商人自到別家嫖宿去了. (凌濛初 編著, 張明高 校注, 卷二十五 <趙司戶千里遺音蘇小娟一詩正果>, ≪二拍初刻拍案驚奇≫, 北京 : 中華書局, 2014년 10월, 373쪽)

적으로 논평하지는 않았다. 그러나 66편의 작품들 속에서 나타나는 상인들의 행동, 대화 속에서 당시 상인들이 갖고 있는 상업에 대한 인식, 직업관 등을 추론해볼 수 있다.

우선 상인들에 대한 시각이다. ≪삼언이박(三言二拍)≫에 나타나는 상인들에 대한 묘사는 양적인 면에서도 많은 양을 차지할 뿐 아니라 상인에 대해 긍정적이거나 동정적인 시각을 일관되게 유지하고 있다. 악행을 저지르거나 소시민적인 행태를 보이는 상인들에 대한 묘사에서 종종 상인에 대한 비판내용도 있으나 기본적으로 불가피한 상황을 설명하며 동정적이거나 긍정적인 어조로 일관하고 있다. 이와 같은 필치는 당시 상인의 사회적 신분과 이미지가 결코 나쁘지 않았다는 사실을 반영한다.

≪이각박안경기(二刻拍案驚奇)≫ 권29 <증지마식파가형 힐초약교해진우(贈芝麻識破假形 擷草藥巧諧眞偶)>편에서 장생(蔣生)이라는 상인이 벼슬아치 가문의 여인을 사랑하게 됐으나 자신의 신분과 어울리지 않는 것 같아 걱정을 했다. 그러나 그 여인의 아버지인 마소경(馬少卿)은 비록 딸의 병을 고쳐준 사람에게 딸을 시집보내겠다고 약속한 이유도 있었으나 장생을 상인이라는 이유로 꺼려하지 않고 기꺼이 사위로서 인정을 한다.

> 장생이 "소생은 절강성이 고향으로 먼 타향 출신입니다. 직업은 상업에 종사해 유학을 공부하지 않았으니 선생의 가문에 누를 끼칠까 걱정됩니다. 오늘 따님의 병색이 위중해 경각을 아낄 틈이 없사오나 나중에 병에서 회복돼 하신 말씀에 대해 후회하신다면 소생의 희망은 수포로 돌아가는 것이나 마찬가지입니다. 그래

서 먼저 말씀을 분명히 드리는 것입니다."라고 했다. 이에 마소경은 "강소성, 절강성은 유명한 지역으로 전형 생소한 타향이 아니네. 상업에 종사하는 것은 선업으로 결코 비천한 직업이 아니네. 자네의 풍모를 보니 결코 수준이하의 인물은 아닌 것으로 판단되네. 하물며 멀고 가깝고 지위의 고하를 논하지 않겠다고 약속했는데 어찌 다른 것을 염두에 두겠는가? 오직 내 딸을 잘 치료해 주기만 바라네. 소관은 벼슬아치 신분으로 어찌 아픈 딸을 위해서 믿음을 저버리는 행동을 할 수 있겠는가? 자네는 오직 약만 잘 써주길 바라고 다른 걱정은 하지 말게."라고 말했다.[25]

위에서 상업을 비천한 직업(賤流) 대신 좋은 직업(善業)이라고 평가한 것은 당시 명나라 후기 시민들이 더 이상 상업을 천시하지 않고 하나의 정당한 직업으로 인정했으며 관료가정에서 상인을 사위로 삼을 만큼 상인 역시 더 이상 천대받는 직업계층은 아니었다는 것을 짐작할 수 있다.

≪삼언이박(三言二拍)≫은 상업을 당당한 직업으로 인정하는 동시에 직업을 수행함에 있어서 가져야할 직업관이나 직업의식에 대한 묘사도 여러 편에서 표현하고 있다. ≪유세명언(喩世明言)≫중 권1 <장홍가중회진주삼(蔣興哥重會珍珠衫)>이라는 작품에서는 장홍가(蔣興哥)와 진상(陳商)이라는 두 명의 젊은 상인과

25 蔣生道, "小生原籍浙江, 遠隔異地, 又是經商之人, 不習儒業, 只恐有玷門風. 今日小姐病顔消減, 所以捨得經許. 他日醫好復舊, 萬一悔却前言, 小生所望, 豈不付之東流. 先須說得明白." 馬少卿道, "江浙名邦, 原非異地, 經商亦是善業, 不是賤流. 看足下器體, 亦非以下之人. 何況有言在先, 遠近高下, 皆所不論. 只要醫得好, 下官忝在縉紳, 豈爲一病女, 就做爽信之事. 足下但請用藥, 萬勿他疑." (凌濛初 編著, 張明高 校注, 卷二十九 <贈芝麻識破假形擷草藥巧諧眞偶>, ≪二拍初刻拍案驚奇≫, 北京: 中華書局, 2014년 10월, 357쪽)

그들이 동시에 사랑한 삼교아(三巧兒)라는 한 여인의 사랑, 갈등이 주요 주제로 등장한다. 두 명의 상인은 본업에 충실한 상인들로 가정의 안위보다 자신들의 생업을 더 중요시함으로 인해 가정과 사랑을 잃는 비극적 얘기를 다루고 있다. 즉, 상인들이 자신의 공적인 직업가치 실현을 위해 사적인 것은 포기할 수밖에 없다는 직업관을 엿볼 수 있다.

> 장홍가는 부친이 생존했을 때 광동지방에서 경영하던 사업을 삼년이나 넘게 내버려두고 많은 고객들이 있는데도 돌보지 않았다는 것이 내내 마음에 걸렸다. 밤에 부인과 상의해 광동에 사업을 하러 다녀오겠다고 하자 부인은 처음에는 "다녀오셔야죠"라고 했다가 험하고 먼 노정인데 부부의 정을 내버리고 어찌 떨어져있을 수 있냐며 눈물을 흘렸다. 홍가도 주저하면서 포기하기를 반복하다가 이년이 훌쩍 지났다. 드디어 홍가는 떠나겠다는 결심을 하고 부인을 잠시 속인 후 밖으로 나가 짐을 몰래 쌌다.[26]

상업에 대한 직업의식을 드러냈다 하더라도 봉건사회였던 당시 사회수준을 감안하면 현대와 같은 전문적인 직업관이나 상업의식보다는 다분히 직업윤리적인 측면을 강조하는 내용이 주를

26 興哥一日間想起父親存日廣東生理, 如今耽擱三年有餘了, 那邊還放下許多客帳, 不曾取得, 夜間與渾家商議, 欲要去走一遭. 渾家初時也答應道, 該去. 後來說到許多路程, 恩愛夫妻, 何忍分離. 不覺兩淚交流. 興哥也自割舍不得, 兩下悽慘一場, 又丢開了. 如此已非一次. 光陰荏苒, 不覺又挨過了二年. 那時興哥決意要行, 瞞過了渾家, 在外面暗暗收拾行李. (馮夢龍, 卷一<蔣興哥重會珍珠衫>, ≪喻世明言≫, 石家庄： 花山文藝出版社, 1992년 8월, 3쪽)

이룬다. ≪경세통언(警世通言)≫ 권5 <여대낭환금완골육(呂大郞還金完骨肉)>이라는 작품은 비단장수가 주인공인데 소설 속에서 주인공이 재물을 보고도 쓸 데 없는 욕심을 부리지 않은 덕에 더 큰 보답을 얻게 된다는 권선징악적인 내용을 다루고 있다. 이 부분은 현대사회에서도 문제가 되고 있는 기업인의 윤리의식, 탐욕에 대한 경계를 다룬 의식적 표현이라고 볼 수 있다.

> 여옥은 "만약 내가 이 뜻하지 않은 이백 냥의 재물을 탐했다면 어떻게 부모자식이 서로 만날 수 있었겠는가? 만약 저 이십 냥의 은전을 아까워해서 뒤집힌 배의 사람을 구하지 않았다면 어떻게 형제가 만날 수 있었고 형제가 서로 만나지 않았다면 어떻게 집안의 소식을 들을 수 있었겠는가? 오늘 부부가 다시 만나고 가족들이 상봉한 것은 모두 하늘이 보살펴 준 것이다. 만약 우애를 거스르고 아내를 저버린다면 그에 합당한 하늘의 벌을 받을 것이다."라고 말하며 그때부터 더욱 자신을 수양하고 선행을 베풀자 집안의 사업은 더욱 번창해졌다.[27]

≪삼언이박(三言二拍)≫에서 보이는 상인들의 상업의식은 주로 윤리적인 면모에 초점이 맞춰져있다. 즉, 바른 직업윤리의식을 갖고 상업에 종사하면 사업도 성공하고 행복을 누릴 수 있다는

27 呂玉道, "我若貪了這二百兩非意之財, 怎够父子相見? 若惜了那二十兩銀子, 不去撈救覆舟之人, 怎能够兄弟相逢? 若不遇兄弟時, 怎知家中信息? 今日夫妻重會, 一家骨肉團圓, 皆天使之然也. 逆弟賣妻, 也是自作自受, 皇天報應, 的然不爽!" 自此益修善行, 家道日隆. (馮夢龍, 卷五<呂大郞還金完骨肉>, ≪警世通言≫, 石家庄: 花山文藝出版社, 1992년 8월, 41쪽)

권선징악적인 내용이 주를 이루고 있다. 아무래도 흥미위주의 통속소설이라고는 하나 유교적인 윤리의식으로부터 자유로울 수 없음을 보여준다. 그러나 이 부분이 현대 경영이론에서 다시 주목받고 있는 덕목이기도 하다. 최근의 세계금융위기, 분식회계, 노사갈등 등의 주요원인이 기업가의 윤리의식 부재로 인해 촉발된 경우가 대부분이라는 것이 공통된 의견이다. 인적관계로 인한 사업, 뇌물수수 관행, 부패문제가 심각한 중국에서는 중국고전을 텍스트로 하고 기업윤리의식을 강조한 동방관리학이라는 경영이론이 정식전공으로 개설되는 등 올바른 직업관, 직업윤리 의식에 대한 중요성은 동서양을 막론하고 지속 부각되고 있다.

명나라 말기에 창작된 백화소설집 ≪환희원가(歡喜冤家)≫에서도 상인과 관련된 작품들이 다수 출현한다. 제3회 <이월선할애구친부(李月仙割愛救親夫)>의 남자주인공 역시 상인인데 외지에 장사를 하러 갔을 때 그의 친구가 주인공의 아내를 차지하기 위해 모함을 한다. 주인공의 아내는 나중에 사실을 알고 관부에 고발을 하고 주인공을 구해내는 이야기다.

≪석점두(石點頭)≫에서도 상인들이 등장하는 작품들이 다수 있는데 권4 <구봉노정건사개(瞿鳳奴情愆死盖)>의 남녀주인공은 모두 상인가정 출신이다. 남자 주인공은 여색을 좋아하는 젊은 상인인데 다른 상인의 과부를 유혹해 농락했다. 나중에 그 과부의 딸인 구봉노(瞿鳳奴)가 남자주인공을 사랑하게 돼 다른 사람과는 결혼하지 않겠다고 맹세한다. 젊은 상인은 구봉노의 진정

에 감동했으나 그 어머니와 사통한 경력 때문에 결혼하지는 못하고 자신의 충정어린 마음을 표현하기 위해 직접 거세하는 다소 극단적인 얘기로 끝을 맺는다.

명나라 말기의 소설 가운데 ≪두편신서(杜騙新書)≫는 형식과 내용면에서 특이하다. 명말 사회는 금전숭배풍조가 극에 달하고 부패, 절도, 강탈, 사기 등의 부정적 요소들이 팽배했다. 당시 개방적이고 발전한 경제 환경의 부작용이라고 볼 수 있는데 이를 조절할 관부는 더욱 부패했으므로 더 이상 국가를 지탱하지 못하고 청나라에 나라가 먹히며 자멸하고 만다.

당시 각종 형태의 사기풍조를 소설 속에 담아낸 작품이 바로 ≪두편신서(杜騙新書)≫이다. 이 소설은 절강(浙江)성 출신인 장응유(張應兪)가 1616년 저술해 간행했다. 소설의 주 내용은 당시 사회에 팽배했던 부패, 사기 사건들로 대부분 상업행위 중 발생하는 24가지 사기행위를 담고 있다.

이러한 단편소설집 외에도 명대에는 장편백화소설이 전성기를 구가했다. ≪삼국연의(三國演義)≫, ≪수호전(水滸傳)≫, ≪금병매(金瓶梅)≫, ≪서유기(西遊記)≫ 등 중국 6대기서 중 4편이 명대에 창작됐고 이 가운데서 ≪금병매(金瓶梅)≫는 세정소설(世情小說)의 대표작으로 상인을 주인공으로 해 상인생활을 주로 묘사한 작품이다.

≪금병매(金瓶梅)≫의 주인공 서문경(西門慶)은 관부의 권세에 기대어 치부를 하는 일종의 관상(官商)으로 그 사업범위가 아주 넓었다. 즉, 문어발 경영을 한 셈인데 56회에 나오는 문(文)씨

노파가 중매를 서면서 서문경을 소개하는 대사를 통해 가늠해볼 수 있다.

> 서문경의 집안은 관리에게도 빚을 줄 정도로 돈이 많고 네다섯 곳에 큰 점포를 열었다오. 비단가게, 한약가게, 명주가게, 모직물 가게를 소유하고 있고 상선도 갖고 있어서 양주지역에서는 소금도 팔고 있다오. 동평부에는 양초도 납품하고 있지.[28]

서문경은 결혼도 사업과 연결했다. 즉, 여성을 좋아하는 호색한이었지만 단순히 미모만을 본 것이 아니라 자신의 사업에도 도움이 되는 여성을 찾아 구애하며 정략결혼을 했다. 철저히 사업의 성공을 위해 수단방법을 가리지 않은 상인이다. 정략결혼의 대표적인 예가 이병아(李甁兒)로서 금병매 20회에는 아래와 같은 내용이 나온다.

> 서문경은 이병아와 결혼하면서 두세개의 횡재를 얻었다. 집안 재산이 많아 시집오면서 안팎의 집을 모두 새로 고치고 창고에는 곡식을 가득 채워놓았다. 노새와 말도 떼로 몰고 왔고 노복들도 행렬을 이룰 정도로 많이 데려왔다. 현금으로 이천냥의 돈을 갖고 오자 서문경은 이 돈으로 우선 전당포를 열었다.[29]

---

28 家中放官吏債, 開四五處鋪面, 緞子鋪, 生藥鋪, 綢絹鋪,絨線鋪, 外邊江湖上又走標船, 揚州興販鹽引, 東平府上納香蜡

29 西門慶自娶李甁兒過門, 又兼得了兩三場橫材, 家道盈盛, 外庄內宅煥然一新, 米麥陳倉, 騾馬成群, 奴僕成行. 又打開門面兩間, 兌出兩千兩銀子來, 委傅伙計, 賁第傳開解當鋪.

서문경은 이병아와 결혼함으로써 그녀의 재산도 같이 차지했고 이병아의 재산을 자본으로 활용해 사업을 더욱 키워나갔다. 즉, 혼인을 통해 재산을 축적한 사례다. 현대에서도 세계적인 언론재벌 뉴스코퍼레이션 회장 루퍼트 머독과 결혼 및 이혼 후 많은 재산을 축적한 산동성 제남(濟南) 출신 웬디덩(鄧女迪)은 경영학 수업내용에도 나올 만큼 전략적으로 루퍼트 머독에 접근해 결혼을 통한 일확천금을 얻는데 성공했다. 경영학 수업에는 치밀한 계획과 마케팅 전략 작성 부분에서 웬디덩의 사례가 인용되기도 한다. 역시 서문경과 산동성 동향 출신답다.

서문경이라는 인물형상은 원래 ≪수호전(水滸傳)≫에서 등장했던 인물로 ≪수호전(水滸傳)≫에서는 바람피우다 무송(武松)에게 맞아 죽는 부수적인 인물에 불과했으나 금병매에서는 당당히 주인공으로 등장한다. 금병매의 작자는 서문경이라는 인물이 저지르는 부패, 탐욕, 엽색 등의 행각을 통해 당시 사회의 어두운 면모를 세밀하게 묘사한다. 즉, 서문경을 통해 당시 상인의 부정적인 측면과 욕망만을 추구하는 시대풍조를 표현하는데 이와 같은 스토리를 볼 때 당시 상인의 존재는 상당히 중요한 위치를 차지하고 있음을 짐작할 수 있다.

청나라 들어서는 정치적인 변환기에도 불구하고 상업이 지속발전을 했고 백화단편소설은 명대와 비교해 우수한 작품이 많이 나타나지는 않았으나 장편소설은 6대 기서에 포함되는 ≪유림외사(儒林外史)≫, ≪홍루몽(紅樓夢)≫을 필두로 ≪성세인연전(醒世姻緣傳)≫, ≪기로등(岐路燈)≫, ≪경화연(鏡花緣)≫ 등 여러 우수한 작품들이 창작됐다. 이들 작품 중 대저택의 가정사를 주 내용으로 하는 홍루몽을 제외하고 모두 상인들이 주요 등장인물로 나오고 상업관련 내용들이 주 배경으로 묘사된다.

청나라 전기에 창작된 ≪성세인연전≫은 상인을 주요인물로 내세워 봉건사회 내부의 혼란, 질서의 붕괴 등을 묘사했는데 작자인 서주생(西周生)이 실제로는 ≪요재지이≫의 작자 포송령(蒲松齡)이라는 학설이 있다.

당시 봉건사회의 혼란, 상업의 발전 등을 통해 학문을 닦던 선비들이 공부를 포기하고 상업에 종사하는 경향이 늘어났는데 ≪성세인연전≫ 속의 주요인물인 장무실(張茂實), 왕위로(汪爲露)는 유생 출신이나 생계를 위해 학업을 포기하고 상업에 종사한다. 특히 왕위로는 35회에서 "자본이 생기면 땅을 살 필요가 없다. (땅을 사봤자 경작하느라) 사람 몸만 힘들고 이윤도 많지 않다. (이윤을 많이 얻기 위해서는) 대금업을 해야 한다."[30]라는 대사를 볼 때 당시 상업의 발전과 함께 금융자본도 발전하고 있다는 것을 알 수 있다.

강희연간에 지어진 작자미상의 ≪경화연(鏡花緣)≫은 심지어 해외무역에 종사하는 상인들까지도 묘사한다. 소설의 주인공 임지양(林之洋)과 다른 인물 다구공(多九公) 모두 해외무역에 종사하는 상인들로 이전의 고전소설의 주인공들이 대부분 재자가인(才子佳人), 영웅호한(英雄好漢)이었던 점에 비춰보면 청나라 소

30 只因手裏有了錢鈔, 不止於管家, 且添了放利, 收長落, 放錢債, 合了人搖會. 你道這幾件事豈是容易做的. (西周生 輯著, ≪醒世姻緣傳≫, 北京 : 金盾出版社, 2005년 11월, 455쪽)

설은 상인도 주인공으로 나오는 등 비교적 인물형상이 다양하다. 그러나 한 가지 아쉬운 점은 명대 소설 ≪금병매≫와 비교해볼 때 ≪금병매≫는 상인 출신 서문경이 일관되게 주인공으로 스토리를 주도하지만 ≪경화연≫의 상인 출신 주인공 임지양은 또 다른 선비출신 주인공 당오(唐敖)보다는 중요성이 떨어지는 인물로 묘사되고 소설 속 관계도 당오와 복종관계를 유지한다. 이는 ≪경화연≫의 작자가 여전히 선비와 상인간의 관계를 종속관계로 바라보는 봉건적 가치관을 갖고 있었음을 짐작케 한다.

청나라 중기에 창작된 ≪기로등(岐路燈)≫은 상인생활의 묘사가 특히 상세하다. 이는 작자 이록원(李綠園)이 상업에 종사했거나 상인들과 접촉이 많았다는 점을 추론케 하지만 아쉽게도 작자에 대한 개인 기록이 많지 않다.

결론적으로 백화소설의 내용은 후대로 올수록 풍부해지고 상업과 상인에 관한 묘사도 많았는데 이는 상업발전과 시민사회 성숙이라는 시대적 조류를 반영한 결과라고 볼 수 있다. 특히 봉건사회에서는 문인과 상인들의 교류가 거의 없었기 때문에 문인들의 작품 속에서 상인들에 대한 얘기가 나올 기회가 거의 없었으나 상업발전과 더불어 문인들도 상인들에 대한 저술을 시작했다. 심지어 상인들이 직접 교양을 쌓아 자신들의 얘기를 저술하거나 반대로 문인들이 직접 상업의 길로 뛰어들어 상인의 얘기를 하는 경우도 빈번하게 발생했다.

청나라 초기 상업의식과 문인들의 경제관

1. 청나라 초기 시대배경과 상업의식의 발전

청나라는 중국의 마지막 봉건왕조이다. 청나라가 들어서던 17세기는 전 세계적으로 과학문명이 발전하고 개방과 개혁이 이뤄지기 시작했으나 중국은 내부의 복잡한 정치적 문제 때문에 시대조류와는 반대로 새로운 지배계층인 만주족에 의해 억압과 사상통제가 시행됐다. 명나라 말기의 부패로 인한 각종 민란이 일어났고 북경으로 입성한 청나라 만주족의 진압이 연이어지며 청나라 초기는 토지황폐, 민생불안, 재정파탄 등 많은 사회적 문제와 부정적 요소들이 산재해있었다. 그러나 청나라 초기 영명(英明)한 지도세력의 빠른 정치장악, 경제복구 등으로 사회적 안정을 찾기 시작했고 사상적인 통제는 장기간 이어졌으나 경제는 명나라를 이어 급속도로 회복하며 발전했다.

청나라 초기 지도자들은 경제개혁을 위해 부역과 세금을 감면해주는 조치를 취해 서민들의 부담을 덜어줬다. 이러한 세금에 대한 부담 절감은 국민들이 실제 생산경제에 투자할 수 있는 여력을 조성해 경제회복과 발전의 동기로서 작용했다. 그러나 이러한 정책적 조치 외에도 기존에 명나라부터 이미 발전해왔던 농업 생산력, 수공업 생산 시스템 등이 어느 정도 성숙한 단계에 이르렀으며 이를 배경으로 한 상업경제가 전대(前代)보다 한층 발전해 청나라 초기의 전성기를 시작할 수 있었다.

상업경제도 기존의 행상(行商) 같은 단순한 형태 외에 운하(運河)를 통해 물자를 유통하는 조운(漕運)무역, 해상을 통해 유통하는 해운무역 등 대규모 무역거래가 등장하고 이를 지원하는 물류업체, 금융기관 등과 각 상인들의 지역별 조직단체인 상방(商幇)도 조직되는 등 기업화, 체계화의 모습을 띄기 시작했다.

특히 상방은 동향(同鄕)끼리 정보를 교환하는 사랑방 역할로 시작했다가 서로 합작해서 사업을 시작하는 등 비즈니스 창출 수단으로 기능하며 현재까지도 중국의 전통적인 상업조직으로 자리 잡고 있다. 현재는 상회(商會)라는 이름으로 각 대도시에는 지역별 상회건물까지 건설돼 동향상인들의 숙소, 정보교환장소 및 자금대출 등 비즈니스 인큐베이터 역할을 하고 있다.

청나라 초기 통치자들이 중국 전역을 조기에 장악한 요인 중 하나는 그들의 융통성 있는 세수정책(稅收政策)이었다. 명나라 말기 관부의 부패와 과도한 세금에 시달렸던 일반 대중들은 오랑캐라 하더라도 자신들만 편하게 해주면 된다는 심산으로 만주족을 대했기 때문에 명나라 정부는 자멸하고 청나라 군대가 대신 북경에 무혈 입성해 중원을 장악할 수 있었다.

만주족 통치자들은 백성들의 염원에 보답하기 위해 각 지역별로 실정에 맞는 세수정책을 입안했고 실제 전답(田畓)수와 사람수에 맞춰 세금을 징수하고 사용처를 명확히 했으므로 명나라보다 세금이 줄어들면서도 재정이 풍부해지는 효과를 봤다.

이전 명나라는 죽은 사람이나 어린애까지도 세금을 매겼고 황무지에도 세금을 부과했으나 대부분 부패한 환관(宦官), 탐관오리(貪官汚吏)의 개인 주머니 속으로 들어갔기 때문에 백성들의 원성이 높았고 일가족이 야반도주하는 경우가 늘어났으며 국가 재정은 갈수록 궁핍해지는 악순환을 낳았다. 하지만 청나라 통치자들은 실제 부과대상을 정확히 조사해 필요한 세금만 매겼고 징수한 세금도 허투루 전용하지 않고 실제 필요한 집행대상에만 사용했기 때문에 빠른 시일 안에 백성들의 민생안정과 민심을 얻는데 성공했다.

청나라의 또 다른 특기할만한 사항은 이와 같은 경제개혁, 상공업 발전, 사상통제 등으로 인해 문인들이 상업계로 점차 흡수된다는 점이다. 청나라 통치자들의 경제정책은 개혁, 개방정책을 시행한 반면 정치적으로는 한족(漢族)을 제압하기 위해 엄격한 문자옥(文字獄) 등 사상통제 정책을 펼쳤기 때문에 많은 문인들이 자신의 사상이나 견해를 함부로 발표하기 힘들었다. 또한 당시 빠른 속도로 체계화하고 발전하는 상공업의 분위기로 인해 자연스레 상인에 대해 관심을 가지며 상대적으로 정치적이지 않은 상업에 대한 저술을 시작했고 자신들이 직접 상업에 종사하는 경우도 다수 발생했다.

청나라 초기 전당업과 서적상을 했던 모진(毛晉)은 강소성(江蘇省) 소주(蘇州)지역의 유명한 문인이자 부상(富商)이었다. 그는 여러 개의 전당포와 인쇄소 3곳을 소유했다. 인쇄소에서는 문인 출신답게 문학, 역사 관련 책을 출판해 판매했는데 전문 분석가를 초빙해 주석을 달거나 편집하고 인쇄도 도급계약제를 활용해 인쇄한 건수만큼 임금을 지불하는 방식으로 수백 명의 인쇄공을 고용해 출판사를 경영했다. 당시에는 '강남일대는 모씨의 책이 천하를 휩쓸고 360개 서적상을 합쳐도 모씨 한사람을 따르지 못 한다'는 말이 나돌 정도로 모진은 강남일대 출판업을 쥐락펴락했다.

청나라 초기 유명한 문학가 포송령의 아버지 포반(蒲槃)도 학문을 포기하고 상업에 종사한 문인 출신이다. 포송령의 집안은 대대로 학자 집안이었고 과거급제자도 많이 배출했으나 아버지 포반 대에 와서만은 아무리 노력해도 과거에 급제할 수가 없었다. 이 때문에 집안이 빈한해지자 포반은 과감하게 과거시험을 포기하고 장사의 길로 들어선다. 그의 고향인 산동 치천 일대는 석탄, 도자기, 유리 등의 생산량이 많았으므로 포반은 이들 제품에 대한 유통업으로 많은 재물을 모으게 된다. 현재도 산동성 치천은 석유화학, 석탄, 유리, 도자기 산업이 발전해 청도(青島)를 이은 산동성 제 2의 경제도시로 자리매김하고 있다.

청나라 초기 산동 교주(膠州)지역에 살았던 상인 고기(高琦)는 감생(監生 · 국자감 학생)이었고 서하(棲霞)지역의 전당포 상인 임준(林准)도 감생출신으로 전당포 사업을 크게 벌여 성공한 상인이다. 이들 외에도 섬서(陝西)지역을 포함한 중국 전역에서 문인 출신 상인들이 크게 사업에 성공했다는 기록들이 역사서나 문집에 다수 출현한다.

사상 개방이 이뤄진 명나라에서도 문인 출신 상인들이 있었으나 청나라 초기 유독 문인 출신 상인들이 많이 나타나기 시작한 이유는 한족 왕조에서 만주족 왕조로 바뀌는 과정 중에 과거시험 기회가 많이 줄어들거나 지방의 경우 중앙의 개혁정책이 미치지 못해 과거 시행과정이 혼란스럽고 부정이 많았던 당시 정황과 밀접한 관계가 있다.

과거시험에 합격해 관직에 오르는 것이 유일한 직업관이었던 문인들로서는 과거시험의 기회가 줄어든다는 것은 생계의 수단이 줄어든다는 것을 의미한다. 또한 청나라 초기 엄격한 사상통제 때문에 자유로운 문필작업도 녹록치 않았다. 사상적으로는 자유롭지 못했지만 당시 상공업이 지속 발전하고 많은 부를 축적하는 상인이 나타났으며 그들의 문화생활 역시 수준이 높아졌기 때문에 문인들이 더 이상 상인을 경시할 수만은 없는 시대풍조 또한 문인들의 직업관을 바꾸는 계기가 됐다. 즉, 생계를 위해 직접 상인의 길로 뛰어드는 문인들이 청대 초기의 시대변화와 함께 급속도로 많이 나타나기 시작한다.

2. 청나라 초기 상인과 상업에 대한 인식

봉건사회의 상인들은 전통적으로 천시를 당하거나 문인들에게 종속되는 지위로 여겨졌다. 그러나 양명학이 발흥하고 상업이 발전했던 명말청초 시기 상인의 지위는 전대(前代)와는 다른 현격한 변화가 생기기 시작했다. 봉건사회의 직업 체계인 사(士), 농(農), 공(工), 상(商)의 나열 순서를 보더라도 상(商)이 가장 마지막에 나타났던 것처럼 다른 어떤 직업보다도 가치를 인정받지 못했으나 상업이 사회의 부를 이끌어가고 발전시킨다는 것을 감지한 당시 문인들은 상인의 지위를 높이 평가하고 사, 농, 공, 상의 분별도 없이 평등하게 바라보기 시작했다.

특히 양명학의 창시자인 왕수인(王守仁)은 그의 저서에서 "옛날의 사민(四民)이라는 것은 업(業)은 다르나 도(道)는 같다. 즉, 그 마음을 다하면 하나로 통한다. 선비는 정치를 잘 수행하고 농민은 (농작물을) 잘 기르고 공인은 물건을 잘 만들고 상인은 재화를 잘 유통시켜야 한다. 각자 자신의 자질에 맞게 일하고 힘닿는 데까지 노력하는 것이 업이고 그 마음을 다해야 한다."[31] 라고 말했다. 왕양명은 사, 농, 공, 상의 계급적 우열관계를 구분하지 않았고 각자 직분에 맞게 가치가 있다는 혁신적인 직업관을 설파했다. 이와 같은 실질 위주 양명학 기풍의 영향으로

31 古者四民異業而同道, 其盡心焉, 一也. 士以修治, 農以具養, 工以利器, 商以通貨, 各就其資之所迫, 力之所及者而業焉, 以求盡其心. (王陽明, <節庵方公墓表>, 《陽明全書》 卷25, 北京 : 中華書局, 1998년)

당시 여러 문인들이 상업에 대한 편견을 갖지 않고 오히려 문인의 직업보다 더 가치를 부여했다.

명나라 말기 상인출신 문인이었던 왕도곤(汪道昆)은 그의 저서에서 '양자강 이남의 새로운 도시들의 문물이 발전했다. 그 도시의 풍속은 학문을 하지 않으면 상업에 종사했다. 서로 대체하는 것이 천경(踐更 · 부역을 다른 사람에게 돈을 주고 대신하게 하는 것)과 같았다. 즉, 성공한 상인이 어찌 저명한 유학자 못지않겠는가?'[32]라고 말했다. 왕도곤은 당시 성공한 상인과 학문이 깊은 유학자는 서로 사회적 지위관계의 우열이 있으면 안 된다고 생각했다. 그는 심지어 사인(士人)의 직업이 상인보다 못하다는 의견까지 피력했다.

이상과 같이 명말 문인들의 생각은 청나라 초기 정치적 변혁시기에 일시적인 단절이 있었으나 기본적으로 청나라 초기 문인들까지 영향이 이어져갔다. 옹정(雍正) 2년(1724) 산서성(山西省) 순무벼슬을 한 유우의(劉于義)는 중앙부서에 올리는 보고서에서 '다만 산서성에는 오랫동안 이어져온 관습이 있는데 이익을 중요시하는 생각이 명예를 중요시하는 마음보다 강하다는 것입니다. 자손 중에 가장 뛰어난 자는 무역의 길로 나가게 하고 그 다음은 차라리 말단관리가 되게 하고, 중간 이하 정도 재주를 가진 자손들은 공부를 해서 과거시험에 응시하게 합니다. 이 때

32 大江以南, 新都以文物著. 其俗不儒則賈, 相代若踐更. 要之, 良賈何負閎儒. (汪道昆, <誥贈奉直大夫戶部員外郎公暨贈宣人閔氏合葬墓誌銘>, ≪太函集≫ 卷55, 合肥 : 黃山書社, 2004년 12월)

문에 선비의 기풍을 모두 낮게 보고 있습니다.'[33]라고 산서성의 풍습을 평가하는 대목이 나온다.

전통적으로 교귀발(喬貴發 · 생몰미상(生沒未詳), 건륭(乾隆) 년간 주로 활동), 교치용(喬致庸 · 1818~1907), 공상희(孔祥熙 · 1880~1967) 등의 유명한 상인을 배출하고 특히 전당포 같은 금융업으로 치부를 하는 사람들이 많이 나타난 산서성(山西省)이었으나 청나라 초기 뛰어난 자손은 공부시키는 것보다 장사를 시켰다는 내용은 오늘날 관점으로 봐서도 평범한 풍습은 아니다.

청나라 초기 또 다른 문인 귀장(歸莊)은 그의 저서 ≪전연재기(傳硯齋記)≫에서 '선비의 자식은 항상 선비가 되고 상인의 자식은 항상 상인이 된다. 엄씨(嚴氏)의 조상은 선비와 상인이 서로 뒤섞여 있었고 순공(舜工)도 한 사람이 상인과 선비를 모두 겸했다. 나는 순공의 전례를 따라 상업에 전력했으나 자식들은 선비가 되지 말도록 경계했다. 대개 작금의 시대는 선비의 적이 되는 풍습이 심하다.'[34]라고 말했다.

이와 같은 문인들의 저서를 볼 때 당시 상인의 지위가 아주 높아졌고 기존의 상업을 멸시하는 풍조는 더 이상 찾아볼 수 없으며 유학자의 지위를 버리고 상업에 종사하는 유생들만도 안휘

33 但山右積習, 重利之念甚于重名, 子孫俊秀者多人貿易一途, 其次寧爲胥吏. 至中才以下方使之讀書應試. 以故士風卑微. (鄂爾泰 等編 <劉于義雍正二年五月九日>條, ≪雍正朱批諭旨≫ 卷47, 北京: 國家圖書館出版社, 2008년 3월)

34 士之子恒爲士, 商之子恒爲商. 嚴氏之先, 則士商相雜, 舜工又一人而兼之也. 然吾爲舜工計, 宜專力于商, 而戒子孫勿爲士. 蓋今之世, 士之賊也甚矣. (歸莊, <傳硯齋記>, ≪歸莊集≫ 卷6, 上海: 上海古籍出版社, 1984년 6월)

성(安徽省) 무원현(婺源縣) 한 개 현만 보더라도 사오십 명이 훨씬 넘었다.[35] 당시 문인들이 상업계로 진출하는 풍조는 사회에 많은 영향을 미쳤는데 상인들의 유형을 다양화하는 동시에 상품경제 발전에도 많은 일조를 했다.

또한 지식인 계층이 상업계로 진출함에 따라 원칙이나 철학 없이 장사를 하는 것보다 이론과 윤리를 결합한 일종의 상도(商道)와 초보적 형태의 경영이론이 나타나기 시작했다. 문인출신의 상인들은 어느 정도 돈을 벌면 고향에 돌아가 전답을 사고 자손을 부양하는 한편 수공업이나 광업 등에 투자했는데 상업자본이 기업생산경영 자본으로 바뀌는 효과를 가져왔으며 당시 이미 형성되기 시작한 상업경제 세력의 힘을 더욱 강화했다.

문인들의 상업계 진출은 문화시장의 발전에도 기여하며 문화작품도 상품화시켰다. 어떤 문인들은 비록 완전한 상인으로 볼 수는 없었으나 이익을 위해 다량의 그림이나 화본소설을 창작해 인쇄했다. 이러한 문화 사업은 새로운 비즈니스 아이템으로 성장했고 동시에 문화작품의 수준도 높아졌다.

비록 청나라 상업경제가 발전했다고는 하나 정부의 표면적인 기본정책은 명나라와 마찬가지로 여전히 농업을 중시하고 상업을 억제하는 중농억상(重農抑商) 정책을 내세웠다. 청나라 세종 옹정제(雍正帝)는 재위 5년째인 1727년 5월에 '농업은 천하의 기본이 되는 업무이고 상공업은 모두 말류에 속한다. 그러나 요새

35 余英時, ≪士與中國文化≫, 상해 : 상해인민출판사, 2003년 10월

는 재화를 유통하고 화려한 것만 추구하니 상공업에 종사하는 사람들이 많고 논밭에서 농사짓는 사람들은 적다. 어리석은 백성들이 상공업의 이익이 농업보다 많은 것을 보고 반드시 앞 다퉈 공업을 하려고 할 것이니 많은 사람들이 공업에 종사하면 재화의 제조자가 많아질 것이고 재화가 많아지면 유통이 힘들어져 정체되고 가격이 떨어질 것이다. 말류를 좇는 자가 많아지면 농업에만 해가 되는 것이 아니고 공업에도 해롭게 될 것이다. 소시민들이 적은 이익을 버리고 많은 이익을 좇는 까닭에 말류를 좇는 것은 쉽고 본업을 지키는 것은 어렵다'[36]라고 언급한 부분이 ≪청세종실록(清世宗實錄)≫ 권57에 나온다. 이와 같은 언급을 보더라도 당시 조정의 정책은 중농억상이었으나 실제로는 상공업이 발전하고 상공업에 종사하는 사람들이 많았음을 짐작할 수 있다.

비록 중농억상을 표방했더라도 중국의 주도권을 잡으려는 만주족 정부는 당시 현실을 충분히 반영하고 전란으로 피폐된 사회를 신속히 회복하기 위해 상업발전을 주도하고 사회경제를 안정시키는 세부정책을 시행했다. 비록 사상, 정치면에서는 철저한 통제정책을 펼쳤으나 일반 백성들의 민심을 달래기 위해서는 경제안정과 민생회복 외에는 다른 방법이 없다는 것을 명확히

36 農爲天下之本務, 而工賈皆其末也. 今欲于器用服玩之物, 爭尙華巧, 必將多用于匠. 市肆之中多一工作之人, 田畝之中卽少一耕稼之人, 且愚民見工匠之利多于利田, 必郡趣而爲工, 郡趣爲工, 則物之製造者必多, 物多則售賣不易, 必至壅滯而價賤. 是逐末之人多, 不旦有害于農, 而弁有害于工也. 小民捨輕利而逐重利, 故逐末易而務本難. (≪청세종실록(淸世宗實錄)≫ 卷57, 瀋陽： 遼寧社會科學院, 1985년 3월)

인식했기 때문에 세금 감면 등 상업을 지원하는 실질적 경제세칙을 시행했다.

이와 같은 청대 초기의 상업 장려정책, 상업의 발전 등에 힘입어 송나라 사회부터 형성된 시민계층이 더욱 발전하고 광범위해졌다. 또한 전통적인 직업분류인 사민(四民)의 관념은 점점 더 희석되고 사(士)와 상(商)의 융합현상이 그 어느 때보다도 왕성하게 나타났다.

3. 청나라 초기 문인의 상업의식과 경제관

청나라 초기 문인들은 기존의 한족 왕조인 명나라가 멸망하고 오랑캐로 멸시했던 만주족의 왕조가 들어서는 과정을 지켜보면서 많은 사상적 혼란을 겪었다. 또한 청나라 초기 실시했던 문자옥(文字獄) 등 사상통제 과정 중에서 자신의 할 말을 제대로 하지 못하고 정치적인 논란에서 자유로울 수 있는 문화, 예술, 경제 등에 대한 저작만 할 수 있었다. 그러나 경제관련 저술은 본격적인 경제이론으로 발전하지는 못하고 직업윤리적인 면에 집중하거나 화폐이론에 편향된 저술이 많았다.

1) 왕부지(王夫之)

왕부지(1619~1692)는 청대 초기 대표적인 사상가이자 철학자이다. 호남 형양(衡陽) 출신으로 반청운동에 가담했다가 만년에는 호남성(湖南省) 형양 석선산(石船山)에 은거해 저술에만 힘썼으므로 선산선생(船山先生)이라는 별칭으로 더 유명하다. 그는 일찍이 과거에 급제했으나 1648년 청군이 남하해 호남성에 진입하자 의병을 조직해 저항했다. 실패 후 광동지역으로 피신한 후 남명정권 관리를 맡았다. 청의 군사력에 밀려 일시 망명정권 형태였던 남명정권의 부패상황에 실망한 왕부지는 상소를 올려 개혁을 촉구했다. 그러나 소용이 없었고 이미 대세가 기울었다고 판단해 32세가 되던 해 산속으로 들어가 죽을 때까지 저술에만 힘썼다.

왕부지는 경학, 사학, 문학, 철학 등 다방면에 대한 연구와 저술을 했고 그의 저작들은 ≪선산유서(船山遺書)≫로 정리됐다. 그의 저서 중 경제사상에 대해 다룬 작품은 ≪상서인의(尙書引義)≫, ≪독사서대전설(讀四書大全說)≫, ≪독통감론(讀通鑒論)≫, ≪황서(黃書)≫, ≪송론(宋論)≫, ≪악몽(噩夢)≫ 등이다.

17세기 말에 활동했던 왕부지는 위대한 철학자였으나 경제관념에 있어서는 분석적이고 체계적인 이론보다는 주로 경제윤리적인 관점에서 언급한 내용들이 주를 이루고 있다. 그가 말한 '이욕의리에 대한 변증(理欲義利之辨)'은 송나라 이후 중국윤리학의 주요주제 중 하나이며 중국전통철학의 필수 명제중 하나이다. 왕부지는 이 문제에 관해 "천리(天理)는 사람의 욕망에 깃들어 있다."라고 말하고 천리와 욕망 사이의 관계를 규정하며 경제윤리사상의 전제로 삼았다.

'이욕의리(理欲義理)의 변론'은 가치관의 문제로서 인성론과 연관돼 있는데 왕부지는 인성(人性)에 근거해 사람의 욕망을 긍정적으로 바라보는 동시에 윤리규범으로서의 천리(天理)도 강조하고자 했다. 즉, 인욕과 천리가 조화를 이루는 평형과 중용을 강조하고 있는데 다분히 이상주의적인 측면이 강한 논리였다.

왕부지는 이와 같은 다분히 이상적인 경제윤리적인 주장 외에도 실질적인 경제이론으로서 화폐론(貨幣論)을 제기하기도 했다. 그는 백은(白銀)이 화폐로써 우수한 도구라는 것을 인식하고 저서에서 "(백은은) 오랫동안 저장해도 녹슬지 않고 녹여서 다시 써도 양이 줄어들지 않으며 보관하기 편하고 교환하기도 쉽다"라고 하며 "사람들이 쓰기에 편리하면 천백년이 흘러도 쉽게 바꾸지 못 한다"[37]라고 얘기했다. 이와 같은 장점에도 불구하고 왕부지는 네 가지 이유를 들며 백은을 화폐로 쓰는 정책에 대해 반대했다.

첫 번째 이유로는 은을 사용해 화폐로 사용한다면 재물은 대부분 통치자계층에 집중될 것이고 천하 백성이 빈곤하게 될 것이다. 또한 지배계층이 은의 유통을 농단하게 돼 백성의 입장에서는 불리할 뿐이다.

두 번째 이유는 은을 채굴하는 관리방법이 두 가지 난국을 초

37 藏蓄不蝕, 煉鑠不減, 藏之約而齎之也易, 人習于便利, 知千百年之無以能易之矣. (왕부지(王夫之), <唐太宗>, ≪論通鑑論≫ 권20, 북경: 중화서국, 1991년 10월)

래할 것이라고 생각했다. 만약 은을 채굴하는 것을 금지한다면 도굴 등 범법행위가 늘어날 것이고 자유롭게 채광하도록 하면 본업인 농업을 팽개치고 은을 캐려는 사람들이 많아질 것이므로 농업 등 기간산업이 붕괴될 위험성이 있다. 또한 채광하러 온 농민들이 한 곳에 모이게 된다면 민란 등이 쉽게 일어날 수 있다고 생각했다.

세 번째 이유는 곡식이나 천보다 갖고 다니기 용이하고 숨기기 쉬우므로 관리들의 부패를 더욱 심화하는 결과를 초래할 것이라고 봤다. 마지막으로 은을 화폐로 삼으면 도적들이 쉽게 훔칠 수 있으므로 도적에게만 이로울 것이라고 생각했다.

이상과 같이 은을 반대하는 이론은 동시대의 황종희(黃宗羲), 고염무(顧炎武) 등의 사상가들도 주장했던 내용들이라 왕부지 개인의 새로운 이론으로 볼 수 없다. 그러나 그는 은을 화폐로 사용하는 제도 대신 동전을 사용해 조세를 거두거나 시장화폐로 활용하고 쌀, 옷감 등 실물로 조세를 거두는 정책을 반대했다. 즉, 옷감이나 쌀이 나오지 않는 고장의 주민들은 세금으로 내기가 힘들고 운송 상의 문제도 있기 때문에 실물보다는 동전을 주조해 화폐로써 사용해야 한다는 다분히 현대적인 금융정책을 주장했다.

그러나 역설적으로 동전은 찬성했으나 그보다 더 가볍고 사용하기 편한 지폐는 반대했다. 그 이유는 부호(符號)만 새겨져 있는 지폐를 신뢰할 수 없고 다분히 사람들을 속이는 도구에 불과하다고 폄하해버렸는데 왕부지가 청나라 초기 위대한 철학자였으나 당시의 시대적 분위기나 경제수준 등으로 인해 현대적 관점에서는 모순적인 주장을 하거나 다분히 전근대적인 생각을 했다는 것을 알 수 있다. 더군다나 그가 주장했던 화폐론은 국가정책 입안자들을 위한 의견이었지 민중들의 입장에서 생각한 경제이론은 아니었다.

2) 이어(李漁)

이어(1610~1680)는 명나라 말기, 청나라 초기에 걸쳐 살았던 인물로 당초 학문을 닦아 과거시험에 합격해 관리가 되고자 했던 평범한 서생이었다. 그러나 명청(明清) 정권 교체기의 정치적 격동으로 인해 과거를 통한 정계진출이 어렵게 되자 과거의 뜻을 버리고 극작가이자 연출가로서의 예술적 삶을 살았다. 그리고 '개자원(芥子園)'이라는 출판사를 차려 극본을 인쇄해 팔기도 했다. 그는 출판사 사장자리는 사위에게 맡기고 자신이 저작했던 책들을 출판해 일반 대중들에게 판매를 했다. 즉, 현대적 의미로 볼 때 중국사업계에서 많이 볼 수 있는 가족기업을 창업해 운영했다고 볼 수 있다.

당시 명말청초(明末清初)는 이미 송나라부터 발달해온 민중문학, 특히 희곡, 소설 등이 상업적으로 판매됐고 일반 정통문예양식에도 영향을 끼쳤다. 이어는 이러한 문학적 양식을 재미라는 관점에서 상업화했고 적극적으로 사업으로 연결해 성공을 거둔 특이한 문인이라고 볼 수 있다. 그는 자기 가족들과 극단을 꾸려 연극을 공연하기도 했고 본인이 직접 희곡을 쓰거나 연출을 하는 한편 희곡과 관련된 이론서도 책으로 냈다. 특히 이어는 자신의 집필활동, 연극 등을 사업으로 간주하고 온 가족을 동원해 경영하는 사업가형 문인이라는 점에서 ≪삼언이박(三言二拍)≫의 작가 풍몽룡(馮夢龍), 능몽초(淩濛初) 등과도 일맥상통한다.

이어가 쓴 저서에는 연습부(演習部)라는 편목이 등장하는데 내용은 현대 연극의 연출론과 같은 내용이다. 이전의 전통문인들은 대부분의 작품들이 시가, 산문, 사곡 위주였고 실용성이 강한 연출이론에 대해 저술을 한 사람은 극히 드물었다. 그러나 이어를 필두로 청대 초기 많은 문인들이 실용성이 강한 실학위주의 논저를 저술한 점은 이전의 문인들과 많이 다르다.

이러한 경향은 문인들의 사상, 가치관이 변한 것도 원인일 수 있으나 당시 청나라 초기에는 정치적인 제약으로 인해 자신의 정치적인 견해를 자유롭게 주장하거나 사회를 비판할 수 없었던 점도 큰 원인 중 하나다. 즉, 좀 더 발표가 자유로운 비정치적인 사안에 대해 저술을 하고 실제생활의 소소한 문제점에 대해 더욱 관심을 갖는 조류가 주를 이뤘다.

이어(李漁)와 같은 문인들은 스스로 관직의 길을 포기하고 예술의 신기성(新奇性)에 대해 연구를 하는 한편 심지어 자신의 생활인 생업을 통해 자신의 가치관을 실천하기도 했다. 신기성을 추구하는 데에 대해 이어(李漁)는 "사람은 옛 친구를 찾고 사물은 새로운 것을 찾는 것이 인지상정이다. 새롭다는 것은 천하

사물의 아름다운 호칭이다. 문장이 한번 말하는 데 있어 다른 사물과 비교하면 더욱 배가된다."[38]라고 하며 새로움을 추구해야 독자들을 흡인하고 관중들을 감동시킬 수 있다고 얘기했다. 이와 같은 내용은 현대사회의 연예사업과 예술사업에도 통용되는 성공원칙이라고 볼 수 있는데 현대인의 관점에서 볼 때도 결코 진부하지 않은 이론이다.

이어(李漁) 본인은 직접 경제, 상업과 관련된 이론을 저술한 적은 없으나 본인의 생활방식을 통해 당시 상업화된 문화상품과 변화한 문인들의 경제관념을 보여주고 있다. 이어의 신기성과 오락성을 추구하는 생활태도는 당시의 양명학자들과도 일맥상통했고 특히 이지(李贄) 등 극단적인 양명학자들과 추구하는 경계가 같았다. 만약 이와 같은 자유로운 사상경향이 청나라의 정권교체 등을 통한 정변으로 단절되지 않고 더 발전했다면 중국의 근대화나 르네상스가 서양보다 더 일찍 시작할 수도 있었을 것이다.

3) 당견(唐甄)

당견(1630~1704)은 사천성(四川省) 출신으로 8세 때 부친이 소주(蘇州) 오강(吳江)현령으로 발령받아 오강지역에서 성장했다.

38 人惟求舊, 物惟求新, 新也者, 天下事物之美稱也, 而文章一道較之他物, 尤加倍焉. (李漁, ≪李漁全集≫ 제3권, 杭州 : 浙江古籍出版社, 1992년)

28세에 청나라 과거에 합격해 산서성(山西省) 장자현의 지현으로 봉직했다. 그러나 정확하지 않은 이유로 10개월 만에 관직에서 파직 당했는데 그 후로 관직에 다시 나아가지 않았다. 관직을 그만둔 후 그는 소주지역으로 돌아가 생활했는데 생계를 위해서 40무(畝)의 전답을 갖고 농사를 지었으나 강남지역의 세금이 너무 무거워 농사만을 지어서는 생계가 힘들었다. 이 때문에 전답을 판 돈 60여 냥을 밑천 삼아 장사를 시작했는데 모두 실패하고 마지막에는 시골훈장을 하며 생계를 꾸려갔다.

이와 같은 고단한 삶이 그로 하여금 당시로서는 보기 힘든 강렬한 비판의식과 경제의식을 갖게 했고 발분저서(發憤著書)한 ≪잠서(潛書)≫라는 책에서 그의 사상을 엿볼 수 있다. 그의 인생은 같은 시대 산동지역에서 살았던 ≪요재지이≫의 작자 포송령(蒲松齡)과 매우 흡사한데 그가 쓴 ≪잠서(潛書)≫는 모두 97편으로 구성돼있고 그는 "세상이 나를 알아주지 않는 것을 걱정하지는 않는다. 오로지 천하의 백성들이 그 살아감을 다하지 못하고 억울함 속에 있는 것을 참지 못해 말을 하고자 한다"[39]며 저술의 동기를 얘기했다.

그는 저서의 곳곳에서 '민생(民生)'문제에 대한 관심을 드러내며 이에 대한 저술을 많이 했는데 이러한 점도 포송령의 저술의 가치관과 비슷한 점이 많다. 당견은 청나라 초기 고염무(顧炎武), 왕부지(王夫之), 황종희(黃宗羲) 같은 유명한 문인은 아니었으나

39 不憂世之不我知, 而傷天下之民不遂其生, 郁結于中, 不可以已, 發而爲言. (당견, <存言>, ≪潛書≫, 북경: 중화서국, 2011년 6월)

개성이 강한 작자로서 강렬한 반역정신을 가진 인물이었다. 아마도 본인의 개성과 더불어 현실생활의 불행이 그로 하여금 강렬한 사회비판 정신을 갖게 만들었고 당시 통치 계급에 대한 비판도 서슴지 않았으나 유명한 문인이 아니었으므로 관부의 주목을 받지 않아 불행 중 다행으로 그의 신변에는 문제가 없었다.

당견은 "진(秦)나라 이래로 제왕(帝王)이라는 자들은 모두 도적놈들이다."라는 자극적인 주장을 펼쳤다. 그 이유는 "한 사람을 죽이고 한 필(匹)의 천이나 한 말의 곡식을 훔치면 도적이라고 부르는데 천하의 사람들을 죽이고 천하의 천과 곡식을 모두 훔쳤는데 어찌 도적이라 부르지 못 하겠는가"[40]라며 봉건군주를 모두 '도적(盜賊)'으로 몰았다. 이와 같은 말은 당시 봉건시대에서는 멸문지화(滅門之禍)를 당하고도 남을 아주 위험한 발언이었다. 이와 같은 대담한 발언을 볼 때 당견의 경제관이 군주와 상대적인 위치에 있는 민중들의 입장에 서서 정부의 민간경제에 대한 간섭을 반대하는 자유방임 정책, 부민론(富民論) 등을 주장한 것은 어찌 보면 당연한 것이다.

당견은 백성을 부유하게 하기 위한 세 가지 방법론을 제시했는데 당시 봉건시대 가치관으로 볼 때 비교적 참신한 담론들이었다. 그가 첫 번째 내세운 방법론은 일종의 자연친화적인 발상으로 백성들이 자연에서부터 자원을 찾아 스스로 노력해 생계를 도모해야 한다는 것이다. 사해(四海)의 재물은 자연에서 모두 나

40 自秦以來, 凡謂帝王者皆賊也, 殺一人而取其匹布斗粟, 猶謂之賊 : 殺天下之人而盡其布粟之富, 反不謂之賊乎. (당견, <室語>, 《潛書》, 북경 : 중화서국, 2011년 6월)

오고 자원은 도처에 있으므로 이를 찾아서 생계를 도모하느냐 하지 않느냐에 따라 빈부의 차이가 생긴다고 봤다.[41] 또한 자원을 제공하는 자연을 맘대로 파손하거나 농단하지 말 것을 당부했는데 버드나무를 키우는 예를 들었다.

> 천하는 쉽게 사물을 낳고 자라게 하므로 한 마디의 버드나무를 땅에 심어서 키우면 3년이 채 되지 않아 나무가 돼 그 쓰임이 이루 말할 수 없다. 한 마디 버드나무의 쓰임이 이와 같은 것인데 만약에 버드나무를 심을 때 한 어린소년이 그 나뭇가지를 뽑아서 버렸다면 어찌 그 쓰임을 기대할 수 있겠는가?[42]

일면 자연환경을 충분히 보호하고 아끼라는 환경보호론자의 의견 같기도 하나 당견이 얘기하고자 하는 요지는 백성들이 정치권에 의지하기보다 스스로 주위의 자원을 활용해 사업을 도모하고 경제활동을 하자는 자본주의적 주장이다.

당견이 주장하는 두 번째 경제발전 이론으로는 기존의 농업 같은 전통적인 산업 외에도 여러 가지 산업을 통해서 부를 축적해야 한다는 내용이다. 즉 기존에 말업(末業)이라고 치부했던 축

---

41 海內之財, 無土不產, 無土不生, 歲月不計而自足, 貧富不謨而相資. 是故聖人無生財之術, 因其自然之利而無以搖之, 而財不可勝用矣. (당견, <室語>, ≪潛書≫, 북경 : 중화서국, 2011년 6월)

42 今夫柳, 天下易生之物也, 折尺寸之枝而植之, 不過三年而成樹, 不可勝用也. 其無窮之用, 皆自尺寸之枝生之也. 若其始植樹之時, 有童子拔而棄之, 安望歲剪其枝以利用哉. 其無窮之用, 皆自尺寸之枝絶之也. 不搖民者, 植枝者也, 生兒不已. (당견, <室語>, ≪潛書≫, 북경 : 중화서국, 2011년 6월)

산업(畜産業), 양잠업(養蠶業), 직조업(織造業) 등의 다양한 산업을 발전시켜야만 서민들이 부유해질 수 있다고 봤다. 또한 이러한 말업(末業)이라고 생각됐던 직종들이 사실은 농업보다 수익성이 더 높고 이윤을 확보할 기회가 더 크다고 분석했다.

세 번째 주장으로는 민간경제를 방해하는 정부정책의 부패, 수뢰행위를 근절해야만 백성들이 진정으로 부유해질 수 있다고 봤다. 중국 역사상 모든 왕조를 붕괴시켰던 공통적 이유가 관리들의 부패로 인한 농민들의 반란이었는데 당견은 관리들의 부패가 중국 서민경제도 똑같이 붕괴시킬 수 있다고 봤다. 특히 관료들의 사회적 영향력이 컸던 중국의 유가사회에서는 어떠한 관리들이 집정하느냐에 따라 그 사회 흥망성쇠가 좌우되는 경우가 허다했다.

당견은 관리들이 뇌물을 받고 서민 소상공인들로부터 세금을 과다하게 징수하는 것을 정당한 법률 집행이 아닌 노략질(擄取)로 보고 백성을 부유하게 하는 부민(富民)의 핵심적인 성공요소는 관리들의 부패를 어떻게 다스리느냐에 달려있다고 주장했다. 세계 선진국의 경제발전과 부패지수는 예외 없이 상관관계를 갖고 있다. 즉, 부패지수가 낮은 나라일수록 경제가 발전하고 부의 공정한 분배가 이뤄지는데 부패지수가 높은 나라일수록 그 반대이고 빈부격차가 심해 사회적 불안요소로 작용한다는 예들은 수없이 많다.

이러한 문제점들 때문에 중국의 시진핑(習近平) 주석은 2012년 하반기 집권 후 반부패 캠페인을 강력히 펼치고 있으나 중국의 고질적인 부패와 관료의 철밥통 의식이 어떻게 고쳐질 수 있는지는 미지수이다. 현대 중국의 지도자들이 갖고 있는 문제점에 대한 인식을 300여 년 전 당견도 똑같이 갖고 있었다.

≪잠서≫에서는 앞에서 언급한 일종의 경제발전 이론인 '부민론(富民論)' 외에도 화폐정책에 대한 견해를 <경폐(更幣)>편에서 밝히고 있다. 그의 화폐이론은 앞 장에서 나온 왕부지와 비슷하게 은(銀) 사용을 반대하고 동전(銅錢) 사용을 주장하며 일부 왕부지와 대동소이하게 보수적이고 비합리적인 내용도 있으나 왕부지와 다른 점은 당견 본인이 소상공인의 직업에 종사했고 상품화폐의 유통에 대한 경험이 있으므로 관료 출신의 문인보다는 좀 더 현실적이고 구체적인 내용을 주장했다.

그가 백은(白銀) 화폐제도를 반대한 이유는 백은의 생산량이 많지 않아 통화량이 부족할 수밖에 없어 서민경제를 위축하는 결과를 초래하고 서민들은 관료의 세금수탈, 학정에 더해서 백은을 구하기 위한 부담으로 더 힘들어질 것이라는 생각이었다.

> 현재까지 은은 갈수록 적어지고 세상에서 사용하기가 부족하다. 천금을 생산하는 사람들도 매달 그 수량을 맞출 수가 없어 곡식을 사먹을 수 없고 고기를 사먹을 수 없으며 천을 사서 입을 수도 없다. 심지어 곡식, 고기, 천을 파는 사람조차도 제대로 먹고 입을 수 없다. 이는 은이 부족한 까닭이다. 요새 들어 가난하지 않은 사람이 없는 이유는 재화가 없어서가 아니라 은이 없어서이다. 풍교의 시장에서는 곡식이 쌓여있고 남호의 시장에서는 백화가 유통되지 않아 선량한 상인들이 생업을 잃고 떠나 돌아오

> 지 않는다. 만금을 가진 집안도 5~7년 만에 가난하게 되는 것을 내가 이미 여러 번 목격했다.[43]

두 번째로 은을 반대한 이유는 백은을 쌓아놓기 쉽게 때문에 재부의 편중현상이 심해질 것이라는 다소 이해하기 힘든 염려를 주장했다. 그는 '재물의 해로운 점은 쌓아놓기 쉽다는 점이다. 은은 바로 쌓아놓기 쉬운 물건이다.'[44]고 하며 백은을 쌓아놓기 쉬운 이유를 은 덩어리가 색깔이 잘 변하지 않고 저장하기 쉬우며 운송하기 편하다는 점을 들었다.

이와 같은 주장은 왕부지와 비슷한 점도 있고 논리상 모순점도 발견된다. 즉, 부의 집중현상을 막고자 은을 사용하지 말고 동전 같은 다른 화폐를 사용하자고 주장했으나 실제로 다른 화폐도 부의 집중이나 축적은 마찬가지로 발생할 수 있다는 점이다. 즉, 화폐수단이 소수에 집중되지 않고 지속 유통되며 경제활동에 사용돼야 민생도 나아질 수 있다는 입장에서 주장한 내용이나 어차피 일부 자본가들이 자본을 쌓아두고 치부에 활용하는 점은 은이던 동전이던 어떤 화폐수단을 막론하고 막을 수 없는 자연스런 현상이기 때문이다.

---

43 至如今, 銀日益少, 不充世用. 有千金之產者嘗旬月不見銖兩, 穀賤不得飯, 肉賤不得食, 布帛賤不得衣, 鬻穀肉布帛者亦率不得衣食, 銀少故也. 當今之世, 無人不窮, 非窮於財, 窮於銀也. 於是楓橋之市, 栗麥壅積, 南濠之市, 百貨不行, 良賈失業, 不得旋歸. 萬金之家, 不五七年而爲窶人者, 予旣數見之矣. (당견, <更幣>, ≪潛書≫, 북경 : 중화서국, 2011년 6월)

44 夫財之害在聚, 銀者 易聚之物也 (당견, <更幣>, ≪潛書≫, 북경 : 중화서국, 2011년 6월)

당견의 화폐론은 일면 비합리적이고 억지스런 면이 있으나 당시 상공업자의 입장에서 주장한 내용이므로 구체적이고 현실적인 부분이 많다. 주로 부민론과 화폐론으로 자신의 경제관점을 주장한 당견도 유상(儒商) 중 한명이다.

4) 안원(顔元)

안원(1635~1704)은 하북성 직예(直隸 · 현재의 북경, 천진지역) 사람이다. 청나라 초기 공리주의(功利主義) 사상유파중 하나인 '안리학파(顔李學派)'의 창시자다. 안리학파는 공리공담(空理空談)보다 실질적 문제를 연구하고 본인이 직접 실천 행동하는 학문 자세를 주장했다. 즉, 공리공담과 의리만 얘기하고 실천보다 정좌독서를 중요시하는 성리학의 학문방법에 대해 반대했다. 중국인들의 공부에 대한 자세는 책을 읽는 행위 외에도 경제활동을 하고 체력을 단련하며 정신수양을 하는 일체의 자기발전을 위한 행위를 공부로 여겼는데 송나라 성리학에 와서는 오로지 책을 읽거나 외부세계와 담을 쌓고 홀로 수양을 하는 행위만 학문 또는 공부라고 여기는 경향이 팽배했다.

이와 같은 비현실적인 학문행위는 중국 전체 역사에서 송대(宋代)를 제외한 대부분의 왕조시대에서는 환영을 받지 못했는데 유독 조선에 전해진 이후에는 조선 500년을 뛰어넘어 현대 대한민국 시기까지도 일관되게 유행하는 기현상을 보이고 있다. 즉,

학문행위가 대학에서 책을 읽고 연구행위를 하는 것으로만 간주하고 실제 경제활동을 하는 사람보다 관료가 되거나 공리공담만 일삼는 교수, 정치인을 사회지도층 인사로 존중하는 비현실적인 관행이 아직도 팽배하다.

예로 중국경제 관련 책도 실무를 접해본 담당자들이 쓰는 책보다 밑바닥 경험 없이 오로지 보고서만 접해본 CEO, 관료 또는 기자들이 쓴 중국 관련서적을 더 평가해주거나 이들을 중국 전문가로 높이는 사례들이 대한민국에서 횡행하고 있다. 즉, 실질보다는 명분, 형식을 중요시하고 기업가나 실제 돈을 버는 사람들보다 이들에 기생하는 관료, 학자 또는 기자를 더 존중하는 문화는 바로 성리학에서 유래했다고 볼 수 있는데 이러한 기풍이 아직도 대한민국을 주도하고 있다는 것을 여실히 느낄 수 있다.

공리주의(功利主義)를 주창했던 안원의 학풍은 중국근대철학, 정치 및 경제사상에 많은 영향을 끼쳤고 그의 이론은 제자 이공(李塨)에 의해 더욱 발전돼 '안리학파(顏李學派)'라는 독자적인 학풍을 형성하는데 이르렀다.

안원은 어렸을 때부터 당시 사대부들이 그러했듯이 성리학과 양명학 등 유학의 본류를 공부했으나 34세 되던 해에 기존 유학이 불교 선학(禪學)의 이론적 영향을 많이 받았으므로 정학(正學)이 아니라는 결론을 내리게 된다. 이때부터 그는 더 이상 기존 유학을 연구하지 않고 본인의 독창적인 사상을 정립해 나간다. 또한 과거시험을 치러 관료가 되고자 하지 않고 오로지 홀로 저술 및 강의를 하거나 한약방을 차려 생계를 꾸렸다.

그의 주요 저작으로는 ≪사존편(四存編)≫, ≪사서정오(四書正誤)≫, ≪습재기여(習齋記餘)≫, ≪습재언행록(習齋言行錄)≫, ≪예문수초(禮文手抄)≫ 등이 있는데 그의 많은 저작들은 후일 그의 수제자 이공(李塨)의 글들과 함께 ≪안리총서(顔李叢書)≫로 출간됐다.

그는 성리학을 비판하는 과정 중에서 실질을 숭상하고(崇實), 실용에 힘쓰는(致用) 사상체계를 형성했다. 또한 그 마땅함을 바로하고 이익을 추구하는(正其誼以謨利) 공리주의 가치관을 주장했다. 여기서 공리주의(功利主義)는 다수의 이익을 대변한다는 공리주의(公利主義)와는 동음이의어(同音異義語)로써 개인의 쾌락, 이익을 위한 실용주의 성격이 강한 사상이다.

그가 주창한 공리주의는 인성을 기반으로 한 사상으로써 사람의 욕망과 이익을 추구하는 습성은 인간이 타고난 본성으로 이를 애써 억누르려 하지 말고 적극적으로 이익을 추구해야 한다고 봤다. 즉, 인간의 본성은 본래 선과 악이 없으나 후천적인 환경의 영향으로 선으로 발현되기도 하고 악으로 발현될 수도 있다고 봤다. 이와 같은 사상적 영향으로 청나라 초기 이익을 추구하는 행위들이 정당화될 수 있었고 더 이상 사회적으로 경시당하는 풍조는 차츰 없어져갔다.

그러나 안원도 화폐제도에 대해서는 동시대 문인들과 마찬가지로 보수적인 입장을 취했는데 오히려 보수적이라기보다는 극단적으로 반대견해를 나타냈다. 그는 화폐가 인성을 해치는 도구라고 생각하고 본질적으로 화폐를 사용하지 말자고 주장했으며 세금도 화폐가 아닌 실물로 바칠 것을 주장하는 모순점을 보였다.

안원 뿐 아니라 다른 문인들에게서도 선진적인 모습과 함께 시대착오적인 모습을 동시에 볼 수 있는데 당시 봉건사회 지식인의 시대적 한계로 볼 수 있다. 이상 언급한 문인들 외에도 이공(李塨), 임원상(任源祥)과 같은 여러 문인들이 경제활동에 대한 중요성을 인식하며 일면 선진적인 주장을 했으나 미래에 펼쳐질 화폐경제의 전개방향, 거시적인 경제발전 등에 대한 부분은 아직 통찰력이 부족해 시대착오적이거나 보수적인 관점을 보이기도 했다.

포송령의 상업의식과 경제관

포송령(蒲松齡 · 1640~1715)은 청대(淸代) 전기(前期) 활동했던 유명한 문학가이자 상업, 민간과학, 생활지식 등을 중요시하고 관련연구 및 저술을 했던 종합학자이다. 그는 대표작 ≪요재지이≫ 외에도 시문, 사곡, 희곡, 잡문 등 많은 형식의 저술을 남겼다. 그의 작품들은 수량 면에서도 압도적이지만 수준 또한 높아 포송령에 관한 학문을 '포학(蒲學)'이라고 할 정도로 광범위하고 그 연구자들 또한 많다. 그는 청대 전기 많은 문인들 중에서 가장 빈한한 삶을 살고 그로 인해 저작들이 현실을 냉철하게 반영하고 그 사색의 깊이가 남달랐다는 점을 감안할 때 그의 경제관 역시 다른 문인들과 달리 혁신적이었다는 것은 일면 당연하다고 볼 수 있다.

그는 산동성(山東省) 치천(淄川 · 현재의 치박(淄博)시)에서 태어나 평생을 서당 훈장으로 살다가 죽었다. 그의 일생의 희망은 과거시험에 합격해 관리가 되는 것이었으나 어찌된 이유에서인지 어렸을 적 초시(初試)에 합격해 천재 소리를 들어본 이후로는 연달아 과거에 실패했다. 노년에 들어서야 말단직 관리시험에 합격했으나 이마저도 제대로 못해보고 쓸쓸하게 생을 마감했다. 자신의 고뇌와 뜻을 이루지 못한 비분을 달래기 위해 포송령은 끊임없이 저술을 했고 사회에 대한 비판과 분석을 가해 많은 걸작들을 쏟아냈다.

1. 산동 지역경제와 포송령의 상업의식

포송령이 살았던 산동지방은 명나라 이래로 상공업이 매우 발전한 곳이었다. 당시 전국적으로 유명한 상업도시로 33개가 있었는데 그중 절반가량이 산동지역에 있었으므로 명청시대(明清時代) 대표적인 경제발전지역이라고 할 수 있다. 현대에 들어서는 상해, 광주, 심천 등 남방 대도시와 견주어볼 때 상대적으로 발전 속도가 늦지만 청도, 치박, 연대 등을 중심으로 맥주, 전자, 석유화학 공업 등이 발전했다.

특히 석탄 매장량이 많아 이를 바탕으로 한 철강 산업, 석탄화공업(CTO)[45] 등도 발전했다. 해외에도 많이 알려진 청도(青島)맥주, 하이얼(海爾)전자, 오크마(奧克馬)전자, 하이신(海信)전자, 산동철강, 제로(齊魯)석화 등의 기업들이 모두 산동을 본거지로 삼고 있는 업체들이다.

산동지방은 당시 중국의 지형적 위치로 볼 때도 바다와 면해 있고 명청대 수도인 북경과 남쪽의 여러 도시들을 잇는 교통요지에 위치해 있었으므로 각 도시의 생산물을 유통하는 무역중개 지역으로 중요한 기능을 했다. 산동지역의 상공업 도시로 당시 유명했던 곳은 야철업(冶鐵業)의 래무(萊蕪), 장구(章丘), 양잠업의 래주(萊州), 청주(青州), 면화업의 동창(東昌), 연주(兗州), 석탄업의 역산(嶧山), 모피업의 동창(東昌), 도자기 산업의 박산(博山), 연초업의 제녕(齊寧) 등이다. 이들 지역에서 생산되는 각종 물산은 전국적으로 유통됐는데 특히 제녕(齊寧), 임청(臨淸), 덕주(德州), 주촌(周村), 안신(顔神) 등 도시에서 주로 거래돼 전국 각지로 판매됐다.

포송령이 태어나고 자랐던 치천(淄川)은 산동성 중부에 위치해 당시 산동성의 중심지였던 제남(濟南)과 해안지역 및 남쪽 도시를 잇는 위치에 있었기 때문에 유통업, 제조업 등 상공업이 발전했다.

치천은 특히 도자기 공예로 유명했다. 위진남북조 시대부터 시작된 도자기 산업은 청자(青瓷)가 유명했고 송나라 때는 석탄

45 Coal to Olefin : 석탄을 가공해 플라스틱 원료를 생산하는 프로세스. 일반적인 경우는 원유(Crude Oil)에서 추출한 납사(Naphtha)를 정제해 플라스틱 원료를 만드나 석탄에서 추출해 만드는 방식이 개발돼 중국을 중심으로 많은 공장들이 건설 중이다. 원유를 이용해 만드는 것보다 품질이 떨어지나 원가가 저렴하다는 장점이 있다.

을 이용한 가마로 도자기 품질을 한층 높였다. 명나라 중기에 들어서는 약백석(藥白石)을 염료로 사용해 도자기의 빛깔이 더욱 빛나 인기를 끌었고 치천지역의 도자기 산업이 발전하는 계기가 됐다. 치천과 접경지역인 안신(顏神)도 도자기 제작업이 발전해 거리마다 도자기 가마들이 즐비했다. 또한 안신지역은 도자기 외에도 유리 가공업이 명대부터 발전해 청대 초기에는 이미 200여년의 역사를 가질 정도였고 주렴(珠簾) 등의 용구를 생산해 황실에도 납품했다.

치천의 석탄채굴업도 비교적 이른 시기인 당나라 때부터 시작됐다. 송나라 대에는 당시 수도였던 개봉까지 석탄을 팔았고 도자기를 구울 때 이전에 사용하던 목탄을 대체하며 도자기 산업과 같이 발전했다. 치천의 한 지역인 홍산(洪山)지역은 명대에 이미 19개의 탄광이 개발됐다. 초기에는 지역주민들이 사용할 석탄만 채굴해 사용하는 방식을 사용했으나 도자기, 철강, 양조업 등이 발전함에 따라 각 공장별 사용량을 공급해주는 협조체계가 생겨났다.

이후 상품경제가 더욱 발전하면서 공장형의 체계를 갖춘 탄광이 나타나 석탄을 하나의 상품으로 판매하는 자본주의 형태로 발전했다. 명대에는 각 탄광마다 8~10명의 인력이 투입돼 채굴했으나 청대 초기 탄광이 기업화되면서 한 개의 탄광마다 40~50명의 인원이 각자 역할을 분담하며 석탄을 생산했다. 각자 맡은 역할도 주공(主攻 · 탄광 소유자), 정두(井頭 · 탄광 경영자), 동두(洞頭 · 생산관리자), 재방(財房 · 재무담당자) 등으로 나눠 현대 회사조직과 같은 운영방법을 보여줬다. 이와 같이 탄광업이 성행함에 따라 사고도 어쩔 수 없이 종종 발생했다. 포송령의 ≪요재지이≫ <용비상공(龍飛相公)>편은 침수로 인해 사고가 나 10여 명이 매몰됐으나 두 달에 걸친 구조작업 끝에 전원 무사하게 구해냈다는 다소 믿기 힘든 줄거리로 이뤄졌지만 당시 탄광업의 번성을 미뤄 짐작할 수 있다.

치천(淄川)의 한 지역인 왕촌(王村), 주촌(周村)구역은 명청대에 걸쳐 양잠업이 발전했다. 당시 이 지역에서 '뽕나무가 곳곳에서 넘쳐나고 집집마다 누에를 치며 길가는 곳마다 베틀 짜는 소리가 들려오니 집집마다 비단을 짜고 있네'라는 유행어가 회자될 정도로 왕촌과 주촌은 비단생산 중심지로 발전했다. 포송령은 왕촌 부근인 서포촌(西鋪村)에서 30년 동안 훈장노릇을 했기 때문에 당시 비단사업의 발전상을 면밀하게 관찰할 수 있었다. 이와 같은 경험은 ≪요재지이≫의 <세후(細侯)>편에서 '뽕나무를 심어서 남자는 팔고 여자는 비단을 만든다.'는 내용으로 당시 상황을 구체적으로 반영했고 본인이 직접 양잠업에 대한 방법론을 잡문형식으로 저술했다.

치천지역은 지리적으로 산동성의 중부에 위치하고 교통요지를 형성하고 있으므로 각 지역의 생산품이 모여들어 유통되는 무역시장으로 발전했다. 남북조부터 시작한 치천시장은 치천대집(淄川大集)이라고 불리며 명청(明清)대까지도 대형규모의 시장이 형성됐다. 치천대집은 서관대집(西關大集)이라고도 불리며 매번 장이 설 때마다 거래되는 상품이 삼백여종을 넘어서고 운집하는 사람들은 만여 명을 넘고 특히 노새, 말 등의 거래시장으로 전국적으로 유명했다는 내용이 당시 지방지(地方志)에 기록돼 있다. 포송령도 그의 작품 중에서 서관시장에 대해 여러 번 언급을 하고 있는데 ≪요재지이≫의 <효조(鴞鳥)>편에서는 탐관오리가 이 시장(서관시장)에서 노략질해가는 말이 한 번에 수백 필이라고 할 정도였으니 이 지역시장에 몰려드는 상인들과 물산이 대규모였음을 짐작할 수 있다.

결론적으로 당시 치천지역을 중심으로 도자기, 석탄, 유리, 비단 등 수공업 생산이 산동일대에 발달했고 상공인의 수도 기하급수적으로 늘어나는 한편 여성들도 상업에 종사하는 등 상공업 조류에 일대 변혁이 일어났다. 이와 같은 시류에 발맞춰 당시 지식인 계층이라고 할 수 있는 서생들도 더 이상 상업을 천시하는 전통적 사고방식에 머물지 않고 학문을 버리고 상업에 종사해 부를 쌓는 등 새로운 지식인의 형상을 만들어갔다.

이러한 경향에 힘입어 포송령의 아버지 포반은 서생 출신으로 글을 읽다 경제적인 문제 때문에 학업을 포기하고 상인이 되어 성공을 거두었다. 포송령은 직접 상업에 종사하지 않고 관직의 길에 나서길 바랐으나 부친과 주위 환경의 영향을 받아 상인에 대한 긍정적인 묘사와 상업의식이 그가 저술한 작품 곳곳에 드러난다. 특히 그의 대표작인 ≪요재지이≫에서는 소설의 줄거리를 통해 명청(明淸)시대 상업경영의 개황을 묘사하는 것 외에도 '이사씨왈(異史氏曰)'로 시작하는 작자의 논평부분에서 직접적으로 상업과 상인에 대한 관점을 저술했다.

당시 직업의 서열을 볼 때 일반적인 관점은 사(士), 농(農), 공(工), 상(商) 순위로 상업을 가장 후위에 논하며 무의식중에 상업을 천대하는 것이 일반적이었으나 그는 이사씨왈을 통해 상농(商農)이라고 자주 칭하며 상업을 농업의 앞에 거론했다.[46] 또한 사, 농, 공, 상 각각의 직업이 소임이 있고 모두 가치가 있는 직업이므로 어느 하나 소홀히 할 수 없다는 관점을 유지했다.[47]

당시 상인을 무시하는 관점에 대해서는 긍정적인 상인형상을 작품 속에서 형상화함으로써 세간과는 다른 가치관을 드러냈고 <황영(黃英)>같은 작품에서 위선적인 유생들을 질타하고 자신의 인생과 생업에 충실한 상인을 찬양함으로써 포송령 자신의 상인에 대한 애정을 나타냈다.[48] 특히 상인들을 무시하고 현실적인 능력도 없으면서 점잖은 척하는 유생들을 구닥다리(陳仲子)라고 폄하했다.

포송령의 사상적 특이성을 그의 가계도와 연결해보는 시도도 있다. 포송령의 족보에는 원(元) 왕조에서 반양로(般陽路) 총관을 지낸 포로혼(蒲魯渾), 포거인(蒲居仁)이 자신의 조상이라고 기록

---

46 夫商農之人, 具有本業. (포송령 저, 장우학 집교, 권3 <賭符>, ≪요재지이회교회주회평본≫, 상해 : 상해고적출판사, 1995년 6월, 420쪽)

47 四民各有本業. (포송령 저, 장우학 집교, 권7 <細柳>, ≪요재지이회교회주회평본≫, 상해 : 상해고적출판사, 1995년 6월, 1022쪽)

48 자력갱생해서 먹고사는 것을 탐욕이라 하지 않고 꽃을 파는 것을 속물이라고 할 수 없다. 사람들은 구차하게 억지로 부를 좇을 필요도 없지만 억지로 가난함을 추구할 필요도 없다. - 自食其力不爲貪, 販花爲業不爲俗. 人固不可苟求富, 然亦不必務求貧. (포송령 저, 장우학 집교, 권11 <황영>, ≪요재지이회교회주회평본≫, 상해 : 상해고적출판사, 1995년 6월, 1447쪽)

돼있다. 중국과 아랍, 페르시아 등 이슬람 문화권은 고대 이래로 많은 인적, 경제적 교류가 있었고 중국으로 귀화해 정착한 아랍인도 다수였다. 이 중 아랍인들의 중국 귀화 성씨로는 포(蒲)씨가 특히 많았다. 역사적으로 포수경(蒲壽庚)이라는 중국 귀화 아랍인은 대상인(大商人)이자 정치가로도 이름을 날린 인물이다. 이러한 배경으로 인해 포송령이 아랍인 출신이라는 주장도 있고 또 다른 일설에는 만주족 출신이라는 주장도 있다.

그러나 포송령은 중국 전통의 유가교육을 받고 본인의 인생목표도 유가적 전통 속에서 관료가 되는 것일 정도로 전형적인 유가 지식인의 인생역정을 보였다. 하지만 그의 상업과 상인에 대한 인식은 일반 한족 지식인과는 다른 경향과 혁신적인 내용을 보여준다.

2. ≪요재지이(聊齋志異)≫에 반영된 상업의식

1) ≪요재지이≫의 상업경영

≪요재지이≫는 중국 고전소설의 걸작 중 하나로 497편의 단편소설로 구성된 단편소설집이다. 이에 포함된 단편소설 중 일부는 영화화돼 많은 인기를 끌기도 했다.[49] ≪요재지이≫의 대부

49 <섭소천(聶小倩)>은 '천녀유혼'으로, <화피(畵皮)>는 같은 이름의 영화로 제작

분 내용은 요괴, 신선, 구미호 등의 다분히 환상적이고 비현실적인 캐릭터들이 등장해 흥미위주의 몽환적인 줄거리로 구성돼 있다.

청나라 초기 새로운 통치자인 만주족 지배층의 엄혹한 사상통제로 인해 대부분의 지식인들이 직접적인 정치적 의견을 발표하기 어려웠던 시기에 시골에서 훈장으로 생계를 꾸려나가던 포송령(蒲松齡)으로서는 환상적인 내용의 소설 창작이 현실의 신산함을 잊는 유일한 취미이자 유희수단이었다. 그는 본인이 창작하거나 떠돌아다니던 구전 얘깃거리를 각색해 문어체 스타일로 편집했는데 사마천이 쓴 ≪사기(史記)≫의 '태사공왈(太史公曰)'이라는 후기 평론형식을 모방해 '이사씨왈(異史氏曰)'이라는 본인의 후기를 다는 등 독특한 형식과 다채로운 내용 등으로 중국 고전 문언소설의 마지막 걸작이라 평가받는 ≪요재지이≫를 완성했다.

≪요재지이≫의 총 497편의 소설 중 11.7%에 해당하는 58편이 상인과 상업을 소재로 한 작품들이다.[50] 소설은 당시 시대상

돼 히트를 쳤다. <노산도사(勞山道士)>는 애니메이션으로 제작됐다.

50 현재까지 집교한 판본 중에서 가장 완성본이라고 평가받는 장우학(張友鶴)이 편저한 ≪요재지이회교회주회평본(聊齋志異會校會注會評本)≫(본문 491편 부록 6편 총 497편 수록) 기준으로 상인고사의 권수별 작품 목록은 아래와 같다. 권1 <종리(種梨)>, <노산도사(勞山道士)>, <왕성(王成)>, <가아(賈兒)>, 권2 <주우(酒友)>, <아보(阿寶)>, 권3 <희술(戲術)>, <야차국(夜叉國)>, <소이(小二)>, <궁몽필(宮夢弼)>, <뇌조(雷曹)>, 권4 <청매(青梅)>, <나찰해시(羅剎海市)>, <신십사낭(辛十四娘)>, <건상채(蹇償債)>, 권5 <아두(鴉頭)>, <김영년(金永年)>, <의견(義犬)>, 권6 <운취선(雲翠仙)>, <세후(細侯)>, <유량채(劉亮采)>, <혜방(蕙芳)>, 권7 <유성(劉姓)>, <이상(二商)>, <유생(柳生)>, <세류(細柳)>, 권8 <아수(阿繡)>, <김화상(金和尚)>, <상부(商婦)>, <국사(局詐)>,

황을 반영하는 또 하나의 역사적 자료인 점을 감안할 때 포송령이 ≪요재지이≫를 저술했던 청대 초기는 중국역사에 있어서 상당히 흥미로운 시기이다. 정통 한족 왕조인 명왕조가 멸망하고 동북지역 소수민족에 불과했던 만주족에 의해 중국 역사상 최후의 봉건왕조이자 가장 거대하고 발전한 왕조이기도 했던 대청국(大淸國)이 막 건설됐던 시기이다. 또한 상업이 지속 발전해 중국 자본주의의 초기형태 모습이 보이고 정치적, 사회적 안정을 찾아가며 중국 역사상 가장 위대한 황제라고 하는 강희제(康熙帝)의 치세가 진행되고 있었다.

포송령은 이와 같은 청나라 초기 상업 발전상을 그의 작품속의 배경 내용으로 묘사했고 일부는 본인의 의견도 수록하는 등 다양한 상업경영 형태를 그렸다.

(1) ≪요재지이≫의 시장경제

청나라 초기 새로운 지배자로 등극한 만주족들은 뛰어난 지도력과 포용력으로 빠르게 전 중국을 장악해나간다. 명나라 말기 부패한 정치제도의 폐습을 혁파해 나가나 좋은 제도는 그대로

<저생(褚生)>, <곽녀(霍女)>, <추호(醜狐)>, <전복무(錢卜巫)>, 권9 <장불량(張不量)>, <부옹(富翁)>, <적녀(績女)>, <농부(農婦)>, <금릉을(金陵乙)>, <의견(義犬)>, <교녀(喬女)>, <유부인(劉夫人)>, 권10 <포상(布商)>, <신녀(神女)>, <아섬(阿纖)>, <서운(瑞雲)>, <구대낭(仇大娘)>, <용비상공(龍飛相公)>, <산호(珊瑚)>, 권11 <황영(黃英)>, <임수(任秀)>, <백추련(白秋練)>, <왕대(王大)>, <왕십(王十)>, 권12 <갈객(蠍客)>, <효조(鴞鳥)>, <인침(紉針)>, <방문숙(方文淑)> 총 58편

잘 활용하는 한편 사치품 대신 일상 생활용품 생산을 장려하고 세금을 감면하는 등 경제정책 면에서는 친(親)서민, 친(親)상공업 정책을 시행하는데 노력했다.

이 때문에 정권이 바뀌더라도 전체 경제 체제나 상업 활동은 큰 영향을 받지 않았고 지식인들은 청나라 정권에 반감을 품은 사람들이 다수 있었으나 서민들은 오히려 청나라 정권의 지도자들을 환영하고 생업에 열중했다. 명나라의 부패에 환멸을 느껴 명나라를 멸망시키고 청나라에게 북경성의 문을 열어준 사람들이 바로 명나라의 서민들이었다. 즉, 일반 서민들은 역사적 정통성이나 혈통 문제보다도 자신의 먹고사는 문제가 더 절박한 것은 예나 지금이나 같은 이치이다. 청나라의 황제들도 이러한 민심의 움직임을 잘 포착하고 기민하게 대처해 제국의 기틀을 초기에 잘 닦았다.

청나라 초기는 강희제(康熙帝)라는 중국 역사상 가장 위대한 황제가 61년 동안 통치하며 전성기를 구가했던 시기이다. 그의 아들과 손자인 옹정제(雍正帝), 건륭제(乾隆帝)도 강희제의 위업을 이어받아 청나라를 발전시켰으나 제도, 문물, 학문, 국방 및 경제를 정립하고 발전시킨 공적들은 강희제를 따라가지 못했다. 이민족 왕조 중 가장 강력했다고 하는 몽골족의 원나라도 100년을 못 채우고 중국에서 물러난 반면 만주족의 청나라는 중국 역대 왕조 중 가장 긴 268년(1644~1912) 동안 지속했다. 이와 같이 소수민족이었던 변방의 만주족이 17~20세기 초까지 중국대륙을 지배할 수 있었던 동력은 강희제의 천재적인 역량과 노력에 기인한 바가 크다.

강희제의 치세 속에 청나라의 경제도 명나라 말기의 자유롭고 자본주의적인 모습을 띄던 시장경제 체제를 이어받아 더욱 발전했다. 시장경제는 직업이 분화하고 상품생산의 종류와 업종이 다양해지며 발전한다. 이 때문에 초보형태의 시장경제는 먼저 상품경제의 발전부터 시작되는데 상품을 유통하는 상인은 상품경제에서 결정적인 위치를 차지한다. 그들의 언행들은 시장경제의 일부 특징들을 반영한다고 볼 수 있다.

강희제 집권 시기에 쓰여진 ≪요재지이≫는 11.7%에 달하는 58편의 작품들이 상인과 상업경영에 관련된 내용들로 이뤄져있다. 이 작품들에 나타나는 상인들의 경영범위는 농수산물 유통, 의류 판매, 과일판매, 도자기 판매 등 광범위한 영역을 아울렀다. 이들 상업경영의 대상이 된 제품들은 대부분 일반서민들과 밀접한 생활필수품 위주로 구성돼있고 호화 사치품은 눈에 띄지 않는다. 이와 같은 이유는 앞에서도 언급했다시피 청대 초기 만주족 정부가 서민들의 실물경제를 진작하기 위해 호화 사치품보다 생활필수품 위주로 생산, 유통하는 정책을 우선시한 것도 있으나 저자인 포송령이 당시 하층 서민사회에 살면서 서민들과 밀접한 물산의 유통을 관심 있게 지켜본 이유도 있다.

≪요재지이≫에서 언급한 상업경영의 대상이 된 제품들은 천, 가죽옷, 칡, 붓, 소금, 약재, 전갈, 도기, 밀가루, 견직물, 모자, 담배, 술, 간장, 꽃, 등불 등이다. ≪요재지이≫에서 표현한 업종들은 상업의 본령이라고 볼 수 있는 중개업을 필두로 전당업,

숙박업, 물품보관업 등이다. 이 외에도 유리 제조업, 탄광업 등의 제조공업도 묘사했다. 상인의 출신지로는 산동, 하북, 산서, 강서, 호북, 복건, 사천, 광서, 강소 등 전국 각지에서 온 상인들이 나오는데 그 중에서도 산동 출신들이 다수를 차지한다.

《요재지이》에 나오는 상업무역활동의 지리적 범위도 아주 광범위했는데 북으로는 북경(北京), 동북으로는 요동(遼東), 남쪽으로는 복건(福健), 서쪽으로 섬서(陝西), 동쪽으로 산동(山東) 해안가까지 닿았고 심지어는 해외무역을 하는 내용도 나온다.

그러나 상인들의 활동지역은 아무래도 포송령의 고향인 산동지역이 주로 등장하는데 포송령의 고향이라는 점 외에도 산동 자체가 당시에 중국내에서도 상업이 발전한 도시들이 많은 성으로 상인들의 활동을 목격하기 쉬운 지리적 이점을 갖고 있기 때문이다. 《요재지이》에 등장하는 도시로는 유명한 상업도시 임청(臨淸), 신흥 도자기 무역중심인 안산진(顔山鎭) 등이 있고 주촌(周村)의 경치를 묘사하면서 상인들이 몰려들어 수레나 말들로 가득 찼다고 묘사하고 있다.

《요재지이》가 묘사하는 상업경영은 비록 간단하고 소박한 측면이 강하지만 현대 경제학의 시각에서 초기 시장경제구조를 이해할 수 있다. 《요재지이》의 <희술(戱術)>편에서는 당시 발전했던 도자기 공예를 주로 하던 대규모의 도요(陶窯 · 도자기 제조공장)를 공간적 배경으로 이야기를 전개하고 있다.

> 이진현(利津縣)의 이견전(李見田)이 안진(顔鎭)에서 질그릇 굽는 도요에 들러 놀다가 큰 독 하나를 사려고 하였다. 그러나 욕심 많은 도공과 값을 흥정하던 그는 결국 뜻을 이루지 못하고 빈손으로 돌아섰다. 그날 밤 도요 안에서 미처 꺼내지도 않은 육십여 개의 독들이 완전히 사라지는 일이 발생했다. 가마를 열던 도공은 소스라치게 놀랐고 이견전의 장난일 거란 의구심을 품게 되었다. 그는 당장 이견전의 집으로 좇아가 구워낸 독을 돌려달라고 애원했다. 처음에는 모르는 일이라고 발뺌하던 이견전도 계속되는 도공의 애원에는 결국 항복하고 말았다. "내가 당신 대신 가마에서 꺼내 한 개도 빠짐없이 괴성루(魁星樓) 아래 모셔두지 않았겠소" 도공이 그가 말한 장소로 찾아가더니 과연 한 개도 빠진 것이 없었다. 괴성루는 안진의 남산에 위치해 있는데 도요에서는 삼 리 남짓이나 떨어진 곳이었다. 도공은 사람을 사서 독을 운반했는데 자그마치 사흘이나 걸려서야 일이 끝났다.[51]

이 스토리에서 볼 수 있듯이 공간적 배경이 되고 있는 도요에 있는 도자기들을 인부를 써서 옮겨도 사흘이나 걸릴 정도로 많은 도자기를 생산하고 규모가 큰 도자기 생산지가 산동 안산진(顔山鎭) 지역에 있었음을 알 수 있다. 이 도요에서 생산하는 도자기들은 생산자 자급용이라기보다는 상품으로 판매하기 위한

---

51 利津李見田, 在顔鎭閒遊陶場, 欲布巨甕, 與陶人爭直, 不成而去. 至夜, 窰中未出者六十餘甕, 啓視一空. 陶人大驚, 疑李, 踵門求之. 李謝不知. 固哀之, 乃曰 : 我代汝出窰, 一甕不損, 在魁星樓下非與. 如言往視, 果一一俱在. 樓在鎭之南山, 去場三里餘. 傭工運之, 三日乃盡. (포송령 저, 장우학 집교, 권3 <희술(戲術)>, ≪요재지이회교회주회평본≫ 상, 상해 : 상해고적출판사, 1995년 6월, 306쪽 / 김혜경 옮김, ≪요재지이≫ 5권, 서울: 민음사, 2002년 12월, 426-427쪽)

목적에서 대량생산을 하며 재고를 비축해놓았다. 이 때문에 도요 안에는 아직 꺼내지 않은 도자기들이 60여 개나 있고(窰中未出者六十餘甕), 사람을 사서 도자기들을 운반해도 사흘이나 걸릴 정도(傭工運之, 三日乃盡)의 규모를 갖추고 있다.

이와 같은 규모의 수공업 공장은 당시 상황으로 볼 때 비교적 큰 공장으로 고용주와 노동자가 계약관계를 맺어 상품을 생산하고 이윤을 추구하기 위해 재고준비 및 구매자와 값을 흥정하며 판매자와 구매자간 상거래상의 분쟁도 발생한다는 것을 이야기 속에서 알 수 있다. 이와 같은 모습은 시장경제의 전형적인 모습으로 시장경제의 궁극적인 목표는 이윤획득이다.

<황영(黃英)>편의 도삼랑(陶三郞)은 국화판매를 생업으로 삼은 상인이다. 궁핍한 가정환경을 타개하고 자기 힘으로 밥을 먹기 위해 꽃을 파는 것을 직업으로 삼았다. 그가 심은 국화는 상품화돼 판매가 되고 뛰어난 품질로 인해 비싼 값에 팔려나갔다. 품질개발에 특별히 정성을 쏟았던 도삼랑이 귀한 국화 종자를 사러 멀리 출장을 갔을 때 누이 황영은 도삼랑이 집에 있던 때와 마찬가지로 하인을 감독하여 국화를 가꿨다. 돈을 버는 것도 다른 장사치들과 전혀 다름이 없었다. 그녀는 마을 밖에 있는 기름진 밭 스무 마지기를 사들였고 집도 더욱 웅장하게 새로 지었다.[52]

52 年餘, 陶竟不至. 黃英課僕種菊, 一如陶. 得金益合商賈, 村外治膏田二十頃, 甲第益壯. (포송령 저, 장우학 집교, 권11 <황영>, ≪요재지이회교회주회평본≫, 상해 : 상해고적출판사, 1995년 6월, 1448쪽)

도삼랑과 황영 남매는 과거급제나 농사 대신 화초재배를 돈을 벌고 가치를 증식하는 수단으로 삼았다. 그들에게는 국화가 더 이상 관상용의 애호품이 아니라 생업을 위한 상품으로 의미가 더해졌다. 그들은 꽃을 파는 행위를 더 이상 천하고 가치 없는 행위라고 생각하지 않았고 오히려 "자기 힘으로 밥을 먹는 것은 탐욕이 아니고 꽃을 파는 일도 속된 것만은 아닙니다. 사람이라면 물론 구차하게 부자가 되어선 안 되겠지요. 하지만 일부러 가난하게 살려고 애쓸 필요도 없는 것 아니겠습니까!"[53]라고 본인들의 직업관을 강하게 주장한다.

봉건사회에서는 국화를 심는 행동은 동진(東晋)시대 시인 도연명의 시에도 묘사돼있듯이 동쪽 울타리 아래에서 국화를 따니 우연히 남산이 보이는(採菊東籬下, 悠然見南山)정도의 시작(詩作)의 대상이나 관상용 화초였을 뿐이다. 결코 당시 사람들은 국화를 심어서 돈을 번다는 생각을 하지 못했고 국화를 상품으로 여기지도 않았다.

현대의 경제이론 중에는 새로운 개념의 상품과 업종을 창조하는 것을 신개념의 마케팅과 기획으로 간주하고 있다. 즉, 패러다임을 바꾸거나 새로운 패러다임을 창출함으로써 블루오션(Blue ocean)을 만드는 것은 모든 사업가들이 관심을 갖는 것이고 21세기 들어 이와 같은 마케팅 방면에서 가장 성공한 사람

53 陶笑曰 自食其力不爲貪, 販花爲業不爲俗. 人固不可苟求富, 然亦不必務求貧也. (포송령 저, 장우학 집교, 권11 <황영>, ≪요재지이(聊齋志異)회교회주회평본≫, 상해 : 상해고적출판사, 1995년 6월, 1447쪽)

으로 애플사의 스티브잡스를 들 수 있다.

스티브잡스는 엔지니어도 아니었고 기술적인 지식도 많지 않았다. 지방의 유명하지 않은 대학 철학과에 들어가 그마저도 졸업하지 못하고 중퇴한 경력을 가진 사람이 기존에 발명된 기술을 조합해 새로운 패러다임의 상품과 문화를 만들어내면서 천재적인 마케팅 기법을 보여준 것은 모든 사람들이 감탄할 만한 수준이었다. 췌장암 때문에 55세를 일기로 짧은 생을 마감하긴 했으나 그가 보여준 신개념의 마케팅은 패러다임 경영이라고 말할 수 있으며 이와 같은 판도를 바꾸는 패러다임 경영의 일단이 <황영(黃英)>편의 국화를 대상으로 한 사업에서 볼 수 있다.

알리바바의 마윈(馬雲), 텐센트의 마화텅(馬化騰) 역시 기존의 패러다임을 바꿔 사업에 성공한 대표적 케이스이다. 기존에 개발된 스마트폰을 활용해 온라인 상거래, 화폐거래 등의 패러다임을 바꿔 점차 중국의 동전, 지폐를 사라지게 만들고 있다. 현재 중국에서는 물건을 살 때 돈을 건네는 것보다 알리패이(Alipay), 위챗패이(Wechat pay)를 활용해 지불하는 것을 더 선호한다. 심지어 거지나 길거리 노점상도 전자지불방식을 활용해 돈을 받는다. 또한 대부분의 제품이나 음식, 여행상품 및 금융보험상품 등을 전자상거래로 구매할 수 있도록 패러다임을 바꿨다.

중국이 정치적으로는 보수적이고 억압적인 체제를 갖추고 있으나 경제적으로는 다양한 실험이 가능하고 수많은 창업자들이 경쟁하는 사회 분위기는 청나라 초기의 모습과 다르지 않다. 특히 경제발전에 힘입어 경쟁자를 제압하고 독재적인 통치체제를 구축한 시진핑의 모습에서 청나라 초기 강희제의 모습이 중첩된다.

(2) ≪요재지이≫의 금융 및 투자이론

현대 경제에서 상품경제 외에 빠질 수 없는 부분이 금융경제이다. 자본의 글로벌화가 지속되면서 각 나라를 지탱하는 경제의 원동력은 금융경제이다. 영국의 EU 탈퇴, 즉 Brexit와 미국 트럼프 정부의 자유무역반대, 미국우선주의 등 일부 국가의 고립주의도 있으나 대부분의 국가는 자국 경제를 발전시키기 위해 자본의 힘을 인정하고 다른 나라와의 자유무역, 통화Swap 등 무역금융, 금융경제를 발전시켜왔다.

자본을 유통하고 은행 등을 통해서 투자를 하는 경제체제는 서양보다 중국에서 먼저 시작해 19세기 말까지도 청나라의 금융경제가 세계 선두권을 형성했다. 하지만 해금정책(海禁政策) 등의 영향으로 해외에 진출하거나 외국과의 적극적인 무역거래가 없이 자국의 경제에만 집착했으므로 서양의 해양무역국가보다 무역금융, 금융경제가 자연스럽게 뒤처졌다. 오히려 서양의 작은 섬나라인 영국이 L/C, D/A 등의 은행을 통한 무역거래 형식을 개발해 세계 강자로 떠오른다.

≪요재지이≫에 나타나는 금융경제는 대출형식의 자본유통이다. 화폐경제가 안정되면 축적된 화폐는 대출형식으로 전망 있는 사업에 투자된다. 이전의 화폐대출은 단순히 생활을 유지하기 위해 일시적으로 자본을 빌려 사용한 후 다시 갚는 형식이었

으나 ≪요재지이≫에 나타나는 대출은 잉여자본을 산업에 투자해 부가가치를 창출하는 전형적인 금융경제의 모습을 나타내고 있다. 또한 투자자와 경영자가 분리되는 모습도 보인다. <부옹(富翁)>편에 나오는 상인은 투자자의 역할을 하며 자신의 자본을 역량 있는 사업가에게 투자해 이익을 추구한다. 그러나 투자하는데 있어서 경영자의 사람 됨됨이나 습관 등을 주의 깊게 살펴 최종결정을 하는 상황이 나타난다.

> 부자인 아무개 노인이 있었는데, 많은 장사치들이 그에게서 돈을 빌려 사업을 벌이곤 했다. 하루는 노인이 외출을 했는데 어떤 젊은이가 말 꽁무니를 졸졸 뒤따라왔다. 이유를 물었더니 그도 노인한테 자금을 빌리고 싶은 사람이었다. 노인은 그에게 돈을 주겠다고 허락했다. 집에 당도했더니 마침 탁자 위에 수십 꿰미의 돈이 어지럽게 널려있는 참이었다. 젊은이는 즉시 익숙한 솜씨로 돈을 차곡차곡 쌓아놓고 낮은 몇 무더기의 형태로 정리했다. 노인은 정중하게 그를 배웅해 보내면서 끝내 한 푼도 빌려주지 않았다. 어떤 사람이 까닭을 묻자, 노인은 다음과 같이 대답했다. "그 사람은 필시 도박을 잘할 걸세. 결단코 정직한 사람은 아니었어. 평소 숙련된 기술이 자신도 모르게 손동작에서 드러나더구먼." 사정을 알아보니 과연 노름꾼이 틀림없었다.[54]

54 富翁某, 商賈多貸其貲. 一日出, 有少年從馬後, 問之, 亦假本者. 翁諾之. 至家, 適几上有錢數十, 少年卽以手疊錢, 高下堆壘之. 翁謝去, 竟不與貲. 或問故. 翁曰 此人必善博, 非端人也. 所熟之技, 不覺形于手足矣. 訪之果然. (포송령 저, 장우학 집교, 권9 <부옹(富翁)>, ≪요재지이회교회주회평본≫ 하, 상해 : 상해고적출판사, 1995년 6월, 1206쪽)

현대 자본주의 경제체제에서는 모든 이윤취득과 경영활동의 토대가 되는 것이 자본이다. 특히 주식투자라는 형식으로 투자자와 경영자가 분리되고 특수한 대형 자본가 외에도 일반 서민들도 투자자의 자격으로 주식을 매입해 경영활동에 필요한 자본을 제공함과 동시에 주식매매, 배당형식으로 이윤을 취득할 수 있다.

이 스토리에 나오는 부유한 노인(富翁)은 전형적인 자본투자자로서 경영자의 능력과 인품을 보고 사업에 투자할지 여부를 결정한다. 현대 경제체제에서도 주로 은행이나 벤처캐피탈로 대변되는 금융자본세력이 한 회사에 대출형식으로 자본을 투자할 때 전체적인 회사의 규모, 사업방향, 사업아이템 등을 주로 평가하지만 최고경영자의 능력과 인품을 감안하는 것도 사실이다. 즉, 신생 스타트업 회사의 경우 최고경영자의 정밀한 프레젠테이션과 전망 제시를 통해 더 많은 투자와 대출을 받아 사업을 시작하는 경우가 많다.

부유한 노인은 상인에게 투자를 하고 상인은 대출받은 돈으로 사업을 해 남은 이윤을 투자자와 같이 분배하는 것이 전형적인 금융경영의 형식이다. 이 노인이 도박을 좋아할 것으로 판단한 젊은 상인에게 투자를 하지 않은 것은 도박을 좋아하는 사람은 정직하지 못한 사람이라는 가치판단 원인도 있으나 사업투자 측면에서 경영활동을 통해 남은 이익을 도박에 쏟아 부을 위험성 때문이다. 투자자의 목적은 오로지 이윤취득 밖에 없다. 이 때문에 사업의 위험요소를 경영자보다 더 면밀히 주의하고 위험요소가 조금이라도 있으면 투자하지 않는 것은 지극히 정상적인 투자원칙이다.

이러한 투자사례는 <유부인(劉夫人)>편에서도 나온다. 유씨 부인은 자신의 재산을 투자해 경영할 적임자로 염생(廉生)을 뽑은 후 그에게 아래와 같이 얘기한다.

> "돌아가신 남편 유씨(劉氏)는 장강(長江)의 하류 유역에 머물다가 갑작스레 객사하셨지요. 미망인이 된 나는 이 황량하고 궁벽한 곳에 외로이 처박혔고 그러다 보니 집안은 나날이 기울어만 갔다오. 두 명의 손자가 있다곤 하나 성격이 올빼미처럼 흉악하지 않으면 용렬해서 아무짝에도 쓸모없는 녀석들이지요. 공자가 비록 우리와는 성씨가 다르지만 앞으로 가까운 친척이 될 사이인데다 성격이 어질고 성실해서 내가 체면치레 않고 만나게 되었다오. 다른 일로 번거롭게 굴려는 게 아니라 내게 약간의 저축이 있으니 청컨대 공자가 갖고 가서 장사를 해주시구려. 벌어들인 이익금을 나누게 되면 그 또한 책상머리에서 반딧불처럼 말라죽는 것보다는 훨씬 나을 것이니."[55]

사업의 성공을 위해 혈연관계보다 능력 위주로 경영자를 선발하는 투자자의 생각을 보여주는 대목이다. 혈연적인 관계를 유

55 婦曰 亡夫劉氏, 客江右, 遭變遽殞. 未亡人獨居荒僻, 日就零落. 雖有兩孫, 非鴟鴞, 卽駑駘耳. 公子雖異姓, 亦三生骨肉也. 且至性純篤, 故遂靦然相見. 無他煩, 薄藏數金, 欲倩公子持泛江湖, 分其贏餘, 亦勝案頭螢枯死也. (포송령 저, 김혜경 옮김, ≪요재지이≫ 4권, 서울 : 민음사, 2002년 12월, 30쪽/ 포송령 저, 장우학 집교, 권9 <유부인(劉夫人)>, ≪요재지이회교회주회평본≫ 하, 상해 : 상해고적출판사, 1995년 6월, 1289-1290쪽)

달리 중요시하는 중국문화의 특성으로 볼 때 본인의 자본을 투자한 사업에 혈연적인 관계가 없는 사람을 사업 파트너 또는 경영자로 선임한다는 것은 현대 중국 상공업계에서도 흔치 않는 일이다. 특히 한국의 경우 경제개발 이후 3세대 경영자로 넘어가는 시점에서 여전히 재벌그룹 오너 3세들이 최고경영자를 겸하는 경우가 많다. 이와 같은 현상은 너무도 위험한 관습이다.

한국기업은 내부적으로 전략을 수립하고 수많은 보고서를 쓰느라 잔업을 밥 먹듯이 하지만 실행단계에서는 오너의 뜻에 따라 방향이 모두 수정되거나 주먹구구식으로 사업이 진행되는 경향이 많다. 즉, 실무자들의 치열한 시장조사나 사업에 대한 건의사항을 담은 보고서는 휴지조각이 되거나 아예 결재조차 올라가지 않는 경우가 비일비재하다. 이와 같은 기업 분위기에서 직원들은 회사의 발전을 위해 노력하기보다 상사의 입맛에 맞는 보고서를 얼마나 보기 좋게 쓰는가에만 관심을 기울이거나 외부고객을 위한 영업이 아니라 내부고객(직장동료, 상사)을 위한 사내정치만 신경 쓰게 된다.

이와 같은 악습은 한국 특유의 강자에 대한 굴종, 혈연위주 인사 등에서 유래한 것으로 본다. 즉, 대주주의 전횡에도 반기를 들지 못하는 복지부동의 회사문화, 능력과 품성은 묻지 않고 오로지 오너 일가라는 이유만으로 초고속 승진을 통해 최고경영자까지 올라가는 비정상적인 인사정책이 만들어낸 악습이다.

물론 미국이나 유럽의 회사들도 최고경영자 자리가 세습되는 경우가 있지만 철저한 능력, 실적 검증을 통해 경영자를 정한다. 또한 이들은 대주주로서의 엄격한 의무와 도덕적 기준을 요구받기 때문에 최고경영자 직위를 세습한다 하더라도 직원들의 반발이 상대적으로 적다. 그러나 우리나라 재벌의 경우는 직원들이 대부분 굴종의 형태로 세습을 용인한다. 그룹 오너가 아무리 비도덕적인 행위를 하고 회사에 해로운 행위를 했다하더라도 오히려 오너를 잘 보위하고 방어하는 직원들이 나중에 승진하고 회사를 위해 오너를 비판하는 임직원은 즉시 해고되는 것이 한국회사들의 전통이다.

한국과 같이 유가사상의 영향이 강한 중국과 일본도 혈연주의 세습을 선호하는 기업들이 많이 있으나 이들 역시 철저한 능력 우선 경영자를 선발한다. 단적인 예로 일본 소프트뱅크사의 손정의 회장은 가족에게 회사를 물려주지 않을 것이라고 공언했고 최근 한차례 철회한 바 있지만 인도출신 부사장을 후계자로 지목한 적도 있다. 손정의 회장이 투자한 중국의 알리바바사의 마윈 사장 역시 가족에게 물려주지 않겠다고 수차례 언론에 얘기했다.

특히 손정의 회장이 마윈에게 투자한 사례는 위의 <유부인(劉夫人)>의 투자방식과 흡사하다. 손 회장은 파산직전의 마윈과 개인면담 후 마윈의 비전제시와 사람 됨됨이에 반해 거액의 투자를 결정했고 결국은 알리바바라는 잭팟을 터뜨렸으며 손 회장 역시 많은 이익을 봤다.

금융산업은 현대경제에서 가장 복잡한 첨단산업이라고 볼 수 있다. 청나라 초기는 단순한 신용대출의 형식으로 금융거래가 이뤄졌지만 포송령은 상업경영에 필요한 대출자본을 긍정적으로 평가했다. 그는 금융거래관계를 공정하게 운용할 수 있도록 제도정비를 요청했고 다른 사람의 자본을 빌어 사업을 하고 부채를 제대로 갚지 않는 사람들에 대한 신랄한 비판을 했다. 또한 정부 공무원이 이에 대한 엄격한 감독을 하고 법률적인 보장을 마련하도록 촉구했다. 포송령은 <왕대(王大)>편의 마지막 부분의 평론에서 직접적인 의견을 내놓고 있다.

> 이사씨(異史氏)는 말한다. 세상사의 불공평은 모두 관리들이 폐단을 바로잡으려고 지나친 의욕을 부리는 데서 비롯된다. 옛날의 부자와 세도가들은 곱절이나 되는 이자로 양가의 자녀들을 강탈했지만 아무도 그 앞에서는 입도 뻥끗하지 못했다. 누군가 그들에게 저항이라도 할 양이면 당장에 투서와 명함이 관가로 들어가고 벼슬아치는 또 부자들을 비호하는 데만 법률을 적용하기 마련이었다. 때문에 옛날의 지방관들은 모두 세도가의 종놈이나 다름없었던 것이다. 시간이 흘러 나중이 되어야만 어질고 능력 있는 사람이 출현하여 폐단을 직시하고 또 그것을 낱낱이 적발하여 바른 길로 돌리려는 시도를 하게 된다. 어떤 자가 남의 돈을 엄청나게 빌려 대대적으로 장사를 했다. 몸에는 비단옷을 걸치고 고량진미를 물리도록 처먹으며 집안에는 호화로운 누각을 짓고 문전옥답을 되는대로 사들였는데 오직 자금의 출처만은 까맣게 잊고 말았다. 빚쟁이가 상환을 요구하자 그는 대뜸 두 눈을 부릅뜨며 삿대질이 앞섰다. 억울한 채권자가 소송을 걸었더니 관리의 응수가 걸작이었다. "나는 남을 위해 수고하는 종이 아니란 말이다!" 이야말로 나잔화상(懶殘和尙)이 속인을 위해 콧물 닦을 겨를

> 이 없다고 발뺌하던 상황과 무엇이 다르랴! 나는 늘 옛날의 관리는 아부에만 능했고 지금의 관리들은 몽매하다고 생각해왔다. 아첨꾼들도 잡아 죽일 놈들이지만 저 황당한 바보들 또한 가증스럽기 짝이 없구나. 자금을 풀면서도 이자를 싸게 놓는 것이 어찌 부자들에게만 좋은 일이겠는가?[56]

포송령은 개인간 금전거래 안전보장문제에 대해서도 관심을 가졌지만 사람사이의 신용문제에 대해서도 주의를 기울였다. ≪요재지이≫의 여러 작품들에서 돈을 빌리고 갚지 않는 행위에 대해서 자주 비판을 했고 인과응보의 방식으로 신용을 저버리는 행위에 대해 처벌하는 스토리를 구성함으로써 철저한 반대의견을 표시했다.

<건상채(蹇償債)>는 신용을 저버리는 행위를 경계하는 가장 전형적인 작품이다. 이 작품 속의 주인공 이공(李公)은 같은 마을 사람 아무개에게 녹두를 빌려줘 밑천삼아 장사를 하게했다. 아무개는 장사에 성공하지도 못하고 이공의 녹두를 돌려주지도 못하고 죽고 만다. 어느 날 이공의 꿈에 나타난 아무개는 빚을 갚지 않아도 된다는 이공의 말에 "과연 말씀하신 대로지요. 하

56 異史氏曰：世事之不平, 皆由爲官者矯枉之過正也. 昔日富豪以倍稱之息 折奪良家子女, 人無敢言者, 不然 函刺一投, 則官以三尺法左袒之. 故昔之民社官, 皆爲勢家役耳. 迨後賢者鑒其弊, 又悉舉而大反之. 有舉人重貲作巨商者, 衣錦厭粱肉, 家中起樓閣, 買良沃. 而竟忘所自來. 一取償, 則怒目相向. 質諸官, 官則曰：我不爲人役也. 是何異懶殘和尙, 無工夫爲俗人拭涕哉! 余嘗謂昔之官諂, 今之官謬 諂者固可誅, 謬者亦可恨也. 放貲而薄其息, 何嘗專有益於富人乎? (포송령 저, 김혜경 옮김, ≪요재지이≫ 5권, 서울 : 민음사, 2002년 12월, 213-214쪽/ 포송령 저, 장우학 집교, 권11 <왕대>, ≪요재지이회교회주회평본≫, 상해 : 상해고적출판사, 1995년 6월, 1538쪽)

지만 누구라도 남에게 일을 해주고 받은 대가는 천금이라도 갚을 필요가 없는 법입니다. 까닭 없이 남의 돈을 받았다면 그것이 아무리 사소한 액수라도 모른 채 넘겨버릴 수가 없는 노릇이고요. 하물며 그 액수가 많다면 더 말할 나위가 없겠지요!"[57]라고 말한다. 그러고는 망아지가 돼 장사꾼에 팔린 값으로 이공에게서 빌린 돈을 갚는다.

이 작품의 말미에서 포송령은 다음과 같이 한탄한다. "아아! 이승의 빚을 저승서도 갚아야 하다니, 이야말로 사람들에게 꼭 들려주고 경계 삼도록 할 만한 이야기로구나."[58] 즉, 빚을 제대로 갚지 못한 사람은 죽어서도 빚을 갚아야 한다는 경계내용을 통해 신용에 대한 중요성을 강조했다.

중국경제의 특이사항은 지역사회에서 사업을 하는 경우 지역 내 사업가들 사이의 끈끈한 신용관계가 형성돼 있다는 점이다. 그들은 대부분 신용을 담보로 한 후불거래가 관행이 돼있고 심지어 계약서도 제대로 발행하지 않는 경우가 많다. 미국도 후불거래가 관행이나 이들은 철저한 은행과 신용회사의 평가를 통해 사업자의 신용도를 검증한 후 거래를 하므로 객관적 안전장치가 사전에 만들어져 있다고 볼 수 있다.

---

57 固然. 凡人有所爲而受人千金, 可不報也. 若無端受人資助, 升斗且不容昧, 況其多哉! (포송령 저, 김혜경 옮김, ≪요재지이≫ 5권, 서울: 민음사, 2002년 12월, 238쪽/ 포송령 저, 장우학 집교, 권4 <건상채>, ≪요재지이회교회주회평본≫, 상해 : 상해고적출판사, 1995년 6월, 554쪽)

58 噫! 昭昭之債, 而冥冥之償, 此足以勸矣. (포송령 저, 김혜경 옮김, ≪요재지이≫ 5권, 서울 : 민음사, 2002년 12월, 239쪽/ 포송령 저, 장우학 집교, 권4 <건상채>, ≪요재지이회교회주회평본≫, 상해 : 상해고적출판사, 1995년 6월, 555쪽)

그러나 중국의 경우 은행의 신용도 조사를 거치지도 않고 인간관계, 개인품성에 대한 판단으로 신용거래를 하는 경우가 많다. 가끔씩 사고가 나기도 하나 대부분 지역사회에서 정상적으로 거래가 되고 있는 사업방식이다. 사고를 내는 경우는 그 지역이나 업계에서 완전 매장되는 후유증을 감수해야 한다. 이 때문에 한번 사고를 낸 사업가는 대부분 그 지역이나 업계를 떠나거나 심지어 외국으로 이민하는 경우도 있다.

포송령은 상업의 신용대출활동을 지지하는 한편 국가의 공정한 관리감독도 필요하다고 촉구했다. 이는 현대사회에서는 흔한 자본주의와 사회주의가 결합된 정책이다. 자본주의는 시장원칙에 충실해 최대한 정부의 간섭이 없는 자유방임주의를 원칙으로 하나 사회주의는 정부의 계획에 의해 경제활동이 진행되는 체제이다. 현대의 국가체제는 둘 중 하나만 일관되게 실행하기보다 둘을 병행하거나 상호보완적으로 적용하는 통섭적인 체제가 일반적이다. 특히 2008년 세계금융위기 발생의 근본적 원인이 금융기관의 방만한 경영과 일부 경영층의 도덕적 해이를 정부가 제대로 제어하지 못했다는 반성이 일면서 최근 들어서는 금융기관에 대한 국가의 감독이 엄격해지고 있다.

그러나 감독기관인 국가가 부패하고 무능력하다면 문제는 심각해진다. 전근대적인 사회에서는 민란이나 소요사태가 발생할 만큼 사회가 어지러워질 수 있다. 포송령은 당시 정부의 금융활동에 대한 관리가 체계적으로 이뤄지지 않아 민생에 어려움을 준다고 생각하고 정부가 금융관련 제도를 조속히 정리해 안정을 이룰 수 있기를 바랐다.

당시의 신용대출제도는 경제를 활성화시키는 금융제도였으나 부작용도 잇따랐다. 돈을 빌리는 사람은 빌려주는 사람과 이익을 공유해야 했으나 예상치 못한 재난에 따른 위험은 돈을 빌리는 사람만이 감당해야 했다. 이 때문에 돈을 갚기 위해서 자신의 아내나 딸을 인신매매로 파는 일도 종종 일어났는데 포송령의 작품 속에서도 나타난다.

> 원래 여인의 남편 왕심재(王心齋)도 명망가의 후예라고 하였다. 집안이 몰락하여 살아갈 방도가 막막해지자 그는 어느 거간꾼에게 부탁하여 부자인 황씨(黃氏)한테 밑천을 빌려 장사를 시작하려고 마음먹었다. 하지만 돈을 받아 돌아오던 중 그는 강도를 만나 약탈을 당했고 요행히 목숨만 건지게 되었다. 왕심재가 집으로 돌아온 다음부터 황씨는 빚 독촉이 성화같았다. 갚아야 할 돈은 원금과 이자를 합쳐 모두 삼십 냥이나 되는 거금이었지만 집안에는 저당 잡힐 물건조차 없었다. 황씨는 왕심재의 딸 인침(紉針)의 아리따운 모습을 훔쳐본 이래 그녀를 첩으로 들이려는 흑심을 품고 있었으므로 거간꾼을 통해 다음과 같은 말을 전해왔다. 만약 인침을 첩으로 내준다면 부채를 탕감하는 외에 따로 이십 냥을 몸값으로 챙겨주겠다는 조건이었다.[59]

---

59 乃知其父王心齋, 亦宦裔也. 家中落, 無衣食業, 浼中保貸富室黃氏金, 作賈. 中途遭寇, 喪貲, 幸不死. 至家, 黃索償, 計子母不下三十金, 實無可準抵. 黃窺其女紉針美, 將謀作妾. 使中保質告之 如肯可, 折債外, 仍以廿金壓券. (포송령 저, 김혜경 옮김, ≪요재지이≫ 5권, 서울 : 민음사, 2002년 12월, 54쪽/ 포송령 저, 장우학 집교, 권12 <인침>, ≪요재지이회교회주회평본≫, 상해 : 상해고적출판사, 1995년 6월, 1666쪽)

화폐자본은 생산경영의 출발점이다. 또한 지속적인 유통과정 속에서 그 가치가 증식된다. 이와 같은 원리가 반영된 작품들은 <산호(珊瑚)>, <유부인(劉夫人)>, <소이(小二)>, <황영(黃英)>, <추호(醜狐)>, <왕성(王成)>, <신녀(神女)>, <아섬(阿纖)> 등이다. 각 작품 속에서 자금이 치부과정 중 동인(動因)으로 작용하고 유통과정 중 가치가 증식되는 특성이 있다는 것이 부각됐다. 자본의 가치가 증식이 되려면 자본이 투자가 돼 생산경영, 자금대출, 노동자들과 동업관계 등의 형식으로 생산에 투입돼 유통이 돼야 한다.

화폐자본에 대해 ≪요재지이≫는 대출보다 한 단계 높은 소유권과 경영권의 분리현상에 대해 주목한다. 즉 자본의 소유자와 노동력 소유자의 동업경영이 이뤄지고 자본 소유자의 대출은 화폐자본의 소유권과 경영권의 분리현상이라고 볼 수 있다. 이는 봉건사회에서도 보편적으로 사용돼 왔던 자본의 운용방식이라고 볼 수 있다.

자본 소유자가 자본을 자신이 선택한 동업자로 하여금 경영하게 하고 일정비율에 따라 이익을 분배하는 형식으로 현대의 주식회사 형태와 많은 공통점이 있다. 다른 점은 현대의 주식회사는 대부분 많은 주식 투자자들이 한 사람의 경영자가 관리하도록 위탁한 반면 ≪요재지이≫의 작품 속에서는 한 사람의 자본 소유자가 한 사람 또는 몇 사람의 경영자에게 위탁해 자본을 사용하도록 한 점이다. 이와 같은 내용을 다룬 작품은 <유생(柳生)>, <유부인(劉夫人)>이다.

<유생(柳生)>에 나오는 주생(周生)의 부인은 화폐자본을 활용해 타인과의 동업경영에 능한 인물이다.

> 주생의 아내는 집안을 다스리는 능력이 남자보다도 훨씬 월등했다. 그녀는 충직하고 성실한 사람들만 골라 일정한 자금을 대주고 장사를 시킨 뒤 벌어들인 이익을 균등하게 나눴다. 처마 아래서 장사치들이 계산을 할 때마다 그녀는 주렴을 내리고 안에서 이야기를 들었는데 주판알 하나가 잘못 튕겨진 착오까지도 일일이 지적해 낼 정도였다. 때문에 안팎의 사람들은 누구도 감히 그녀를 속일 엄두를 내지 못했다. 몇 년이 지나는 사이 그녀에게 자본을 얻어 장사하는 사람이 백 명이 넘게 불어났고 집안의 재산은 수십만 냥을 헤아리게 되었다.[60]

주생의 부인이 사용한 경영방식은 단순하게 돈을 대출해주는 것으로만 그치지 않고 투자를 하면서 경영자와 협업해 사업을 관리하는 것이다. 그녀가 '충직하고 성실한 사람들만 골라 일정한 자금을 대주고 장사를 시킨 뒤 벌어들인 이익을 균등하게 나눠준(擇醇篤者授以貲本, 而均其息)' 부분은 사업경영자와 화폐자본 투자자가 서로 이익을 균등하게 나누는 동업관계이지 단순한 대출채무 관계는 아니라는 점을 나타낸다. 단순한 자본 대출자는 빌려준 자본에 대해 서로 약정한 이자에 대해서만 수익을 챙

---

60 女持家逾於男子, 擇醇篤者授以貲本, 而均其息. 每諸商會計於簷下, 女垂簾聽之, 盤中誤下一珠, 輒指其訛. 內外無敢欺. 數年, 夥商盈百, 家數十巨萬矣. (포송령 저, 김혜경 옮김, ≪요재지이≫ 3권, 서울 : 민음사, 2002년 12월, 340쪽/ 포송령 저, 장우학 집교, 권7 <유생>, ≪요재지이회교회주회평본≫, 상해 : 상해고적출판사, 1995년 6월, 974쪽)

기면 됐고 채무자가 어떻게 사업을 해서 얼마나 수익을 올리는지 관여할 필요가 없기 때문이다.

이러한 협업경영을 위해서 그녀는 사업경영자의 능력을 봐야 했다. 단순한 채무관계라면 그 사람의 상환능력만 확인하면 됐지만 협업경영을 위해서는 사업을 영위할 수 있는 능력, 성품 및 이익을 투명하게 나눌 수 있는 진실성 등을 감안해 투자를 했다. 이와 같이 충분한 자본과 사업 경영자를 판단하는 비범한 안목 덕분으로 주생의 부인은 투자 대상자가 백 명을 넘어섰고 축적한 재산도 수십만 냥을 헤아리게 됐다.

<유부인(劉夫人)>편의 주인공 유부인도 뛰어난 안목을 가진 여성 투자자 겸 사업가다. 그녀는 원래 가지고 있는 재산을 집에만 두고 쓰지 않고 사업에 투자하려고 한다. 자신의 자본을 갖고 사업에 성공할 수 있는 사람을 물색하던 중 염생(廉生)이라는 적당한 후보자를 발견하고 그에게 동업을 제안하면서 의미심장한 발언을 한다.

> 다른 일로 번거롭게 굴려는 게 아니라 내게 약간의 저축이 있으니 청컨대 공자가 갖고 가서 장사를 해주시구려. 벌어들인 이익금을 나누게 되면 그 또한 책상머리에서 반딧불처럼 말라죽는 것보다는 훨씬 나을 것이니.[61]

61 無他煩, 薄藏數金, 欲倩公子持泛江湖, 分其贏餘, 亦勝案頭螢枯死也. (포송령 저, 김혜경 옮김, ≪요재지이≫ 4권, 서울 : 민음사, 2002년 12월, 30쪽/ 포송령 저, 장우학 집교, 권9 <유부인>, ≪요재지이회교회주회평본≫, 상해 : 상해고적출판사, 1995년 6월, 1189-1190쪽)

유가사상의 영향이 강했던 청나라 초기 봉건사회에서 학문을 하는 독서인 계층에게 책상머리에서 공부하다가 반딧불처럼 말라죽는 것보다 돈 버는 것이 훨씬 가치 있다는 파격적 제안을 한다. 그것도 40대 여성이 당당하게 젊은 독서인을 향해 자신의 가치관을 말하는 부분은 당시 전통 관념에서 볼 때는 상당히 혁신적인 모습이라고 볼 수 있다.

그녀는 염생과 투자자 겸 동업자의 신분으로 장사를 관리하며 염생의 일거수일투족에 대해 모두 알고 있었다. 즉, 염생이 사업에 도움을 받고 있는 오씨(伍氏)에게 일종의 치사금(致謝金)을 주면서 유부인이 모르도록 조치를 했건만 유부인은 장부와 이와 같은 회계내용을 모두 파악하고 있었다. 염생은 유부인을 신선이라 여기며 깜짝 놀랐지만 유부인은 기실 장부 뿐만 아니라 오씨로부터 대부분의 회계내용과 사업 진전 상황을 보고받고 있었던 것이다.

이상 <유생>, <유부인>의 두 작품은 동업경영 뿐 아니라 사업의 감사기능에 대해 표현한 내용이다. 즉, <유생>에서 주생의 부인이 직접 감독을 하거나 <유부인>에서 유부인이 오씨로 하여금 감독하는 내용을 통해 경영의 한 부분이라고 볼 수 있는 감사기능의 중요성을 강조했다. 이는 현대의 주식회사에서 감사회(監事會)라는 기구를 통해 기능하는데 이 감사회가 감사의 기능을 다하지 못하고 대주주의 손을 들어주는 거수기 역할만 하는 경우 기업의 파산, 분식회계, 도덕적 해이 등의 부작용이 나타난 사례를 현대 기업 가운데 많이 찾아볼 수 있다. 이는 기업 뿐 아니라 공공부문과 정부의 정치활동에서도 감사원의 역할이 중요한데 감사원이 제대로 역할을 수행하지 않는다면 정부와 국가는 부패로 파국을 맞을 뿐이다.

현대 경영의 중요한 개념 중에는 투자, 경영, 전략의 세 가지를 들 수 있다. 이 중 투자가 부족할 경우에는 회사가 설립조차 할 수 없으므로 투자는 기업경영의 시작이라고 볼 수 있다. 만약 투자가 순조롭지 못하거나 그 의도가 불순할 경우 투자를 받은 회사는 성공하기 힘들고 오랫동안 지속되기도 힘들 것이다.

상업경영 내부자들의 관계 측면에서 보자면 청(淸)나라 초기는 투자자가 직접 회사를 경영하거나 하인을 시켜 위임하는 경영형식이 대부분이었으나 전문 경영인에게 경영을 맡기는 위탁경영제도 일부 시작됐다. ≪요재지이(聊齋志異)≫에 나오는 많은 작품속의 상인들도 자신의 아들, 하인 또는 형제를 데리고 사업을 한다. 즉, 비교적 낙후된 개념인 봉건적 가족중심 경영체제가 주요 경영형식이라는 것을 발견할 수 있는데 위의 작품 사례에서 보듯이 소수이긴 하나 고향이 다르고 성도 다른 사람 즉, 아무런 지연, 혈연적 관계가 없는 사람도 능력이나 심성만 보고 위탁 경영을 하는 사례도 출현한다. 이와 같은 형식이 발전해 현대의 주식회사 개념이 생기고 투자와 경영이 분리되는 체제가 형성돼왔다.

서양을 중심으로 한 세계 경영조류는 투자와 경영을 분리해 회사의 지속발전을 도모하지만 중국, 한국을 중심으로 한 아시아 사회는 유가의 영향인지 여전히 자신의 혈연적 후손에게 회사를 물려주는 즉 투자와 경영이 일치되는 사례가 유독 많이 보인다. 이 부분은 자본주의의 역사가 길지 않은 아시아 국가에서 아직 최종 결론이 나지는 않았으나 능력보다는 혈연적 관계를 우선시해 경영권을 물려준다는 것은 회사나 국가경제 전체를 비춰볼 때 바람직한 전통이 아님은 분명하다. 즉, 능력보다는 혈연을 중요시하는 봉건주의 잔재가 아직도 아시아권 국가에서는 뿌리 깊게 남아 있다는 반증 사례이며 유가사상의 긍정적인 사유가치에도 불구하고 국가와 사회의 발전을 더디게 하고 평등사상의 가치를 위배하는 종법주의의 부정적 영향이라는 것을 인정하지 않을 수 없다.

이와 같은 세습적 경영권 승계는 승계자로 하여금 왕권을 부여받은 것과 똑같은 인식을 은연 중에 심어줄 수 있고 공정경쟁에 대한 인식은 희미해질 수밖에 없다. 즉, 회사의 경영자로서 공정한 검증을 받고 승계 받은 것이 아니라 혈연을 바탕으로 한 왕권승계와 같은 개념으로 받아들이기 때문에 회사의 주주에 대한 책무보다는 오너 가정의 이권에만 관심을 가지기 십상이고 회사 돈을 개인 사유화하는 심리가 자연스럽게 생기게 된다. 이 때문에 회사의 가치증식으로 인한 잉여자본을 재투자하는 과정에서도 문제가 생길 수 있다.

예나 지금이나 상인들은 사업을 하면서 생긴 이윤을 그대로 쌓아놓는 것이 아니라 다시 가치증식을 위해 다른 용도로 재투자를 지속적으로 한다. 특히 ≪요재지이(聊齋志異)≫에 나오는 상인들은 사업을 통해 얻은 이윤을 다시 상업 활동을 하기 위한 자금으로 재투자하거나 대출을 통해 금융이윤을 창출하거나 일부는 토지에 투자하는 다양한 모습을 보인다. 즉 ≪사기(史記)≫의 <화식열전(貨殖列傳)>에 나왔던 상인들의 전형적인 경영형태인 '(말단으로 분류할 수 있는) 여러 수단으로 재산을 불린 후 본령을 지키고 무(武)로 모든 것을 이룬 후 문(文)으로 이를 유지한다(以末至財, 以本守之. 以武一切, 以文持之)'라는 원칙을 따른다고 볼 수 있다. 여기서 말(末)과 무(武)는 이윤을 창출하기 위한 여러 가지 사업수단을 의미하고 본(本)과 문(文)은 이윤을 축적하고 잘 관리할 수 있는 농업을 의미한다고 볼 수 있다. 이 때문에 봉건사회의 상인들은 상업을 통한 이윤을 토지에 재투자해서 토지사용료를 받거나 농업에 활용했다.

상업자본이 토지에 재투자되는 이유는 다음과 같이 네 가지를 들 수 있다. 첫째, 토지는 수재(水災)와 화마(火魔) 또는 도적의 강탈 등으로부터 일반 동산(動産)보다는 상대적으로 안전하게 보전할 수 있다는 장점이 있다. 둘째로 토지는 여전히 안정적인 이윤수취의 수단으로 기능했다. 일반적으로 한 재력가의 재산을 가늠하는 기준을 주로 토지소유수량으로 가늠했고 정부도 지주가 토지 이용료를 수취하는 것에 대해서는 안정적인 법적 보호를 해줬으나 상업을 통해 이윤을 얻는 것은 불로소득으로 보는 경향이 있었다. 세 번째로는 여전히 당시 봉건사회의 신분제도인 사(士), 농(農), 공(工), 상(商)의 서열에서 알 수 있듯이 상업은 가장 낮은 서열, 농업은 상대적으로 높은 서열에 있음으로 인해 토지를 매개로 신분상승을 위한 방편으로 삼았다. 즉, 상인보다는 지주가 사회적으로 더 우대를 받았던 것이다.

네 번째로는 과시를 위한 귀향관념 때문이다. 이른바 '부귀할 때 고향에 돌아가지 않으면 비단옷을 입고 밤에 돌아다니는 것과 같다(富貴不還鄉, 猶如衣錦夜行)'[62]라는 말이 있듯이 재산을 어느 정도 축적했다면 고향에 금의환향해 자신이 성공했다는 것을 자랑하고자 하는 욕망을 대부분 상인들이 간직했다. 고향에 가서 자신의 부를 자랑할 수 있는 가장 쉬운 수단이 당시 봉건사회에서는 광대한 토지의 소유여부였다. 이와 같은 조류는 현대에 들어서도 크게 변하지 않고 많은 자산가나 기업들의 자산축적 수단과 과시욕이 주로 토지나 고급주택 같은 부동산 소유로 나타나고 있다. 특히 중국의 자산가들은 이와 같은 현상이 더욱 첨예한데 한때 유명했던 절강성 온주상인들은 대도시에서 아파트를 구매할 때 한두 채를 구매하는 것이 아니라 20층 이상 되는 아파트 한 동, 두 동씩을 통째로 구매하는 경우도 많았다.

포송령은 상인이 사업을 하고 회사를 영위하는 것은 현대의 자본가들과 마찬가지로 이윤추구를 위해서라고 봤다. <백추련(白秋練)>같은 작품은 포송령이 상인들의 이윤추구 근성에 대해 핍진하게 묘사한 작품중 하나이다. 이 작품에서 주인공 모섬궁과 백추련은 서로 사랑하는 사이이나 모섬궁의 아버지 모소환은

62 초한전쟁 시 항우가 한 얘기로 초기 항우가 유방을 상대로 우세를 점하고 있을 때 고향에 돌아가 과시하고 싶다는 의도로 한 얘기임. 이와 같은 과시욕과 자만심으로 항우가 결국은 유방에게 패했는데 고향 사람들을 상대로 자신이 성공한 것을 보여주고 과시하고 싶을 때 자주 인용하는 고사임.

백추련의 집안이 미천한 것을 이유로 처음에는 둘의 결혼을 허락하지 않는다. 그러나 이후 백추련이 물가의 등락을 미리 아는 재주가 있고 그녀의 도움을 받아 많은 이윤을 얻게 되자 둘의 결혼을 허락한다. 나중에 거대한 백상어(白鱀)로 환생한 백추련의 어머니를 구하기 위해 백상어를 낚은 낚시꾼에게 돈을 지불하고자 한다. 이 때 모섬궁은 아버지가 화낼 것을 두려워해 몰래 돈을 훔쳐 지불하고 백추련의 어머니를 구한다. 이와 같이 모소환이 백추련을 며느리로 들이는 것을 반대하다 수긍하는 태도 변화, 친족의 일이라도 허투루 돈을 쓰려하지 않는 모습 등이 이익을 최우선시하는 상인의 모습을 묘사한 내용이다.

<유부인(劉夫人)>편에 나오는 유능한 투자자인 유부인은 염생에게 "내게 약간의 저축이 있으니 청컨대 공자가 갖고 가서 장사를 해주시구려. 벌어들인 이익금을 나누게 되면 그 또한 책상머리에서 반딧불처럼 말라죽는 것보다는 훨씬 나을 것이니." 라고 말하며 공부보다는 장사를 할 것을 권한다. 유부인은 시녀를 내보내 돈을 날라 오게 하더니 팔백 냥이 넘는 은자를 몽땅 건네주었다. 한사코 거절하던 염생이 결국은 유부인의 제안을 받아들여 호북성의 형주(荊州)와 양양(襄陽) 일대에까지 이르도록 장사를 한 후 연말이 돼 결산을 해보니 원금보다 세 배의 이윤이 남았다.

다음에는 유부인이 갖고 있는 모든 자금을 염생에게 주면서 수만 냥이 되기 전에는 돌아오지 말라며 멀리 나가서 장사를 할 것을 권유한다. 염생은 이번에도 유부인의 기대를 저버리지 않

고 회하(淮河)연안으로 나가 등기수속을 마친 후 합법적인 소금 장사를 개시했다. 일 년이 지나니 이익은 다시 원금의 몇 배가 되었다. 유부인의 투자자로서의 면모, 인력운용의 탁월함 등을 엿볼 수 있으나 이와 같은 행동의 모든 출발점은 상인으로서 이윤추구 목적 때문이었다. 즉, 이윤 추구를 위해 양심적이고 능력 있는 인재를 선발하고 과감한 투자를 진행하는 한편 위험요소를 제거하기 위해 회계나 감사를 진행해줄 직원을 옆에 붙여 주도면밀하게 관리하며 이익금을 회수했다.

이와 같은 회사 관리방식은 오늘날 기업 관리자들도 눈여겨볼 만하다. 투자자가 꼭 경영자로 나설 필요 없이 능력 있는 경영자가 선두에 서게 하고 감사와 회계 관리를 철저히 함으로써 부정과 부패요인을 제거하는 한편 이익금을 적절히 분배해 재투자하고 직원들의 복리에 사용하는 방식은 바람직한 회사관리라고 볼 수 있다. 기업가들의 본질이 이윤추구라고 하더라도 그 수단의 정당성과 이윤분배의 도덕성이 확보된다면 이상적인 형태의 기업가의 모습이라고 볼 수 있으며 기업가들이 사회정의를 실현할 수도 있다.

포송령은 위 두 작품에서 모소환이 이익을 위해 아들의 결혼을 반대하다 허락하는 장면이나 유부인이 철저한 사람관리로 이익을 확보하는 장면 등을 묘사할 때 비판적이거나 부정적으로 그리지 않았다. 상인의 본령은 이익추구라는 본원적인 성질에 대해서 포송령도 인정했다고 볼 수 있고 오히려 이익추구에 있어서 수단의 정당성, 목표의 도덕성을 확보해 이상적인 상인의 모습을 그리고자 하는 노력도 보인다. 즉, 청나라에서도 그렇지만 건전한 철학을 소유하고 공공이익의 개념을 갖고 있는 기업가들이 많이 탄생하는 사회가 선진국이라고 볼 수 있다.

(3) ≪요재지이≫의 기술경영

포송령은 ≪요재지이≫에서 상업경영상 자산축적의 원천이자 중요 요소를 구성하는 것이 노동력과 기술력이라고 봤다. 자본 소유자는 자신의 화폐자본과 노동력, 기술력을 결합해야만 사업을 영위할 수 있고 오로지 자본만으로는 이윤추구를 할 수가 없다는 것을 각 작품에서 보여준다. 고리대금 등으로 노동력, 기술력 없이도 자본 증식을 할 수 있겠으나 포송령은 작품에서 이와 같은 형태의 투기행위를 언급하지 않은 것을 볼 때 고리대금에 대해 부정적으로 봤거나 아예 관심이 없었다고 유추해 볼 수 있다. 즉, 건전한 제조업이나 금융투자만 진정한 사업으로 간주했다.

<아두(鴉頭)>에 나오는 아두는 여우가 기생으로 변신한 인물이나 가난한 서생인 왕문과 사랑에 빠져 여우 어머니를 탈출해 가진 것이라고는 아무것도 없는 상태로 타향에 정착한다. 그 곳에서 아두는 "이제 우리가 정착하고 장사를 하면 서너 식구쯤이야 어렵더라도 너끈히 살아갈 수 있을 거에요. 우선 나귀를 팔아 장사 밑천을 마련토록 해요"[63]라며 왕문의 기운을 북돋운다.

63 何爲此慮. 今市貨皆可居, 三數口, 淡薄亦可自給. 可鬻驢子作貲本. (포송령 저, 장우학

왕문은 그녀의 말에 따라 문전에 조그만 점포를 열고 하인과 더불어 온갖 잡일을 직접 처리하며 안에서 술과 마실 것을 팔았다. 아두 역시 삯바느질에 나서 저고리를 짓고 염낭 따위를 수놓아 팔아 날마다 약간의 돈을 벌어들였다. 덕분에 형편은 갈수록 좋아졌고 일 년이 지나서 점차로 계집종도 부릴 수 있게 되었다.[64]

무일푼으로 시작해서 자신의 근면 성실한 노력으로 재산을 형성하는 과정을 그린 작품이다. 좋은 사회란 사회 구성원이 노력한 만큼 대가를 얻을 수 있는 사회라고 볼 수 있을 것이다. 즉, 불로소득이 없고 기회주의자들이 득세하지 않는 사회가 진정 행복한 사회라고 볼 수 있다. 그러나 부와 권력의 세습이 다반사로 이뤄지고 자신의 노력보다는 배타적인 '그들만의 리그' 논리에 의해 성공이 결정되는 사회는 결코 정상적인 국가라고 볼 수 없다.

나라 뿐 아니라 회사나 조그만 단체에서도 이와 같은 현상은 종종 발견할 수 있다. 본인의 노력과 능력이 제대로 평가받지 못하고 그때그때 주먹구구식의 인사평가와 연줄이나 행운에 의한 성공은 결코 건전한 조직의 모습은 아니다.

≪요재지이≫의 또다른 작품인 <신십사낭(辛十四娘)>에 나오

집교, 권5 <아두>, ≪요재지이회교회주회평본≫, 상해 : 상해고적출판사, 1995년 6월, 602쪽)

64 王如言, 卽門前設小肆, 王與僕人躬同操作, 賣酒販漿其中. 女作披肩, 刺荷囊, 日獲贏餘, 飮膳甚優. 積年餘, 漸能蓄婢媼. (포송령 저, 장우학 집교, 권5 <아두>, ≪요재지이회교회주회평본≫, 상해 : 상해고적출판사, 1995년 6월, 602쪽)

는 십사낭(신씨 집안의 14번째 딸)은 경박한 서생인 남편 풍생(馮生)과 달리 진중하면서도 매우 부지런하고 수완이 좋았으며 날마다 길쌈에만 골몰했다. 가끔 친정집으로 부모를 뵈러 가더라도 당일로 돌아왔고 자고 오는 일도 없었다. 또 때로는 돈을 내어 생계에 보태기도 했는데 남음이 있으면 언제나 박만(撲滿 · 벙어리저금통) 속으로 던져 넣었다.[65] 신십사낭이 병들어 죽자 풍생의 집안이 나날이 기울기만 하였다. 그러다 풍생은 문득 정원 모퉁이에 있는 박만이 생각났다. 예전에 십사낭이 늘 그 안에 돈을 던져 넣는 모습을 보았던 터였지만 항아리가 아직도 그 자리에 있는지 알 수 없었다. 장독대로 다가가 보니 된장항아리며 소금 단지가 박만 주변에 가득 쌓여 있었다. 그가 이것들을 하나하나 치우고 나서 젓가락으로 그 안을 찔렀더니 뜻밖에도 속이 꽉 차있어 전혀 들어가지 않았다. 젖 먹던 힘까지 다해 항아리를 깨뜨리자 돈더미가 우르르 쏟아져 나왔고 이로부터 그의 집은 부자가 되었다.[66]

이 작품에서는 경박하고 유약한 서생에 불과한 풍생(馮生)이라는 인물에 대비되는 인물로 주인공 신십사낭의 부지런한 모습을 부각시키는 한편 근면한 노동으로 치부(致富)를 하는 과정을 묘

65 十四娘爲人勤儉灑脫, 日以紝織爲事. 時自歸寧, 未嘗踰夜. 又時出錦帛作生計. 日有贏餘, 輒投撲滿. (포송령 저, 장우학 집교, 권4 <신십사낭>, ≪요재지이회교회주회평본≫, 상해 : 상해고적출판사, 1995년 6월, 542쪽)

66 忽憶堂陬撲滿, 常見十四娘投錢於中, 不知尙在否. 近臨之, 則豉具鹽盎, 羅列殆滿. 頭頭置去, 箸探其中, 堅不可入, 撲而碎之, 金錢溢出. 由此頓大充裕. (포송령 저, 장우학 집교, 권4 <신십사낭>, ≪요재지이회교회주회평본≫, 상해 : 상해고적출판사, 1995년 6월, 546쪽)

사해 포송령의 노동에 대한 긍정적인 시각을 엿볼 수 있다. 이 외에도 <적녀(績女)>, <구대낭(仇大娘)>, <신녀(神女)>, <황영(黃英)>, <소이(小二)> 편 등에서도 주인공이 부지런히 노동을 통해 부를 쌓거나 성공을 거두는 장면을 즐겨 묘사했다.

과학기술이 경제발전에 끼친 지대한 영향관계는 현대인들이 모두 인식하고 있는 바다. 2차 세계대전 이후 현재까지 경제성장은 70% 이상이 과학기술의 발전으로 빚어졌다는 통계도 발표된 적이 있다. 최근 들어서는 컴퓨터, 스마트폰, IT기술의 발전이 인류의 생활양식과 기업경영의 패러다임을 바꾸고 있다. 현대 기업들도 이러한 조류에 맞춰 새로운 기술을 개발하고 새로운 제품생산을 끊임없이 시도하며 영업하는 방식도 단순한 영업활동에서 기술적인 내용에 중점을 두는 기술영업이 대두하고 있다.

이와 같이 기술을 중시하는 기업경영방식을 기술경영이라고 불러볼 수 있는데 ≪요재지이(聊齋志異)≫도 단순한 형태로나마 기술을 개발해 사업에 성공하는 사례로 스토리를 구성하는 작품들이 여러 편 있다. 대표적인 예가 <황영(黃英)>, <적녀(績女)>, <소이(小二)>편인데 <황영>에서는 황영과 그녀의 남동생 도생이 화훼사업을 하면서 우수한 품종의 국화를 개발해 다른 경쟁자를 압도한다. 다른 경쟁자들도 새로운 품종을 개발하고자 노력하나 매번 황영의 국화에 비해 열등하고 다시 황영으로부터 모종을 어쩔 수 없이 다시 사는 일들이 반복된다. 즉, 황영의 가족들은 새로운 품종을 개발하는 것 외에도 재배하는 방식을 남들과 다른 특별한 방법으로 관리했고 자신들의 비결은 외부에 공개하지 않고 철저히 비밀에 부쳤다. 당시에는 특허의 개념이 없었으나 철저한 비밀관리로 자신들만의 특허를 보호하고 이른바 기술경영을 통해 부를 쌓았다.

원천기술의 확보는 현대 경제계에서도 중요한 선점경영이다. 미국과 유럽, 일본 등 선진국들이 여러 분야의 원천기술을 20세기 초 개발해 지금도 특허 사용료를 받는 경우는 기술경영의 중요한 사례이다. 이러한 원천기술은 회사 경영자의 꾸준한 인내, 투자 및 연구자의 열정이 필요한데 한국의 경우는 이와 같은 인프라가 부족한 편이나 중국은 최근 괄목할 만한 변화를 일구고 있다. 이전에는 선진기술을 복사하는데 불과했던 반면 2000년대 들어서는 원천기술 개발에 많은 투자를 하고 있고 특히 IT 분야에서 새로운 아이디어를 사업화하고 기술 개발하는 속도는 다른 나라의 추종을 불허할 정도이다.

<적녀(績女)>에 나오는 길쌈하는 처녀(績女)와 할머니는 서로 죽이 잘 맞아 동업하며 지냈는데 특히 적녀(績女)는 길쌈하는 탁월한 기술을 갖고 있어서 그녀가 짜는 실은 올이 고르게 가늘고 광택이 나서 옷감을 짜면 비단처럼 자르르 윤기가 흘렀다. 덕분에 옷감은 보통 받는 것보다 세배나 비싼 값을 받을 수 있었다.[67]

67 由是兩心浹洽, 日同操作. 視所績, 勻細生光, 織爲布, 晶瑩如錦, 價較常三倍. (포송령 저, 장우학 집교, 권9 <적녀>, ≪요재지이회교회주회평본≫, 상해 : 상해고적출판사, 1995년 6월, 1222쪽)

<소이(小二)>편의 소이는 영민하고 재주가 있어 재물을 잘 모았고 경영이나 기획하는 능력도 남자보다 뛰어났다. 일찍이 유리 공장을 세운 적이 있었는데 그는 늘 일꾼들을 불러 모아서 만드는 방법을 하나하나 가르쳤다. 이렇게 해서 만들어진 유리 등은 희귀한 모양과 변화무쌍한 색깔을 지니고 있어 다른 공방에서는 흉내조차 낼 수가 없는 것이었다. 때문에 가격이 무척 비싼 데도 소이네 유리등은 날개 돋친 듯 팔려나갔다.[68]

위의 작품들에서 보이듯이 기술을 선점하면 일종의 독점형태가 돼 많은 부를 창출하는 것은 17세기 후반 포송령의 시대나 21세기 현대도 다를 바 없다. 다만 현대 들어서는 독점을 방지하기 위한 공정거래법(중국의 경우 반독점법) 등과 같은 국가 법규 시스템이 조절을 하고 있지만 포송령이 살았던 봉건시대에서는 선점기술로 독점을 하는 풍조가 있었을 것으로 추측되며 이러한 사례가 작품 속에 투영됐을 것으로 보인다.

(4) ≪요재지이≫의 인사관리와 직업관

현대 기업관리의 이론들은 나날이 발전하고 정밀화되고 있다. 그러나 그중에서도 중요성과 기본원칙이 별로 변하지 않은 경영관리 이론은 인사관리라고 할 수 있다. 인사관리의 가장 중요하고 변하지 않는 기본원칙은 직원교육이다. 내부 시스템이 잘 갖

68 女爲人靈巧, 善居積, 經紀過於男子, 嘗開琉璃廠, 每進工人而指點之, 一切碁燈, 其奇式幻采, 諸肆莫能及, 以故直昂得速售. (포송령 저, 장우학 집교, 권3 <소이>, ≪요재지이회교회주회평본≫, 상해 : 상해고적출판사, 1995년 6월, 381쪽)

춰진 회사에서는 신입사원들이 입사하면 기본적으로 1년 내지 2년 정도는 교육에만 시간을 투자해 생산성이나 직무 안정성을 강화한다. 두 번째로 인사관리의 중요원칙은 매 구성원들에게 책임과 권한 및 이익을 명확하게 정립하고 부여한다는 것이다. 이른 바 각 직원들의 업무분장(R&R)을 명확히 해 생산 또는 직무상의 적정한 임무를 부여하고 직무를 완성한 후 각각의 성과 수준대로 공정한 보수와 장려금을 지급한다면 각 직원들의 생산성과 직무 동기는 수준이 올라갈 수밖에 없다. 이와 같은 인사관리의 기초 위에서 우수한 생산기술과 제품으로 시장에 도전한다면 이 기업은 결코 실패할 수 없는 기업으로 도약할 것이라는 것은 명약관화하다. 즉, 시장의 경쟁력, 뛰어난 기술 및 회사의 시스템도 결국은 우수하고 근면한 구성원 인재들이 만들어 나가는 것이므로 직원 채용부터 교육, 활용 및 보상 등이 기업관리에서 가장 중요하다고 볼 수 있다.

그러나 대부분의 한국 회사들은 인사관리가 체계적이지 못하다. 일부 대기업을 제외하고는 대부분 채용 자체가 주먹구구식이고 채용 후에도 교육이 정밀하지 못하다. 일반적인 서류상의 스펙을 보고 서류전형을 한 후 몇 시간의 짧은 면접을 통해 그저 말 잘 듣고 친화력이 있을 것 같은 사람을 뽑은 후 교육도 체계적이지 못하기 때문에 우수한 인재를 확보하거나 양성하기가 힘들다.

일례로 아직도 많은 대기업들에서 해외영업을 맡은 직원들이 적절한 교육이나 인원배치가 이뤄지지 못해 외국어를 못하거나 신용장 하나 이해하지 못하는 등 웃지 못 할 사례가 비일비재하다. 이런 상황에서 각 회사들이 수출을 위해 많은 전략을 얘기하고 실천하자는 공허한 표어만 난무한다. 회사에서 각 부서들 중 중요하지 않은 부서가 없지만 수출지향적인 한국 회사들은 직접 매출을 창출하는 해외영업 부서가 가장 중요하다고 볼 수 있다. 이 해외영업 부서의 직원들이 외국어를 못하고 국제무역에 대한 지식이 없다는 것은 총도 없고 훈련도 되지 않은 신병들만 전쟁터에 나가는 것과 마찬가지다. 특히 세계의 가장 큰 시장이라고 하는 중국시장에서 많은 한국 주재원들이 중국어를 못하거나 국제무역에 대해 무지한 경우가 많다. 즉, 본사의 주먹구구식 인사관리로 인해 자격이 되지 못하고 충분한 훈련을 받지 못한 직원이 파견 나와 현지 통역을 대동하고 변죽만 울리는 경우가 다반사다. 이와 같은 상황에서 중국 현지 직원들에 대한 교육도 제대로 이뤄질 수 없고 현지 영업도 역시 정상적으로 진행될 수 없다.

이와 같은 사례는 일반 회사 주재원들의 경우보다 공무원의 경우가 더욱 심하다. 중국에는 정말 왜 나와 있는지 이해가 안 되는 정부기관들이 많이 나와 있다. 이들 정부기관 주재원들의 중국어 실력은 대부분 최하수준이다. 심지어 대사관 또는 영사관의 영사들도 중국어를 못하는 경우가 많다. 이들의 중국 근무는 국민의 혈세를 유용해 외유를 즐기거나 자녀들을 국제학교에 보내기 위한 수단에 지나지 않는 경우가 많다. 전형적인 후진국형 공무원들의 모습이다. 더군다나 이런 공무원들은 현지 교민들을 편의를 제공하고 복무하는 대상으로 여기지 않고 군림의 대상으로 여긴다. 전형적인 시대착오적 봉건주의 공무원들의 모습이다.

≪요재지이(聊齋志異)≫에서 엄격한 인사관리를 통해 사업에 성공하는 내용은 바로 앞장에서 얘기한 <소이(小二)>편에 상세히 나온다. 앞 장에서 보이듯이 소이는 유리 공장을 경영할 때 일꾼들을 불러 모아서 만드는 방법을 하나하나 가르쳤다. 소이는 부리는 종들을 엄격하게 감독했으므로 식구가 수백 명이나 되었지만 놀고먹는 사람이 없었다. 소이는 한가할 때면 늘 정생과 더불어 차를 끓여 음미하며 바둑을 두었고 때로는 경전이나 역사책을 읽으면서 즐거움으로 삼았다. 그녀는 돈과 곡식의 출입이나 남녀 노비들에게 맡긴 일을 닷새에 한번 씩 점검했다. 정생이 그녀를 위해 차례대로 호명하면서 사람마다 일한 양을 불러주면 소이가 직접 주판알을 튕기며 계산했다. 그러면서 부지런한 사람에게는 정도에 따라 상을 주었고, 게으른 자에게는 회초리를 들거나 무릎을 꿇리는 벌을 내리기도 하였다. 또 하루는 휴가를 주어 모든 사람이 밤에는 일을 하지 않도록 조처하기도 했다. 그럴 때면 소이 부부는 술과 안주를 차려놓고 계집종들에게 민간의 유행가를 부르게 하면서 일꾼들과 함께 즐겼다. 소이는 총명해서 어떤 일이든지 귀신처럼 꿰뚫어보았기 때문에 감히 그녀를 속이려 드는 노비가 없었다. 게다가 소이는 언제나 일꾼들이 수고한 양보다 후하게 상을 주었기 때문에 일을 시키기도 매우 쉬웠다.[69] 이와 같은 내용을 살펴보면 뛰어난 직관과

능력을 갖춘 현대의 회사 경영자가 직원교육과 상벌에 대한 엄격하고 명확한 관리를 통해 직원들의 생산성을 높이고 직원들 역시 만족스럽게 근무할 수 있는 환경을 조성하는 성공적인 경영관리의 사례를 보는 듯하다.

중국의 봉건시대는 농업을 근본으로 삼고 상업을 말류로 보거나 문인들은 상업행위를 하지 않는다는 고정관념이 강했다. 그러나 ≪요재지이(聊齋志異)≫의 여러 작품들은 이러한 고정관념과 정반대되는 직업관이 다수 등장한다.

<황영(黃英)>편에서 마자재가 국화를 팔아 돈을 벌자고 제의하는 도생을 비웃으며 "나는 그대가 풍류를 아는 고결한 선비라서 응당 안빈낙도(安貧樂道) 하리라고 생각했네. 지금 이런 말을 하는 것을 보니 동리(東籬)를 저자로 만들어 국화를 욕보일 참이군 그래"라고 하자 도생은 포송령의 직업관을 함축했다고 볼 수 있는 매우 의미심장한 말을 한다. "자기 힘으로 밥을 먹는 것은 탐욕이 아니고 꽃을 파는 일도 속된 것만은 아닙니다. 사람이라면 물론 구차하게 부자가 되어선 안 되겠지요. 하지만 일부러 가난하게 살려고 애쓸 필요도 없는 것 아니겠습니까!"[70] 돈을 탐

69 而女督課婢僕嚴, 食指數百無冗口, 暇輒與丁烹茗著棋,或觀書史爲樂. 錢穀出入, 以及婢僕業, 凡五日一課, 女自持籌, 丁爲之點籍唱名數焉. 勤者賞賚有差, 惰者鞭撻罰膝立. 是日給假不夜作, 夫妻設肴酒, 呼婢輩度俚曲爲笑. 女明察如神, 人無敢欺. 而賞輒浮於其勞, 故事易辦. (포송령 저, 장우학 집교, 권3 <소이>, ≪요재지이회교회주회평본≫, 상해 : 상해고적출판사, 1995년 6월, 381쪽)

70 馬素介, 聞陶言, 甚鄙之曰 : 僕以君風流高士, 當能安貧 今作是論, 則以東籬爲市井, 有辱黃花矣. 陶笑曰 : 自食其力不爲貪, 販花爲業不爲俗. 人固不可苟求富, 然亦不必務求貧也. (포송령 저, 장우학 집교, 권11 <황영>, ≪요재지이회교회주회평본≫, 상해 :

욕스럽게 수단 방법을 가리지 않고 벌어서도 안 되겠지만 그렇다고 고고한 척 형식에만 얽매여 실질을 일부러 외면할 필요는 없다는 취지의 얘기다. 그러나 역설적으로 포송령은 작품 속에서는 이렇게 얘기하나 결국은 끝까지 관계에 진출하기 위해 과거 시험에만 매달리다 인생을 허송하고 만다. 그의 아버지가 상인 출신이었음에도 불구하고 그는 평생 상업에는 종사하지 않고 과거시험 준비만 하다가 가끔 남의 집 가정교사 생활만 했을 뿐이다. 당시의 전형적인 봉건 지식인으로서 설사 생각은 이렇게 했다 하더라도 실제 실천은 하지 못했다.

<왕십(王十)>편에서 염라대왕의 입을 통해 포송령의 직업관이 또 등장한다. "이른바 사염(私鹽)이란 것들은 위로 나라의 세금을 포탈하고 아래로는 백성의 생계를 좀먹는 놈들이다. 하지만 지금 세상의 포악한 관리들과 간사한 장사치 모리배들이 가리키는 사염이란 모두 천하의 양민들뿐이지. 가난한 사람이 쥐꼬리만 한 자본으로 겨우 됫박이나 한 말들이 이문을 꾀하는 게 어찌 사염이란 말이냐!"[71] 당시에 세금 규정이 엄격했던 소금에 대해 일부 생계를 위해 소금장수를 하는 서민들의 탈세행위는 감면해주고 조직적으로 세금을 탈세하고 관리에게 뇌물을 먹여 무마하는 장사치들은 엄벌에 처해야 한다는 주장을 위 본문 내용 외에도 이사씨왈(異史氏曰)로 시작되는 장문의 서평에 자세히

상해고적출판사, 1995년 6월, 1446-1447쪽)

71 私鹽者, 上漏國稅, 下蠹民生者也. 若世之暴官奸商所指爲私鹽者, 皆天下之良民. 貧民揭錙銖之本, 求升斗之息, 何爲私哉! (포송령 저, 장우학 집교, 권11 <왕십>, ≪요재지이회교회주회평본≫, 상해 : 상해고적출판사, 1995년 6월, 1559쪽)

써넣고 있다. 즉, 직업에 있어서도 윤리와 상도의가 필요하며 일부 일탈행위는 모두 엄벌에 처할 필요 없이 상황을 살펴 포용적 법규정 적용을 하자는 주장을 펼쳤다. 오늘날도 무허가 가판대나 노점상들이 법적으로는 불법일는지 모르나 서민들에게는 생존을 위한 생계수단일 수 있으며 철거민들의 집도 불법이나 이들에게는 비바람을 막을 수 있는 유일한 생활터전일 수 있다. 엄격한 법적용보다 민생을 우선시해 상황에 따라 융통성 있게 법적용을 하자는 포송령의 주장이다. 권력을 위임받은 관리들이 서민들을 위해 종사하는 본분을 망각한 채 서민들 위에 군림하려 하는 모습은 예나 지금이나 크게 다르지 않다. 또한 사회에서 일부 비판받거나 천대받는 직업들도 모두 사회에 필요한 요소들일 수 있으며 필요악으로 존재할 필요성도 있다.

2) ≪요재지이≫의 상인형상

요재지이 497편의 작품 중 58편의 상인고사들에는 다양한 군상의 상인들이 등장한다. 이들 상인의 종류를 몇 가지 유형으로 나눈다면 열심히 일을 하며 정당한 방법으로 돈을 벌고 남을 위해 베풀 줄도 아는 양심적인 상인(良商), 학식을 갖추고 공부하기를 즐기거나 아예 독서인 출신인 유상(儒商), 당시 남성지배적인 사회에서 주체적으로 사업을 하는 여성상인(女商), 오로지 자신의 이익을 위해 남을 해치는 일을 서슴지 않는 악한 상인(惡

商) 등으로 나눌 수 있다. 이외에도 수많은 종류의 다양한 상인 군상들이 등장하나 대표적인 상인유형으로 이상 네 가지를 들 수 있다.

(1) 착한 상인(良商)

포송령이 이상적으로 그리고 있는 상인의 형상은 성품이 어질고 착한 양상(良商)이다. 일반적으로 생각하는 이윤을 위해 수단 방법을 가리지 않는 상인의 이미지에서 벗어나 양심적으로 상업 행위를 하고 성실하며 남을 도울 줄 아는 상인을 이상적인 인간상으로 보았다. 그들은 유학자들처럼 공리공론에 매몰되거나 위선적이지도 않고 자신과 가족을 위해 힘써 돈을 벌면서도 그 수단을 정당하게 행사하고 남에게도 자선을 베푸는 실천적인 군자의 모습이다. 중국의 문학에서 이상적으로 그렸던 재자가인(才子佳人)이 직업이 다변화되고 사회가 발전하면서 양심적인 상인, 협의를 실천하는 협객형 인간으로 묘사된다.

포송령의 소설 속에서는 판타지 소설의 특성을 살려 양심적인 상인들의 정의로운 행동에 감복한 아름다운 여성, 신선, 여우 등이 그들과 배필이 되거나 신통력으로 도움을 줘서 더욱 큰 부를 얻게 하는 내용들이 많다.

<왕성(王成)>에 나오는 왕성은 착한 상인(良商)의 대표적 인물이다. 비록 가난한 집안에서 태어나 타고난 성격도 게을렀으나 그의 성품은 정직하고 양심적이었다. 그는 길에서 금비녀를 줍지만 자기가 가지지 않고 주인인 여우신선에게 찾아줘 여우신

선으로부터 보답을 받는다. 또한 장사를 해 번 돈을 여관에서 모두 잃어버리자 남들이 관가에 고발하고 여관 주인에게 배상을 요구하라고 권유했다. 하지만 왕성은 탄식하며 이렇게 말했다. "이것도 다 내 팔자인 걸요. 주인에게 무슨 잘못이 있답니까?"[72] 이로 인해 자칫 누명을 쓸 뻔 했던 여관 주인이 왕성의 품성에 감복해 왕성을 도와 메추리를 한 마리 사서 메추리 싸움을 통해 큰돈을 벌게 해준다. 여관 주인은 왕성을 자신의 여관에 무료로 묵게 하며 메추리 한 마리를 갖고 홍정을 해 육백 냥을 벌 수 있도록 옆에서 도와준다. 즉, 왕성 뿐 아니라 여관주인도 일종의 양상의 범주에 들어가는 인물이다. 왕성은 그다지 부지런하지도 않고 남다른 노력을 기울이지도 않았는데 워낙 성품이 좋아 주위 사람들의 도움으로 성공한 특이한 사례이다. 이 때문에 포송령도 말미의 이사씨왈(異史氏曰)을 통해 다음과 같이 말한다.

> 이사씨(異史氏)는 말한다. 재물은 원래 근면함에서 얻게 되는 것인데 이 왕성만은 게으름 속에서도 부자가 되었으니, 이는 예전에 듣도 보도 못한 새로운 이야기이다. 그는 뼛속까지 시린 가난 속에서도 순수한 품성을 바꾸지 않았으니, 아마도 이것이 하늘이 처음에는 그를 미워하다가 결국에 가서 어여삐 여기게 된 까닭일 것이다. 게으름 속에서 어떻게 부귀가 생겨날 수 있겠는가![73]

72 早起, 將作歸計, 啓視囊中, 則金亡矣. 警告主人. 主人無所爲計. 或勸鳴官, 責主人償. 王嘆曰 : 此我數也, 於主人何尤. (포송령 저, 장우학 집교, 권1 <왕성>, ≪요재지이회교회주회평본≫, 상해 : 상해고적출판사, 1995년 6월, 107쪽)

비록 양심적인 행동으로 보답을 받는 권선징악적 귀결이지만 나태해도 사람만 좋으면 성공할 수 있다는 오해를 부를 수 있어 포송령이 말미의 서평을 통해 재차 경계한다. 포송령은 신변잡기적인 소문이나 전설을 수집하고 각색해 여러 단편소설을 만들었지만 말미에 본인의 서평을 붙여 자신의 주장이나 견해 및 작품의 의미를 직설적으로 평가했다. 다분히 사기열전(史記列傳)의 서평인 태사공왈(太史公曰)을 모방한 특색 있는 소설체제이며 그는 소설을 단순 나열하는 데 그치지 않고 서평인 이사씨왈(異史氏曰)을 통해 본인의 사상과 당시 사회모순을 반영하고자 노력했다. 또한 양상(良商)을 통해 이상적 인간상도 구현하려고 했다.

최근 서양이나 한국 사회에서도 이상적인 사업가의 모습이 화두다. 이전 사업가들의 모습은 자신과 회사의 이익만을 위해서 갖은 방법을 가리지 않고 때로는 불법적인 행위도 서슴지 않는 냉혈한 수전노 같은 이미지였으나 최근 들어서는 사회공헌에 대한 인식도 높아지고 공익재단에 기부도 아끼지 않는 등 양심적인 상인의 모습을 부각하고 있다. 이러한 긍정적 이미지가 자사(自社)의 매출에 도움이 된다는 계산도 있겠지만 21세기 민주주의 국가에서 기업의 사회공헌이나 윤리의식이 강조되면서 차차 변화하고 있는 사회적 트렌드라고 볼 수 있다.

회사의 매출은 당연히 기업가 일인의 힘이 아니라 같이 일하

73 異史氏曰 : 富皆得於勤, 此獨得於惰, 亦創聞也. 不知一貧徹骨, 而至性不移, 此天所以始棄之而終憐之也. 懶中豈果有富貴乎哉! (포송령 저, 장우학 집교, 권1 <왕성>, ≪요재지이회교회주회평본≫, 상해 : 상해고적출판사, 1995년 6월, 110쪽)

는 종업원, 소비자인 서민들로부터 창출되는 것이다. 그러므로 그 이익이 온전히 경영자의 몫이 아니라 투자자, 종업원, 소비자들이 공유할 수 있는 개념이라고 봐야 한다. 이 때문에 이익의 재환원이나 사회기부 행위 등은 대단히 바람직한 기업 활동이며 상식적 행동이 돼야 한다. 21세기 자본주의 국가에서는 기업이 사회변화를 창출하고 민주질서를 이끌며 국민들의 생활수준도 높일 수 있는 다양한 기능을 가진 수단이 될 수 있다. 실제로 스마트폰, 소셜미디어, 전기차 등을 생산하는 회사들은 인간의 생활패턴을 바꿨고 국가의 민주화를 촉진하는 수단을 제공했으며 지구환경을 위해서 정부보다 앞서 실천하는 단체라고 볼 수 있다.

<유부인(劉夫人)>편에 나오는 염생(廉生)도 대표적인 양상이다. 염생은 앞에 나오는 왕성과 달리 공부에도 열심이고 부지런한 인물이었다. 다만 유년에 부모를 잃은 고아에다 집안마저 찢어지게 가난해 공부를 지속할 수 없는 형편이었다. 그러나 사람됨이 충직하고 올발랐기 때문에 이를 눈여겨 본 유부인의 도움을 받아 장사를 시작해 부를 이룰 수 있었고 행복한 가정을 꾸렸다. 부자가 된 후에도 겸손하게 처신함과 동시에 자신을 해치려는 옥경의 처자식도 돌봐주는 등 선행을 베풀었다. 결국 나중에 염생은 과거도 합격해 거인(擧人)이 되고 그의 자손들은 몇 대에 이르도록 왕후장상에 버금가는 부귀영화를 누렸다.

<혜방(蕙芳)>에 나오는 마이혼(馬二混)은 국수를 팔아 끼니를 해결하는 상인에 불과하고 집안도 어려워 결혼도 못한 채 홀어

머니를 모시고 살았다. 그러나 그는 성실하고 인간미가 넘쳐 선녀인 혜방의 구애를 받아 사랑을 나누게 된다. 포송령도 말미의 서평에서 "마생(馬生)은 이름부터 멍청하다는 의미의 '혼(混)'자가 들어갔고 직업마저 비천하기 짝이 없었다. 혜방은 도대체 무얼 보고 그를 마음에 들어했을까? 미루어 짐작건대 선인(仙人)은 그의 사람됨이 성실하고 후덕함을 높이 치셨던 듯하다."[74]라고 평가한다.

요재지이에 나오는 양상(良商)들은 주로 인품이 좋고 사람들과의 관계에 있어서도 우정(友情), 애정(愛情), 골육(骨肉)간의 정 등을 중요시했다.

<뇌조(雷曹)>에 나오는 악운학(樂雲鶴)과 하평자(夏平子)는 어려서부터 한 동네에 살았고 자라서는 같은 서당에 다녔기 때문에 서로가 매우 막역한 사이였다. 이들이 과거를 같이 준비하다 하생이 돌림병에 걸려 죽자 악생은 스스로 발 벗고 나서 모든 장례절차를 주관해 처리했다. 하생은 아직 강보에 싸여있는 어린 아들과 부인이 있었다. 악생은 때마다 그들을 돌보아주면서 매번 쌀말이라도 생기면 반드시 절반으로 나누어 반쪽은 하생의 집으로 가져갔다. 유족들은 그의 도움에 힘입어 목숨을 부지할 수 있었다.[75] 이 작품에서 악운학은 자신의 친구인 하평자와의

74 馬生其名混, 其業褻, 蕙芳奚取哉. 於此見仙人之貴樸訥誠篤也. (포송령 저, 장우학 집교, 권6 <혜방>, ≪요재지이회교회주회평본≫, 상해 : 상해고적출판사, 1995년 6월, 802쪽)

75 無何, 夏遘疫卒, 家貧不能葬, 樂銳身自任之. 遺襁褓子及未亡人, 樂以時恤諸其家, 每得升斗, 必析而二之, 夏妻子賴以活. (포송령 저, 장우학 집교, 권3 <뇌조>, ≪요재지이

우정을 최우선 가치로 여긴다.

그는 친구가 비명에 갔더라도 끝까지 의리를 지켜 자신도 경제적으로 힘든데도 유족들을 보살폈다. 결국은 "하평자처럼 글 잘하던 사람도 아무런 공명을 떨치지 못하고 죽었는데 그보다 못한 나 같은 인간이야 말해 무엇하리오! 인생의 부귀영화는 모름지기 젊었을 때 쟁취해서 누려야 하는데 온 생애를 근심과 탄식 속에 보내다가 개나 말처럼 죽는다면, 그것은 이 삶을 저버리는 짓이겠지. 차라리 일찌감치 다른 길을 모색하는 것이 낫겠다"[76]라고 말하며 글공부를 내팽개치고 장사하는 일로 방향을 전환했다.

이 부분은 살아가는 방식에 있어서 시사하는 바가 크다. 인간의 살아가는 목적은 사회적 지위를 얻고 부를 쌓는 것도 목표일 수 있으나 궁극적으로 행복해지기 위한 것이라고 볼 수 있다. 행복을 뒤로 하고 오로지 명분이나 타인의 시선만을 의식해 본인이 원하지 않는 생활을 한다면 그리 지혜로운 인생은 아닐 것이다.

양상은 사랑도 중요시했다. 애정을 중요시하는 양상의 형상은 <나찰해시(羅刹海市)>의 마기(馬驥)가 대표적인 경우로써 그는 용궁에서 만난 용녀(龍女)와의 사랑을 잊지 않고 다시 현세로 돌

회교회주회평본≫, 상해 : 상해고적출판사, 1995년 6월, 414쪽)

76 文如平子, 尙碌碌以沒, 而況於我. 人生富貴須及時, 戚戚終歲, 恐先狗馬塡溝壑, 負此生矣, 不如早自圖也. (포송령 저, 장우학 집교, 권3 <뇌조>, ≪요재지이회교회주회평본≫, 상해 : 상해고적출판사, 1995년 6월, 414쪽)

아왔을 때도 용녀만을 생각하며 둘 사이에 태어난 아들, 딸을 키우며 살았다.

<아두(鴉頭)>에 나오는 상인 왕문(王文)과 기생이 된 여우 아두(鴉頭)는 서로의 애정을 많은 어려움 속에서도 끝까지 지켜낸다. <백추련(白秋練)>의 모섬궁(慕蟾宮)과 백추련(白秋練)도 장사를 하던 중 만나게 된 사랑과 절개를 목숨을 걸고 지켜나가는 주인공들이다. 비록 평범한 상인과 백상어의 화신이었으나 문학에 대한 이해와 동경으로 서로 앙모하게 된다.

애정을 그린 위 작품들은 고전소설의 특성상 주인공의 만남이 다분히 우연적이고 용왕의 딸, 여우 또는 백상어가 인간으로 변신해 한 상인을 사랑하고 절개를 지켜나간다는 공통된 스토리 구조를 갖고 있지만 남녀 간의 사랑과 정조를 목숨보다 중요시한 양상(良商)의 대표적 유형을 잘 표현했다.

<이상(二商)>에서는 형제간의 우애를 중요시하는 이상(二商)이 주인공으로 나온다. 비록 아우를 사랑하나 인색한 마누라에게 휘둘려 아우를 잘 돌보지 못하고 도둑에게 비참하게 죽어간 형 대상(大商)을 위해 아우로서 본분을 지키고 형에게 깍듯이 정성을 다하는 이상은 형제애를 중요시한 양상의 전형이다. 결국은 비명에 죽은 형도 감동해 귀신으로 나타나 아우 이상에게 마누라 몰래 돈이 묻힌 장소를 알려줘서 이상이 부자로 살게 하고 자신의 아들도 키울 수 있도록 부탁한다. 이들 형제에 대한 평가를 포송령은 이사씨왈(異史氏曰)을 통해 아래와 같이 적고 있다.

> 한 푼의 돈도 함부로 취급하지 않은 대상의 처신으로 말하자면 그 또한 강직하고 자중하는 사람이었다. 하지만 멍청하게 마누라의 말만 듣고 자신의 의견은 한마디도 내세우지 못하는 줏대 없는 인간이기도 했다. 결국 혈육의 정을 외면하다가 그 인색함으로 말미암아 끝내 죽음에 이르렀으니, 오호라! 그가 누구를 탓할 수 있으리오! 이상은 애당초 찢어지게 가난했지만 엄청난 부호가 되어 인생을 마감하였다. 그의 사람됨에 무슨 특별한 구석이 있었던가? 단지 마누라의 가르침을 맹목적으로 따르지 않았던 것뿐이다. 오호라! 상씨 형제는 고작 한 가지 행실이 달랐을 뿐이지만 그 결과 나타난 인품은 너무나도 큰 차이가 있구나.[77]

이 외에도 재산을 목숨처럼 아끼며 수전노같이 행세를 할 것 같은 상인들이 의외로 남을 돕는데 앞장서고 자신의 재산을 어려운 사람들을 위해 아낌없이 기부하는 착한 상인들의 모습도 다수 출현한다. <소이(小二)>편의 소이는 유리공장을 하며 번 돈으로 주위 서민들을 구제하고 가뭄이 들었을 경우를 대비해 채소와 잡곡을 비축한 후 기근이 들자 이를 풀어 굶주려 죽는 사람들이 없도록 조치한다.

<장불량(張不量)>에서는 장불량이라는 이름의 유래에 대해 설명하면서 장불량이 춘궁기에 배고픈 사람들에게 곡식을 하염없이 나눠준다는 의미에서 나왔고 이 때문에 하늘도 우박을 내

77 聞大商一介不輕取與, 亦狷潔自好者也. 然婦言是聽, 憒憒不置一辭,恝情骨肉, 卒以吝死. 嗚呼, 亦何怪哉. 二商以貧始, 以素封終. 爲人何所長. 但不甚遵閫教耳. 嗚呼, 一行不同, 而人品遂異. (포송령 저, 장우학 집교, 권7 <이상>, ≪요재지이회교회주회평본≫, 상해 : 상해고적출판사, 1995년 6월, 905쪽)

릴 때 장불량의 논밭만 비켜가 장불량을 보호했다는 내용을 다뤘다. 이 작품 역시 불우한 이웃과 주민을 위해 자신의 곡식을 아낌없이 베푸는 어진 상인에 대해 기술했다.

<유성(劉姓)>에서는 분쟁을 잘 중재하고 다른 사람들을 잘 도와주며 원래 포악했던 유씨 성을 가진 인물을 감화시킨 상인 이취석(李翠石)을 주요 인물로 내세우면서 어진 상인의 모습을 그렸다. 포송령은 서평에서 "이취석 형제는 모두 그 지방의 큰 부자였다. 그런데 취석은 유달리 충직하고 신중했으며 자선하기를 좋아했다. 그는 한 번도 자신이 잘산다는 이유로 남들에게 거드름을 피운 적이 없는 겸손하고 온화한 군자이기도 했다. 분쟁을 해결하고 다른 사람에게 착하게 살 것을 권한 위의 일화만 보더라도 그의 평생 사람됨을 알 수가 있겠다"[78]라고 했다.

포송령은 왕성, 악운학, 이취석, 소이, 마이혼, 마기, 모섬궁 등 어질고 착한 양상(良商)의 인물유형을 통해 이상적인 인물상을 구현하고자 했고 이러한 상인들이 많아져 상업계도 밝아지고 정의를 구현하는 풍조가 형성되기를 바랐다. 자본주의 시대인 현대에 들어서는 이러한 양상(良商)의 필요성이 극대화하고 있다. 세계의 트렌드와 국가의 정의도 정치가보다는 기업가들이 주도하는 현실에서 기업가들의 윤리의식과 방향성에 따라 그 기업이 소재하는 국가의 부패도와 발전상황이 많은 영향을 받는

78 李翠石兄弟, 皆稱素封. 然翠石又醇謹, 喜爲善, 未嘗以富自豪, 抑然誠篤君子也. 觀其解紛勸善, 其生平可知矣. (포송령 저, 장우학 집교, 권7 <유성>, ≪요재지이회교회주회평본≫, 상해 : 상해고적출판사, 1995년 6월, 905쪽)

것이 현실이다.

현대의 기업가들은 단순히 돈만 벌고 이익을 탐하는 존재라기보다는 투철한 사회의식과 윤리의식을 소유하고 자신의 이익을 많은 사람과 공유하는 기부, 자선행위를 광범위하게 하는 한편 공익을 발전시키는 존재가 되기를 요청받고 있다. 즉, 이 사회의 새로운 히어로(Hero)나 이상적 인물형으로 각광받고 있으나 과연 한국을 포함한 전 세계를 통틀어 볼 때 존경받고 이상적인 기업행위를 하고 있는 기업가들은 얼마나 될까 눈여겨봐야 한다.

기업가에게 부를 가져다주는 주체는 고객인 일반 서민, 소비자들이다. 투표권자가 정치가를 지속적으로 감시하고 투표를 통해 정치가에 대한 신임을 결정하는 것과 마찬가지로 소비자나 주주들이 지속적인 감시활동을 하고 요청을 할 때만이 기업가도 자신의 사명을 기억할 수 있을 것이다. 하지만 한국의 기업가 상당수는 여전히 19세기 봉건주의적인 마인드를 갖고 주식회사가 자신의 소유인 것 마냥 제왕 흉내를 내고 있는 경우가 많다.

이러한 사례가 많은 이유는 제도적, 법규적인 허점 때문이기도 하지만 아직도 유가사상의 영향과 이를 용인하고 오히려 더 강화하는 수하의 부역자들 때문이기도 하다. 즉 21세기 현대사회에 제왕의 밑에서 충성을 바치는 가신이 돼 떡고물을 받아먹는 것이 사회적 출세와 현명한 처세술이라고 생각하는 낡은 사고방식을 가진 기업 구성원들이 문제이다. 상명하복의 봉건적인 낡은 의사결정 구조와 비효율적인 문화를 고집하고 있기 때문에 대부분의 기업들은 세계 경제전쟁에서 도태되고 창의적인 개선과 혁신을 할 수 있는 동력조차도 잃어버리는 꼴이 됐다. 이 부분은 참으로 우려스럽다. 모두가 인식하고 있으면서도 그저 침몰하는 배에 안주하고만 있다.

이러한 상황을 바꾸기 위해서는 대대적인 국민 의식개혁 운동과 문화적인 수술이 필요하다. 인문학자의 역할이 필요하고 기업가들도 철학과 문학을 공부해야 하는 이유이다. 인문학자들 역시 경제와 경영, 기업실무를 배우거나 경험해야 하는 이유이기도 하다. 우리는 더 이상 돈만 벌고 상사의 명령에만 복종하다 결국은 도살장으로 끌려가는 가축이 아니기 때문이다.

(2) 여성 상인(女商)

포송령이 묘사한 상인들 중에서 주목할 만한 형상이 여성상인들이다. 포송령은 그의 작품 속에서 봉건주의적인 관념을 여러 차례 노출하면서도 어떤 경우는 상당한 진보적이고 혁신적인 성향을 표현하기도 한다. 당시의 폐쇄적인 사회구조에서 본인의 신분과 학문적 성향 등을 볼 때 그의 주장이 일관될 수는 없었다. 또한 현대적인 잣대로 당시의 사상을 진보, 보수 등으로 양분할 수는 없다. 특히 시골에서 홀로 유학(儒學)과 자신의 세계에만 빠져있던, 그리고 어차피 인생의 목표가 과거시험에 합격해 입신양명하는 사대부의 경우에는 자신의 답답한 처지 때문에 혁신적인 생각을 간혹 할 수도 있겠으나 기본적으로 보수적이고 봉건적인 사고의 틀을 벗어날 수 없었다. 그럼에도 불구하고 포송령의 작품에서는 당시 사회에서 가장 하층부류에 속했던 여성이 주인공으로 자주 등장한다. 단순히 여우나 선녀가 화신(化身)해서 남자를 유혹하는 환상적인 부속인물이 아니라 당당히 스토리를 전개해나가고 사회에서도 인정받는 주인공으로 등장하는 작품이 다수이다.

중국은 전통적으로 '남자는 덕이 있는 것이 재능이고 여자는 재능이 없어야 덕이다.'[79]라거나 '소인과 여자는 기르기가 힘들다. 가까이 하면 불손하고 멀리 하면 원망한다.'[80]라는 다분히 성차별적인 관념을 갖고 있었다. 현대사회 들어서 이러한 경향이 많이 없어졌지만 여전히 중국을 포함한 한국 등 유가문화권에서는 남녀차별 의식과 관료지향 및 신분구별 등의 구태의연한 의식들이 상당수 존재한다. 즉, 여성을 차별하고 여성을 성추행 등의 대상으로 생각하거나 직업들 중에서는 관료를 더 상위의 직업으로 생각하고 일반적인 무역이나 생산 등의 업종에 종사하

79 청나라 장대(張岱)가 쓴 <公祭祁夫人文>에 나오는 말로 '丈夫有德便是才, 女子無才便是德'이라고 했다.

80 ≪논어(論語)≫ 제 17장인 <양화(陽貨)>편에 공자가 직접 한 말로 기술돼 있고 원문은 '唯小人與女子難養也, 近之則不遜, 遠之則怨'이다. 유가의 위대한 철학자인 공자조차도 남녀차별적인 생각을 갖고 있었고 이는 다분히 시대발전이 덜 이뤄진 점과 관련이 있다. 공자는 2500년 전의 인물이기 때문에 당시 시대상황으로 볼 때 이와 같은 생각을 가질 수도 있다는 개연성이 인정되나 더 놀라운 점은 현대사회도 이와 같은 생각을 갖고 있는 사람들이 많다는 점이다. 특히 여성에 대한 차별을 떠나서 사회적 약자와 서민들을 노예처럼 생각하거나 개돼지로 생각하는 일부 몰지각한 지도층 인사들의 실언 등을 통해 여전히 한국사회는 유가사상의 부정적인 영향을 많이 받았다고 생각할 수밖에 없다. 한국인의 의식개혁과 인문교육이 절실한 이유이다.

는 사람들을 소인이라고 치부해 무시하고 서민들 위에 군림하려는 작태는 다분히 부정적인 유가(儒家)적 발상이다.

이와 같은 상황에서 약 400년 전 사람인 포송령의 작품 속에서 단순한 미적 감상대상이나 영웅호걸의 부속품이 아닌 자신의 사업을 개척하고 주체적으로 살아가는 여성상인들의 모습은 현대인의 시각에서 보더라도 상당히 특이하고 참신한 설정이라고 볼 수 있다.

그가 작품 속에서 그린 여성상인들, 특히 소이(小二), 세류(細柳), 황영(黃英), 유부인(劉夫人), 청매(青梅) 등은 남성에게 더 이상 의지하지 않고 자신의 재능과 노력으로 사업을 시작해 성공하는 한편 남성 종업원을 거느리고 그들을 지도하는 당찬 여성 사업가로 묘사됐다. 여성상인들이 주인공으로 등장하는 작품은 <운라공주(雲羅公主)>, <소이(小二)>, <황영(黃英)>, <청매(青梅)>, <신십사낭(辛十四娘)>, <적녀(績女)>, <아두(鴉頭)>, <농부(農婦)>, <유부인(劉夫人)>, <유생(柳生)>, <왕성(王成)> 등 11편에 달한다. 전체 58편의 상인소설 중 19%를 차지하는 편수이므로 결코 적은 비중이 아니다.

포송령의 작품 속에 여성이 다분히 축첩의 대상, 순종이 운명이라고 보는 봉건적인 시각도 일부 존재하나 포송령의 여성관이 당시 봉건시대의 사회조건을 감안할 때 다른 문인들과는 달리 상당히 혁신적이고 진보적이었다. 그의 작품 속에 등장하는 여성상인들은 단순히 남편이나 가족에 의지해 수동적으로 살아가는 봉건적 여성의 틀에서 벗어나 자신의 손으로 운명을 개척하고 사업까지 해 성공하는 강인한 의지의 여성들이 다수이다.

그럼 왜 여성상인들인가? 당시 봉건사회에서는 단지 사, 농, 공, 상의 네 가지 직업만 존재하는 가운데 교육의 기회가 없고 노동체력이 남성에 비해 강하지 않은 여성들이 그나마 쉽게 진출할 수 있는 직업은 상(商)밖에 없었을 것이다. 역사 속에서는 그마저도 상업으로 일가를 이룬 여성이 전무하나 포송령은 자신의 작품 속에서 상업으로 성공한 여성들을 묘사하며 상상의 나래를 펼친다.

<청매(青梅)>에 나오는 청매는 시골선비와 여우의 사이에서 태어나 부잣집 딸인 아희의 몸종으로 들어간다. 이후 가난하지만 충직한 선비 장생에게 반해 먼저 구애하고 결혼한다. 지극정성으로 시댁을 봉양하고 자신이 직접 만든 자수(刺繡)를 팔아 사업에도 성공하며 남편 장생이 과거준비에 몰두할 수 있도록 모든 경제활동 및 잡일을 도맡는다. 아희의 집안이 몰락하자 이미 벼슬에 올라 성공가도를 달리고 있는 장생의 정실부인 자리를 양보한다. 즉, 자신은 첩으로 신분을 낮추며 끝까지 아희와 남편을 존중하며 살아간다.

현대적 관념으로 볼 때 축첩을 여성의 입장에서 먼저 옹호하는 봉건적이고 자기모순적인 모습을 보이나 청매는 자신의 삶을 적극적으로 개척하고 노력하는 여성상인의 전형이다. 이후 황제마저도 감복해 두 사람 모두 정실, 첩의 구별 없이 '부인'으로 책봉해 주었다.

이 외에도 <적녀(績女)>, <아두(鴉頭)>, <농부(農婦)>, <신

십사낭(辛十四娘)>에서 자신이 갖고 있는 특별한 기술을 이용해 열심히 노력하고 노동해서 가족을 부양하는 한편 다른 사람들도 도와주는 여성상인들의 모습을 그리고 있다. 그 반면에 <운라공주(雲羅公主)>, <소이(小二)>, <황영(黃英)>은 전당포, 유리공장, 국화농장 등을 운영하며 능력 있는 사람들을 적재적소에 잘 뽑아 잘 쓰고 섬세한 경영방식으로 사업에 성공하는 여성 경영자들의 모습을 보여준다. <유부인(劉夫人), <유생(柳生)>, <왕성(王成)>에서는 자신이 갖고 있는 자본을 능력 있고 정직한 경영자나 유망한 사업에 투자해 돈을 버는 여성 투자자들의 면모를 묘사하고 있다.

이와 같이 여성상인들이 등장하는 작품들 중에서도 가장 현대적인 여성 경영자의 모습에 근접하고 그 사상 또한 혁신적인 인물이 <황영(黃英)>편의 주인공 황영이다. 황영은 비록 국화의 정령(精靈)이라는 비현실적 존재로 설정됐으나 봉건적인 사상에만 빠져 있는 서생 마자재(馬子才)를 설득해 동업자로 나서게 하는 과정 중에서 상업행위가 결코 도학(道學)을 연구하는 사대부들의 학문행위에 비해 천한 일이 아니라 오히려 더 가치 있는 일임을 설파하고 당시로서는 생소한 업종인 화훼사업(花卉事業)을 시작해 뛰어난 기술력과 경영능력으로 경쟁업체를 압도하는 걸출한 여성 사업가로 그려졌다.

황영이 마자재와 나누는 대화 중 다음과 같은 내용은 황영을 통해 내비친 포송령 사상의 혁신성을 가늠해 볼 수 있다.

"저는 결코 탐욕스럽거나 치사한 인간이 아닙니다. 하지만 저라도 웬만큼 넉넉하게 생활하지 않는다면 천년 뒤의 사람들은 도연명을 두고 가난한 상놈이라 백 대가 지난 뒤에도 뜻을 펴지 못했다고 말할 것입니다. 그래서 저는 애오라지 우리 가문의 팽택령(彭澤令)이 남들에게 조롱당하는 일이 없도록 하려는 것뿐입니다. 그렇다 쳐도 가난한 사람이 부자가 되는 것은 어렵지만 부자가 가난하게 지내는 것은 매우 쉬운 일이지요. 당신이 용돈을 제아무리 마음껏 뿌려도 저는 결코 아까워하지 않겠습니다."[81]

즉, 도학과 명분에만 매달려 가족들이 굶어가는 것을 나 몰라라 하는 것은 진정한 군자나 지식인의 태도가 아니며 형이상학보다는 돈을 벌어서 가족이 잘 살고 이웃도 도와주는 것이 진정한 군자의 모습이라는 주장을 펼친다. 또한 상인으로서 투자를 위해서는 낭비나 소비도 필요하다는 경제적인 논리도 펼친다. 당시 시대적 배경이 상업이 발전하고 일부 유학자들이 상업에 종사하는 사례도 늘어나고 있었던 청나라 초기였다는 점을 감안하더라도 이와 같은 내용을 여성 상인의 입에서 주장하고 있는 것은 사뭇 혁신적이라고 보지 않을 수 없다.

한국 사회를 들여다보면 사회 곳곳에 점잖은 척하고 명분과 허울에만 치우쳐있으나 사회에는 별로 도움이 되지 않는 마자재와 같은 인물이 많다. 이러한 위선적인 인물을 통렬히 비판하고

81 妾非貪鄙, 但不少致豐盈, 遂令千載下人, 謂淵明貧賤骨, 百世不能發迹, 故聊爲我家彭澤解嘲耳. 然貧者願富, 爲難, 富者求貧, 固亦甚易. 牀頭金任君揮去之, 妾不靳也. (포송령 저, 장우학 집교, 권11 <황영>, ≪요재지이회교회주회평본≫, 상해 : 상해고적출판사, 1995년 6월, 1449-1450쪽)

현실에 접근한 실질적인 경영이론과 살아가는 방법에 대해 직관적으로 인식하고 실천한 황영이야말로 현대사회에서도 필요한 경영자와 양성평등 운동가의 모습이라고 볼 수 있다.

(3) 학자 상인(儒商)

앞의 <황영(黃英)>편에 나오는 마자재(馬子才)처럼 ≪요재지이(聊齋志異)≫에서는 서생(書生)의 신분으로 상업에 종사하는 인물들이 나온다. 마자재는 처음에는 상업에 종사하기를 달가워하지 않은 위선적인 유생이었으나 도생(陶生)과 황영(黃英) 남매의 설득과 행동에 감화돼 나중에는 유학(儒學)을 포기하고 상업에 전념하는 상인으로 변신한다.

소설은 당시 시대상황을 가장 핍진하게 묘사하는 문학도구이다. 당시 상업의 발전과 만주족의 집권으로 인한 한족 지식인들의 관료진출이 요원해진 상황 속에서 학문을 포기하고 상업에 종사하는 사례가 실제로 많이 늘어나기 시작했고 포송령은 자신의 작품 속에서 이와 같은 현상을 스토리에 반영한다.

≪요재지이(聊齋志異)≫의 상인소설 중 유학(儒學)을 포기하고 상업에 나서는 학자풍 상인들이 총 9편에 등장한다. 즉, <나찰해시(羅刹海市)>, <방문숙(方文淑)>, <아두(鴉頭)>, <황영(黃英)>, <뇌조(雷曹)>, <백추련(白秋練)>, <유부인(劉夫人)>, <소이(小二)>, <임수(任秀)> 등 총 9편에 등장하는 상인 중에는 자의반 타의반으로 학문을 닦는 서생신분에서 상업으로 직종을 전환하는 인물들이 있다.

이들은 서생 출신이므로 아무래도 일반 상인들보다는 지식이 있었고 상대적으로 교양 있는 인물들로 그려진다. 또한 양심적으로 상업행위를 하고 다른 사람들을 이해하려고 노력하는 한편 장사에서 많은 이익을 착취하지는 않는다. 이와 같은 유가(儒家)의 학문적 배경을 갖고 상업에 종사하는 상인들을 유상(儒商)이라고 부를 수 있다.

유상이라는 개념은 비교적 최근에 나온 개념이다. 20세기 이후 홍콩을 중심으로 경제가 발전하면서 유학적인 배경을 가진 상인들을 통칭하는 의미로 유상이라는 용어가 학계에서 쓰이기 시작했다. 유상이라는 단어는 경영학계, 경제학계에서 먼저 시작된 용어이나 문학계도 차용하면서 문학과 경영학을 접목하는 한 수단으로 두드러졌다. 즉, 실용적인 면이 부족한 문학계가 문학작품에 등장하는 유상이 경영학계의 바람직한 상인의 모델로 각광받는 현상을 놓치지 않은 것이다. 경영학계 역시 윤리경영과 인간경영 측면이 강조되고 있는 상황에서 유가의 배경을 가진 학자풍의 상인, 즉 유상(儒商)은 참신한 매력을 가진 존재로 인식했다.

홍콩에서는 '국제유상연합회(國際儒商聯合會)'라는 단체가 조직됐고 공자 탄신 2550주년이던 1999년, 9월 25일부터 28일까지 산동성 제녕(齊寧)에서 '유상과 21세기(儒商與二十一世紀)'라는 제목으로 국제 학술대회도 개최됐다. 이 대회는 미국, 일본, 중국, 한국, 싱가폴, 대만, 말레이시아, 인도네시아, 태국, 스웨덴, 아이슬랜드 등 다양한 국가의 철학자, 문학자, 경영학자, 기업가들을 망라한 160여 명이 참가해 다양한 관점에서 자유롭게 60여 편의 논문을 발표하며 유상에 대한 의견을 나눴다. 이 학술대회는 당시 산동성 대외경제무역위원회와 중화공자학회가 공동주최하고 홍콩 국제유상연합회, 미국 하버드 대학 옌칭연구소(燕京學社)가 협찬하는 일회성 국제 학술대회였으나 유상에 대한 연구는 이후에도 계속 이어지고 있다.

≪요재지이(聊齋志異)≫에서 그리고 있는 9명의 유상(儒商)들은 다른 상인들과 생각과 형상 면에서 완전히 다르고 명확하게 유(儒)의 특징을 갖고 있다. 이들 유상은 어렸을 적부터 유가경전 교육을 받고 인생의 최고 목표는 과거시험에 합격해 관료가 되는 것이었다. 그러나 여러 가지 이유로 인해 중도에 유학자로서의 꿈을 포기하고 상업의 길로 들어서게 된다. 비록 일부 적극적으로 상인이 된 경우도 있으나 대부분 어쩔 수 없이 상인이 됐다. 그 이유는 아래 세 가지이다.

첫째 이유는 경제적 궁핍이다. 공자가 말했듯이 항산(恒産)이 있어야 항심(恒心)이 있을 수 있다. 아무리 이상이 좋고 도학이 좋더라도 당장 먹고 살 수 없을 정도로 궁핍하다면 어떻게 학자나 유생의 본분을 지킬 수 있겠는가. 특히 청나라 초기 만주족의 집권으로 인해 한족 지식인들의 관직 진출이 일시적으로 봉쇄된 상황이라면 더더욱 경제적인 문제에 봉착할 수밖에 없었다. 당시 지식인들의 유일한 직업이 관료가 되는 것이었고 그 이외에는 자신이 공부한 지식을 사용할 수 없었기 때문이다. 이 때문에 당시 많은 지식인들이 육체적 노동 강도가 상대적으로 덜하고 적응하기 수월한 상업계로 진출한 경우가 많았다. 그나마 양명학의 전통이 강한 중국 사대부들은 생각이 유연하고 실용적이었기 때문에 상업에 진출하는 것에 큰 고뇌가 없었으나 같은 유학 중에서도 주자학의 영향이 강했던 조선의 경우는 상업에 종사하느니 굶어죽겠다는 양반들이 상대적으로 많았다.

이와 같은 맹목적인 성향이 지금의 북한 사회체제나 한국의 대형교회라는 사회현상을 이끌었는지도 모른다. 즉, 인민대중들은 굶어죽더라도 주체철학이라는 지고지순의 철학을 신봉하거나 신앙심을 빌미로 사채를 빌어서라도 대형교회 목사들에게 돈을 갖다 바치는 광신도들과 같은 사례는 주자학을 맹신했던 이전 조선시대와 큰 차이가 없어 보인다.

유학의 발상지인 중국의 입장에서 본다면 한국의 사례는 특이한 경우다. 일본의 신도(神道)와 같이 고유사상이나 종교 없이 대부분 중국이나 미국의 학문, 철학을 받아들여 일부를 극단화해 맹목적으로 발전시킨 경우가 많다. 유학에도 여러 가지 종류가 있고 다양한 유파들이 존재했으나 한국의 경우 오로지 주자학만을 받아들이고 연구했다. 심지어 다른 유파의 유학은 철저하게 배격하고 심지어 이단으로 몰아 죽이기까지 했다.

현대사회 들어 기독교와 반공사상에 대한 맹목적 추존도 이전 주자학에 대한 숭배와 별반 차이가 없다. 여전히 당장 가정이나 나라가 황폐화돼도 아랑곳하지 않고 자신의 명분과 당파의 이익만 우선시하는 위선적인 현대판 도학자들이 많다.

<아두(鴉頭)>편의 유생(儒生) 왕문(王文)과 여우의 화신 아두

(鴉頭)는 서로 사랑하는 사이가 됐으나 왕문이 자신의 가난으로 인해 애정관계를 유지하지 못할 것을 두려워 해 "안방에서 아름다운 부인을 마주 대하니 실로 꿈만 같소이다. 다만 집안이라곤 사방 둘러 벽밖에 없으니 나로서는 위안을 찾기가 어렵구려. 종당에는 당신에게 버림받지나 않을지 모르겠소."[82]라고 말한다. 여기서 유생 왕문은 아두의 권고를 받아들여 즉시 문전에 조그만 점포를 열었다. 그리고 하인과 더불어 온갖 잡일을 직접 처리하며 안에서 술과 마실 것을 팔았다. 아두 역시 삯바느질에 나서 저고리를 짓고 염낭 따위를 수놓아 팔아 날마다 약간의 돈을 벌어들였다. 덕분에 형편은 갈수록 좋아졌고 일 년이 지나자 점차로 계집종도 부릴 수 있게 되었다.[83]

비록 소설이라고는 하지만 가난한 유생 왕문은 자신이 사랑하는 여인을 위해 학문의 길을 과감하게 포기하고 술장사를 하며 가계를 꾸려나간다. 자신의 공부보다 가족을 위한 생계가 더 중요하다는 실용적인 중국 지식인의 행동을 가늠해볼 수 있다.

앞에서 자주 언급한 <황영(黃英)>편의 마자재도 가난을 이기지 못하고 도생과 황영 남매의 충고를 받아들여 국화 장사에 뛰어든 전형적인 유상이라고 볼 수 있다. 하지만 마자재는 <아두(鴉頭)>편의 왕문과 달리 상업의 길에 들어서기 전에 주저하고

---

82 室對芙蓉, 家徒四壁, 實難自慰, 恐終見棄置. (포송령 저, 장우학 집교, 권5 <아두>, ≪요재지이회교회주회평본≫, 상해 : 상해고적출판사, 1995년 6월, 602쪽)

83 王如言, 卽門前設小肆, 王與僕人躬同操作, 賣酒販漿其中. 女作披肩, 刺荷囊, 日獲贏餘, 飮膳甚優. 積年餘, 漸能蓄婢媼. (포송령 저, 장우학 집교, 권5 <아두>, ≪요재지이회교회주회평본≫, 상해 : 상해고적출판사, 1995년 6월, 602쪽)

상인을 폄하하는 생각을 갖고 있었다. 그러나 종국에는 자신의 힘으로 벌어먹는 것을 탐욕이라 생각하지 않고 국화 파는 일도 결코 천한 일이 아니라는 도생의 충고를 받아들여 상업을 천직으로 받아들인다. 아마도 마자재의 행동이 누구에게서나 볼 수 있는 인간적인 모습이 아닐까 한다. 특히 먹물이 든 서생 입장에서는 아무리 궁핍한 상황이라고 하더라도 자신의 이상을 포기하고 그동안 멸시해마지 않았던 상업의 길에 들어선다는 것은 대단한 결심이 필요한 행동이었다.

조선시대의 선비들은 대부분 아무리 궁핍한 지경에 처해있다 하더라도 상업의 길에 들어서지 않았다. 오로지 글을 읽고 안빈낙도하는 것으로 위안을 삼았고 경제적인 부담과 생계는 모두 가족의 몫으로 전가하고 말았다. 이전에는 이러한 행위들이 선비들이 가져야 할 당연한 행동거지로 추앙받는 경우도 있었으나 중국 선비들의 입장에서는 상당히 무책임한 행동으로 여겨질 것이다. 자신의 가족도 거느리지 못하는데 어찌 자신의 독선기신(獨善其身)과 안분지족(安分知足)만 논하고 있을 것인가라는 것이 중국 청나라 초기 사대부들의 생각이었다. 이런 면에서는 중국 지식인들의 사상과 행동이 훨씬 현실적이고 개방적이었음을 추론할 수 있다.

이러한 역사전통은 지금까지도 이어지고 있다. 중국의 지식인은 여전히 현실적인 면을 강조하기 때문에 본인이 의사나 교수를 하다가 경제적인 문제로 인해 기업체로 가거나 조그만 공장의 공장장 또는 간부 정도의 일을 하는 사례를 필자는 여러 번

목격했다. 중국의 사회구조로 인해 병원 의사나 대학 교수가 많은 연봉과 대우를 못 받는 이유 때문이기도 하나 중국 지식인의 의식구조 속에는 본인의 명예나 사회적 지위보다는 자신과 가족의 안정된 생활을 위한 월급과 경제적 부가 더 중요하다고 생각한다.

그러나 한국의 경우는 그렇지 못하다. 학문을 하다가 기업으로 나오는 경우는 일부 소수의 사례를 제외하고는 전무한 편이다. 소수의 사례도 사외이사나 중견기업 이상 규모 회사의 임원 정도 등 안정된 직위가 보장됐을 때만 학문을 포기하거나 잠시 휴직하고 나오는 경우가 있고 그나마 돌아갈 퇴로를 만들어 놓고 나오는 경우가 대부분이다.

여전히 한국은 학문과 관직 존중, 상업 경시 풍조가 만연하다고 볼 수 있다. 경영학이나 공대 교수들은 기업과 연계해 경영 활동을 하거나 연구 활동을 하는 경우가 있으나 문학 등 순수학문의 교수는 그나마 기업체에 나올 역량조차 갖추지 못해 오로지 대학이나 학회에 목매달고 사는 경우가 대부분이다.

현실의 살벌한 사회와 그 속에서 살아가는 법을 모르는 교수들이 학생들을 가르치는 것이 무슨 가치가 있을까? 순수학문의 경우 기업체 경험 없이 오로지 공부만 파고들어 연구할 수밖에 없다고 하나 이런 경우는 연구소에서 분석하고 공부해 논문으로 축적하면 충분하다. 굳이 대학교수가 돼 학생들을 지도하고 나중에는 정치권과 결탁해 관료나 정치권으로 진출하는 사례가 반복되므로 국가정책이나 대학교육이 공허하고 헛발질만 반복한다.

지금까지 대학교수나 정치인들이 기업체의 밑바닥 생활이나 애환을 얼마나 알고 학생들의 취업지도를 하거나 서민을 위한 정책을 만들었는지 알 수가 없다. 이 때문에 기업체는 대학 졸업자들을 채용한 후 처음부터 다시 교육시켜야 하고 서민들은 정부의 정책을 믿을 수 없어 각자도생하는 악순환만 거듭된다.

중국의 지도자 선출이 민주적이지 않고 폐쇄적이라는 비판이 있으나 최소한 지도자의 자질을 검증할 때 교수, 의사, 법률가 출신을 뽑지 않고 기업체나 관공서의 밑바닥 생활부터 하면서 성장해 온 인물을 지도부 후보로 올려놓는 관행은 한국도 본받을 만하다. 중국의 지도부나 고위 관료는 단 한명도 대학교수나 의사, 법률가 등 자격증을 취득해 고립적으로 일하는 직업군이 없고 모두 각 부서에서 몇십년씩 실무경험을 쌓거나 관련 기업체에서 실력을 검증받은 인물이 대부분이다. 이 때문에 공산당 독재나 지방 관료의 부패에도 불구하고 중국사회가 안정적으로 유지되고 일정한 방향성을 갖고 발전해 나가는 중요한 원동력이 되고 있다.

경제적인 궁핍으로 인해 학문을 포기하고 상인의 길에 들어선 사례는 위에서 <아두(鴉頭)>, <황영(黃英)> 외에도 <나찰해시(羅刹海市)>의 마기(馬驥), <뇌조(雷曹)>의 악운학(樂雲鶴), <방문숙(方文淑)>의 정성덕(鄭成德) 같은 유상에서도 보인다.

두 번째로 학문을 포기한 이유는 단순한 경제적 어려움 외에도 자신의 가치관을 실현하기 위한 필요에 의해서 상인이 된 경우도 있다. 과거에 급제해 관료가 되는 것은 봉건시대 중국 독서인들의 공통된 목표이자 꿈이었으나 이를 실현할 수 있는 사람들은 소수에 불과했다. 특히나 명대 말기, 청대 초기에는 자신의 실력보다는 인맥, 돈 등으로 관료에 진출하는 경우가 많았기 때문에 실력은 있으나 집안의 배경이 약한 사람들은 일찌감치 꿈을 포기하거나 기약 없는 과거준비로 인생을 낭비하는 경우가 많았다. 이와 같이 몇 번의 과거 실패를 거듭한 경우 자신의 가치관을 바꿔 상업의 세계나 부의 세계로 목표를 바꾸는 경우가 발생했다. 소비적인 과거준비보다 조금 천해 보일지라도 경제적 안정을 가져다주는 상업 활동이 훨씬 가치가 있다는 생각을 한 것이다.

대표적인 예가 <뇌조(雷曹)>의 악운학(樂雲鶴)이다. 그는 친한 친구 하평자(夏平子)와 같이 과거시험을 준비하나 자신보다 뛰어나다고 여겼던 하평자가 불행히도 병을 얻어 요절하자 그의 가치관이 변한다. 하평자 같은 우수한 인재도 과거에 급제하지 못하는데 나 같은 인간은 더 말할 나위도 없다. 인생의 부귀영화도 적절한 시기에 누려야 하는데 이를 위해서 너무 많은 시간을 허비하는 것은 가치가 없고 안 될 것 같으면 일찌감치 다른 일을 찾아보는 것이 낫겠다며 글공부를 팽개치고 장사를 시작해 자신의 가족 뿐 아니라 하평자의 가족까지 부양한다. 포송령은 작품 말미에 쓴 이사씨왈(異史氏曰)에서 다음과 같이 악운학의 행위에 대해 높이 평가한다.

> 악생은 문장으로 일세를 풍미했지만 문득 하늘이 정해 준 자리에서 자신이 있을 곳은 아니라는 사실을 깨달았다. 이리하여 지필묵을 마치 헌신짝처럼 내던졌으니 이 어찌 반초(班超)가 붓을 던지고 군인이 된 일과 다르겠는가? 천둥의 신이 밥 한 끼 대접에 감격하고 소미성이 친구의 보살핌에 보답하려 한 것이 어찌 신들의 사사로운 은혜 갚음이라고 하겠는가! 바로 조물주가 인간 세상의 어진 호걸에 대해 천하가 다 알도록 포상을 하신 것이다.[84]

시대가 변하고 환경이 변하면 철학과 가치관도 변해야 한다. 어느 시대를 막론하고 절대불변의 가치와 이상은 없다. 변하는 시대와 가치를 거부하고 이전의 것만 고집하는 것은 지조가 아니라 아집과 민폐일 뿐이다. 우리나라의 역사는 시대를 거스르고 진부하고 낡은 가치관만 고집하다 사회와 자신을 고통에 빠뜨린 사례가 너무도 많이 존재한다. 조선시대의 수구세력과 왕들이 대표적인 예라고 볼 수 있고 이들은 낡아빠진 명분과 의리 때문에 나라를 팔아먹고 서민들을 도탄에 빠뜨렸다. 현대 들어서도 독재정권, 군사정부에 기생한 소위 사회 지도층, 지식인들은 자신만의 이익을 위해 궤변과 수구논리만 폈던 기회주의자들일 뿐이다.

기업체도 마찬가지다. 오너에게만 충성하고 '영업에는 실패해

---

84 樂子文章名一世, 忽覺蒼蒼之位置我者不在是, 遂棄毛錐如脫屣, 此與燕頷投筆者, 何以少異? 至雷曹感一飯之德, 少微酬良友之知, 豈神人之私報恩施哉, 乃造物之公報賢豪耳. (포송령 저, 장우학 집교, 권3 <뇌조>, ≪요재지이회교회주회평본≫, 상해 : 상해고적출판사, 1995년 6월, 418쪽)

도 의전에는 실패하면 안 된다'라는 해괴한 논리로 윗사람들에게 무조건적인 충성을 강요한다. 또한 회사에 대한 열정은 일하는 시간에 비례한다는 낡은 가치관으로 잔업과 휴일근무를 당연하다는 듯이 강요하는 문화나 술 마시는 것도 능력이라며 강압적 회식과 잔 돌리기 같은 원시적 문화가 팽배해 있다.

이와 같은 환경에서도 말로는 선진경영, 전략적 사고를 외치며 수많은 보고서를 양산하나 정작 일이 닥치면 대부분 주먹구구식으로 대처한다. 즉, 한국기업들의 전략은 '주먹구구'라고 볼 수 있다. 이런 상황에서 어떻게 참신한 아이디어가 나오고 미래 한국을 먹여 살릴 사업가들이 양산될 수 있겠는가. 오히려 능력 있고 기술을 보유한 한국의 인재들은 미국 등 선진국이나 중국, 베트남 등 신흥시장에 흡수되고 있는 상황이다.

이러한 위기를 타파하기 위해서는 위의 악생과 같은 유연한 사고가 중요하다. 자신의 생각과 방법이 만고불변의 진리일 수는 없다. 상황과 사람에 따라 다른 방법과 변화가 필요하다. 국가의 지도자나 기업의 경영자들은 밑바닥 실무진의 의견을 경청하고 존중해야 한다. 실제로 국가, 기업의 경영자들이 실무진보다 경험 많고 현명하다는 근거는 그 어디에도 없다. 그들이 경험했던 내용은 과거일 뿐이고 또 새로운 시대상황은 새로운 실무자들에 의해서 새롭게 경험되고 있을 뿐이다. 오히려 실무자들의 의견과 방향대로 정책을 세우고 의사결정을 한다면 더욱 발전할 수 있는 기회들이 층층시하의 결재권자들 때문에 비용과 시간만 낭비하는 경우가 비일비재하다. 오로지 결재만 몇 번 하고 연봉을 몇십억원씩 타가는 그룹 오너들은 과연 그들이 비상한 재주와 경영능력이 있어서 고액연봉을 받는 것일까라는 의문은 항상 머릿속을 떠나지 않는다. 그리고 주식회사에서 어찌 그들이 오너인가. 어떻게 오너라는 명칭이 존재하는가. 또한 황제와 같은 의사결정권과 인사권을 어떻게 한두 사람에게 줄 수 있는가. 풀기 힘든 문제이다.

유상들이 공부를 포기하고 상인이 된 세 번째 원인은 가업을 잇기 위해서이다. 상인의 가정에서 태어나 부친의 가업을 잇기 위해 상인이 된 사례가 있다. <나찰해시(羅刹海市)>의 마기(馬驥), <백추련(白秋練)>의 모섬궁(慕蟾宮)은 모두 상인의 가정에서 태어나 비록 글공부를 오래해 학식을 갖췄으나 아버지의 주장대로 가업을 이어 상업에 종사한 유상(儒商)들이다. 여기 나온 주인공들의 아버지는 모두 자식들이 공부를 해서 관직에 진출하는 것보다 가업을 이어 돈을 버는 것이 더 소중하다고 생각하는 실용적이고 특이한 가치관의 소유자들이다.[85]

---

85 <나찰해시(羅刹海市)>에 나오는 마기(馬驥)의 아버지는 "낡아빠진 책 몇 권 읽어봐야 밥이 나오기를 하나, 옷이 나오기를 하나, 다 쓸데없는 짓이다. 너는 내 뒤를 이어 앞으로 장사나 하거라.(數卷書, 饑不可煮, 寒不可衣. 吾兒可仍繼父賈. (포송령 저, 장우학 집교, 권4 <나찰해시>, ≪요재지이회교회주회평본≫, 상해 : 상해고적출판사, 1995년 6월, 454쪽))"라고 말하고 <백추련(白秋練)>에서는 모섬궁(慕蟾宮)이 어려서부터 총명하고 글 읽기를 좋아했으나 열여섯 살이 되었을 때, 글을 읽는 것이 현실과 동떨어진 짓이라고 여기던 상인 출신 아버지 모소환(慕小寰)은 그에게 공부를 그만두고 장사를 배우게 했다.(直隸有慕生, 小字蟾宮, 商人慕小寰之子. 聰惠喜讀. 年十六, 翁以文業迂, 使去而學賈 (포송령 저, 장우학 집교, 권11 <백추련>, ≪요재지이회교회주회평본≫, 상해 : 상해고적출판사, 1995년 6월, 1482쪽))

장인(匠人)정신이 강한 일본에서는 가업(家業)을 몇백년에 걸쳐서 잇는 사례들이 많다. 아무리 명문대를 졸업해도 전통 있는 국수집 후손은 대대로 국수집 사장이 되는 경우가 많다. 중국도 이와 같은 경향이 일부 존재해 교귀발(喬貴發), 교치용(喬致庸) 같은 유명한 산서성(山西省) 출신 부자(父子)상인도 출현했고 상방(商幇), 상회(商會) 같은 끈끈한 조직도 생겼다. 특히 중국은 가족기업의 정서가 강해 자신이 일군 회사를 후손에게 물려주기 위해 주식상장도 하지 않는 등 끈끈한 가족유대관계를 중요시한다.

그러나 한국 사회의 경우 상공업을 경시하고 학문, 관직에 대한 동경이 강했으므로 국수집을 대대로 운영하는 경우도 없었지만 국수집을 해서 돈을 많이 벌었다면 아들이 대를 잇게 하지 않고 유학을 보내거나 공부를 시켜서 교수, 판검사를 만들려고 했던 게 우리네 부모님들의 사고방식이었다. 이와 같은 사회풍조는 잘못됐다거나 옳다거나 하는 판단의 문제는 아니지만 사회의 건전한 직업관, 기술의 축적 및 발전의 측면에서 볼 때는 대단히 부정적인 것이 사실이다. 모두가 교수, 판검사가 되려고 하는 풍조가 사회의 토대를 이루는 상공업의 부실한 발전으로 이어졌고 직업의 우열을 가려 일방적으로 갑(甲)질하거나 상하관계로만 군림하려는 잘못된 직업관으로까지 영향을 미쳤다.

최근 우리 사회에서 문제가 되고 있는 대기업 직원들의 갑질, 고위관료의 부패, 정치가들의 안하무인적인 태도 등이 이러한 사회풍조의 심각한 직업관 왜곡으로 말미암은 현상들이다. 이

사회에서 어느 직업도 상하, 우열의 분류가 있을 수 없고 모두 고귀한 노동의 바탕 위에 서로 협조하며 살아가는 구성원에 불과할 뿐이다. 조그만 한국 사회에서 소위 상류계층이라고 말하는 판검사, 교수 및 언론인들이 세계시장(Global market)에 나가 얼마나 유창한 외국어와 경제지식 및 실무경험으로 한국의 이익을 대변하며 국부 창출에 도움을 줄 수 있는가라는 문제를 반문해보면 그들의 위상과 역량이 단지 우물 안의 개구리일 뿐이라는 것을 알 수 있다.

한국의 면적과 인구가 중국의 22개 성(省)중 하나인 광동성의 절반밖에 되지 않고 어느 누구도 한국의 소위 상류계층이라고 하는 직업군들을 알지 못한다. 그들이 아는 것은 열심히 해외시장에서 한국의 국부를 위해 일하고 있는 기업체의 비즈니스맨들과 공장 근로자들이다.

포송령의 작품 속에 나타나고 있는 유상들은 여러 면에서 다른 상인들과 구별되는 특징들이 있다. 첫째로 이들은 상인의 신분이긴 하나 유가교육을 체계적으로 받은 학자 출신이기 때문에 다분히 유가적인 가치관을 소유하고 상업행위를 하는 경우에 있어서도 유가적인 실천 범규를 벗어나지 않는다. 포송령(蒲松齡)은 ≪요재지이(聊齋志異)≫의 상인소설 속에서 오로지 이익만을 추구하고 의리를 저버리는 악한 상인들의 형상도 많이 묘사했으나 유상의 경우는 이러한 악한 상인의 형상이 나타나지 않는다. 오히려 그들은 유가의 인(仁), 의(義), 예(禮), 지(智), 신(信)의 덕목을 장사를 할 때도 실천하고 다른 사람을 속이지 않으며 선행을 베푸는 바람직한 형상으로 그려진다. 그들은 직업적으로는 더 이상 유생이 아니지만 출신과 교육으로 인해 뼛속까지 유생의 품성과 인격을 유지한다.

<유부인(劉夫人)>의 염생(廉生)은 유부인의 부탁으로 인해 글공부를 내려놓고 행상을 하게 되지만 그녀가 투자한 돈을 멋대로 횡령하지 않고 오히려 노복에게 상금으로 하사하는 한편 유부인을 위해 묘를 새로 정비한다. 또한 그녀의 손자들인 형경, 옥경의 가족들을 돌보고 옥경이 도적에게 잡혀가자 형경과 힘을 합쳐 옥경을 구해내고 옥경이 죽자 그 처자식들을 돌봐준다. 나중에 염생은 거인(擧人)이 되었고 그의 자손들은 몇 대에 이르도록 왕후장상에 버금가는 부귀영화를 누렸다.

<소이(小二)>에서는 매력적이고 능력 있는 여성 유상(儒商)인 소이가 등장한다. 소이는 나이 여섯 살 때부터 오빠 장춘(長春)과 함께 선생에게서 글을 배웠고 오년 만에 오경(五經)을 통달할 정도로 영민한 여성이었다. 전란에 휘말린 가족이 주살(誅殺)당하자 오빠 장춘의 어린 아들과 남편 정생을 데리고 익도현(益都縣)으로 이사해 유리공장을 세운다. 소이의 뛰어난 경영능력과 용인술(用人術)로 유리공장은 성공을 거두고 주위 마을 사람들이 가뭄에 굶어 죽거나 놀고먹는 무뢰배가 없도록 선행을 베푼다.

유상의 두 번째 특징은 비록 이들이 상업계에 진출했으나 본인들이 읽고 배웠던 학문을 잊지 않고 시를 읊거나 문장을 짓는 작업을 멈추지 않는다. 즉 고상한 풍모와 취미를 가지고 오로지 돈만을 위해 천박하게 살아가는 일반 상인들과 구별되는 형상을

구축한다. 현대사회에는 이러한 유상들의 모습이 갈수록 많아지고 있다. 샐러던트(샐러리맨 + 스튜던트)라는 말이 생길 정도로 공부를 게을리 하지 않으면서 샐러리맨 생활을 하는 사람들과 경쟁에서 살아남기 위해서라도 지식을 얻으려는 사람들이 많아지고 있다. 지식경제사회에서 당연히 필요한 요소이다. 그러나 유상의 모습은 지식의 습득 뿐 아니라 윤리적인 측면의 의미가 더욱 강하다. 아무리 많은 지식을 갖고 있다 하더라도 그가 경영하는 방식과 수단이 불법적이고 자신만을 위하거나 공익에 위배된다면 이들을 유상이라고 할 수는 없다. 단지 장사치나 무뢰배일 뿐이다. 갈수록 윤리의식이 없어지고 있는 현대 경제계에서 윤리경영과 상도덕의 중요성이 강조되고 있다. 이와 같은 상황에서 이상적인 인간형이 바로 유상이라고 볼 수 있다.

<백추련(白秋練)>에서 모섬궁(慕蟾宮)은 아버지의 충고를 따라 글공부를 그만두고 장사를 하는 전형적인 유상(儒商)이나 장사를 하기 위해 타고 가는 배 안에서도 무료할 때면 언제나 맑게 목청을 뽑아 글을 읽곤 했다. 또한 장사 도중 하룻밤 묵기 위해 여관에 갔을 때도 책을 꺼내들고 시를 읽었다. 그의 글 읽는 소리는 낭랑하면서도 음절이 분명해 매우 듣기가 좋았다. 모섬궁의 글 읽는 모습을 몰래 지켜보던 백추련(白秋練)이 모섬궁을 짝사랑하게 됐고 서로가 연모하며 병이 들었을 때 시를 읊어주며 번갈아 상대방의 병을 치료해주는 낭만적인 스토리를 전개한다.

<유부인(劉夫人)>의 염생(廉生)은 유부인의 부탁을 받아 장사

를 하고 은혜에 보답을 하는 성실한 유상(儒商)으로 어느 정도 사업에 성공을 거두면서도 손에서 책을 놓지 않았고 주위 사람들을 잘 보살피고 편안한 생활을 이룰 수 있게 되자 과거시험을 봐서 합격한다.

<뇌조(雷曹)>의 악운학(樂雲鶴)은 과거시험에 계속 떨어지자 어쩔 수 없이 상인의 길을 걷게 되지만 자신의 아들인 성아(星兒)가 대신 꿈을 이뤄주기를 바란다. 성아는 다행히도 아버지의 기대를 저버리지 않고 열여섯 살에 진사시험에 합격한다.

유상들은 대부분 생활의 궁핍이나 경제적인 필요에 의해 학자의 길을 포기하고 상인의 길에 들어선다. 이 때문에 여전히 가슴 한구석에는 학자의 지위에 대한 동경을 갖고 있고 언젠가 다시 유생의 길로 들어서기 위한 준비를 게을리 하지 않는다. 비록 자신이 실현을 못하더라도 아들 대에서라도 실현해내고야 만다. 아무래도 당시 시대상황으로 볼 때 오로지 상인을 목표로 적극적으로 상업의 길에 들어선 유생들은 드물었다. 어쩔 수 없는 사회조건이나 경제적 조건 때문에 상인의 길로 들어선 유생이 대부분이었으므로 그들의 지향점은 일반 상인과 다를 수밖에 없었다. 결국은 기회를 얻지 못해 다시 유생의 길로 돌아가지 못한다 하더라도 그들은 바른 품성과 지혜로 일반 상인들과는 차별되는 성공과 업적을 쌓는다.

과연 이시대의 유상은 어떤 모습일까? 진정한 유상이 현대사회에서 존재하는가? 이러한 질문에 대한 대답은 역설적으로 유가의 전통이 없는 서양사회에서 더 많이 찾을 수 있다. 막대한 부를 쌓았으나 많은 재산을 공익재단에 기부하고 사회의 발전을 위해 기금을 사용하며 후계도 자신의 혈육이 아닌 능력 있는 후보를 이사회에서 결정해 전해주는 민주적이고 양심적인 기업가들이 미국, 유럽사회에서는 많이 나타난다. 경제중심의 현대사회에서는 기업가들이 이 시대의 영웅이자 롤 모델(Role model)들이다. 서양의 기업가들은 이와 같은 사회적 역할을 인식하고 모범적인 경영을 하는 경우가 많다. 즉, 유상의 전형적 모습을 구축하고 있다.

그러나 아시아적 가치와 대표적인 윤리철학이라고 볼 수 있는 유가의 전통을 지니고 있는 중국과 한국의 기업가들은 그렇지 못한 사례가 많다. 여전히 자신의 일족을 위해 이익을 착취하고 전근대적인 혈연위주의 경영이나 세습을 하며 탈세, 비자금, 뇌물 등 불법적인 행태도 서슴지 않는다. 이들에게 기업체는 자신의 사리사욕을 채우기 위한 금고에 불과하고 그 곳에서 일하는 직원들은 단지 노예나 머슴에 불과하다.

더욱 놀라운 것은 직원들조차도 머슴이나 노예를 자임한다는 것이다. 매달 꼬박꼬박 나오는 월급에 취해서 말이다. 이러한 왜곡된 관행과 제도는 하루속히 개선되고 개혁돼야 한다. 이를 개혁할 동력은 힘없는 직원들에 있지 않다. 경영자 층에서 현대판 유상들이 속속 출현하고 자신의 일터를 개혁해야 전체 제도가 변화한다. 현대판 유상들이 출현할 수 있도록 경영자들을 계도하고 교육할 사람들은 누구인가. 바로 인문학자들이라고 볼 수 있다.

(4) 악한 상인(惡商)

앞의 장에서는 양상(良商), 여상(女商), 유상(儒商) 등 상인의 긍정적인 유형을 소개했지만 실제 중국을 대표로 하는 아시아 사회에서는 고금을 막론하고 악상(惡商) 즉 악한 상인들이 더 많았다. 앞에서 유상을 강조하는 현상은 실제 사회에서는 악상들이 더 팽배했다는 것의 반증이다. 돈을 벌고 이익을 추구하기 위해 살벌한 경쟁을 펼쳐야 했던 상인들의 입장에서 윤리도덕을 강조하고 다른 사람을 위해 희생하는 정신을 바란다는 것은 그야말로 소설 속에서나 나올 수 있는 얘기였다. 어찌 보면 이상과 목표보다는 그날그날 먹고 살기 위해 아둥바둥 살아가는 유형들이 더 많았다.

그러나 선진화되고 체계적이며 다양한 문화가 존재하는 사회에서는 상인들이 더 이상 악랄하게 이익만 추구한다기보다는 사회공익에 더 관심을 갖게 되고 자선을 베푸는 경우가 많다. 즉 선진사회가 양상을 더 많이 배출한다고 볼 수 있다. 악상들은 법률이나 제도적 장치 등으로 인해 갈수록 자리 잡기 힘들고 사회에서 배제되는 경우가 많다. 즉, 악상의 존재여부가 그 사회의 선진성과 문화적 다양성을 가늠하는 기준이 될 수 있다.

≪요재지이(聊齋志異)≫에서 나오는 악상들은 포송령의 사회와 문화에 대한 비판의 수단으로 사용되는 배역들이 많다. ≪요재지이(聊齋志異)≫에서는 <궁몽필(宮夢弼)>, <금릉을(金陵乙)>, <인침(紉針)>, <운취선(雲翠仙)>, <이상(二商)>, <저생(褚生)>, <종리(種梨)>, <곽녀(霍女)>, <세후(細侯)>, <건상채(蹇償債)>,

<김영년(金永年)>, <갈객(蠍客)>, <왕성(王成)>, <뇌조(雷曹)> 등 총 14편에서 악상(惡商)들의 모습을 형상화했다. 그러나 대부분 고전소설의 특성상 인과응보, 권선징악적인 결과로 악행을 일삼는 상인들이 종국에는 처벌받고 불행을 면치 못한다는 구조로 구성돼있다.

<궁몽필(宮夢弼)>의 이사씨왈 부분에서 포송령은 인색한 수전노 상인의 행위를 아래와 같이 비판했다.

> 시골의 어떤 부자가 재물을 쌓아놓고도 더 모으고 싶어 안달이 났다. 몰래 움을 파서 수백 냥이나 되는 돈을 묻어놓고는 남들이 알까봐 일부러 다 해진 옷을 입고 쌀겨와 밀기울만 먹으며 자신의 가난을 과시했는데, 친척이나 벗이 어쩌다 방문을 해도 제대로 대접하는 일이 없었다. 어떤 사람이 그의 집은 가난하지 않다고 말하자, 그는 벌컥 성을 내며 눈을 치켜뜨고 마치 불구대천의 원수와 마주친 것처럼 굴었다. 늘그막에는 매일 느릅나무 껍질만 한 줌씩 벗겨 먹어 팔가죽의 주름살이 한 치나 늘어질 정도였지만 숨겨둔 은을 꺼내 쓸 생각은 전혀 하지 않았다. 나중에 점차로 쇠약해져 거의 죽을 지경이 되었을 때 두 아들이 아버지를 둘러싸고 돈의 행방을 물었지만, 그는 여전히 얼른 입을 열지 않았다. 어느덧 그는 자신이 진짜로 죽는다고 느끼게 되었고 그제서야 아들에게 이야기해 줄 마음이 생겼다. 하지만 그때는 이미 혓바닥이 굳어버려 소리가 나오지 않았으므로 그는 다만 주먹으로 가슴을 쥐어뜯고 헉헉 가쁜 숨만 몰아쉴 따름이었다. 그가 죽자 자손들은 관 살 돈을 마련할 길이 없어 시체를 멍석에 말아 묻어버렸다. 오호라! 땅속에 돈을 묻고 부자라고 생각한다면 그 재산

이 아무리 많아도 어떻게 내 것이라고 말할 수 있겠는가? 정말 한심한 노릇이다![86]

어떻게 보면 코믹스러운 내용으로 한 시골 수전노에 대한 비판을 하며 재물만을 위해 살아가는 악한 상인을 풍자하고 있다. 극단적인 자린고비 노릇을 하며 돈을 모았으나 제대로 써보지도 못하고 결국에는 죽어서 멍석에나 말려 장례를 치르는 신세가 됐을 뿐이라는 대목은 가장 강렬하게 풍자하는 대목이다. 악한 상인들의 공통된 특징은 탐욕, 냉정, 이기적인 성격의 소유자라는 것이다. 남을 위해서 돈을 쓰는 것을 아까워하고 소비하더라도 올바른 방향이나 건전한 소비를 하지 못한다.

포송령의 작품 속에서는 이와 같이 인색하고 성품이 좋지 못한 악한 상인들 즉, <임수(任秀)>의 신죽정(申竹亭), <금릉을(金陵乙)>의 금릉을(金陵乙), <운취선(雲翠仙)>의 양유재(梁有才), 주모(周某), <궁몽필(宮夢弼)>의 시골 부자 같은 인물들이 선명하게 묘사돼있다. 포송령은 비록 상업에 대해 긍정적인 태도를 견지했으나 윤리도덕을 상실하고 청나라 초기 상업발전에 힘입어 온갖 방법을 가리지 않고 자신의 이익만을 위해 살아가는

86 鄕有富者, 居積取盈, 捜算入骨. 窖鏹數百, 惟恐人知, 故衣敗絮, 啗糠粃以示貧. 親友偶來, 亦曾無作鷄黍之事. 或言其家不貧, 便瞋目作怒, 其仇如不共戴天. 暮年, 日餐榆屑一升, 臂上皮摺垂一寸長, 而所窖終不肯發. 後漸尫羸. 瀕死, 兩子環問之, 猶未遽告, 迨覺果危急, 欲告子, 子至, 已舌蹇不能聲, 惟爬抓心頭, 呵呵而已. 死後, 子孫不能具棺木, 遂藁葬焉. 嗚呼, 若窖金而以爲富,則大帑數千萬, 何不可指爲我有哉. 愚已. (포송령 저, 장우학 집교, 권3 <궁몽필>, ≪요재지이회교회주회평본≫, 상해 : 상해고적출판사, 1995년 6월, 395-396쪽)

저급하고 악한 상인들의 군상들을 목격하며 이에 대한 비판도 강하게 했다. 시대가 거듭되고 세월이 흐르며 사회가 발전하더라도 인간의 본성과 본질은 크게 변화하지 않는다. 당시의 탐욕과 부패의 문제가 400년이 흐른 현대에서도 똑같이 발생하고 인류의 윤리학자와 사상가들은 이러한 문제들을 해결하기 위해 고민한다.

포송령의 작품 속에서는 비교적 다양한 악한 상인들의 형상이 세밀하게 그려지고 있다. <운취선(雲翠仙)>의 양유재는 등짐장사로 연명하는 작은 상인에 불과했으나 아름다운 아내 운취선을 만나 행복하게 살 수 있는 기회가 있었음에도 불구하고 재물에 대한 욕심 때문에 아내를 기녀로 팔려고 했다가 불우한 말로를 걷게 되는 전형적인 악한 상인이다.

<금릉을(金陵乙)>에서는 돈을 벌기 위해 술에 독을 섞어 팔던 금릉을이 도사의 주문에 걸려 여우로 변한 후 비참하게 죽어가는 모습을 그렸고 <인침(紉針)>에서는 갖은 방법으로 아름다운 왕심재의 딸 인침을 첩으로 삼으려는 고리대금업자 황씨가 나오며 <세후(細侯)>에서도 아름다운 세후를 얻기 위해 세후의 애인인 만생(滿生)을 감옥에 가두고 만생이 죽었다 거짓말하는 등 수단 방법을 가리지 않는 탐욕스런 부자상인이 등장한다.

<이상(二商)>에서는 아내의 말에 홀려 동생을 나 몰라라 하며 인색하게 대하다가 끝내 죽음에 이르는 우둔한 대상(大商)이 나오고 <저생(褚生)>에서는 가난한 저생(褚生)을 위해 학비를 빌려주려는 진생(陳生)을 두고 멍청이나 다름없다고 질타하는 진

생의 아버지가 등장한다. <종리(種梨)>에서는 배 한 개를 적선하지 않고 욕심을 부리다 결국은 한 수레 가득한 배를 모두 잃어버리는 인색한 배장수가 나오며 <곽녀(霍女)>에서는 경망스럽고 여색을 밝히다가 결국은 곽녀에 의해 패가망신하는 주대흥(朱大興)이 묘사된다.

위 작품들 외에도 <건상채(蹇償債)>, <김영년(金永年)>, <갈객(蠍客)>, <왕성(王成)>, <뇌조(雷曹)> 등에서 품행이 좋지 못하고 이기적인 악상(惡商)들이 등장하나 이들은 대부분 말미에서 비참한 죽음을 맞거나 패가망신하는 다분히 권선징악적인 스토리의 대상이 되고 있다. 58편의 상인소설 중 14편에서 악한 상인들을 묘사했으나 이들은 주인공으로 나오지는 않고 주인공에 의해 타도되는 부가적 인물로 등장한다.

그리고 말미 이사씨왈(異史氏曰)이라는 포송령의 논평에서 통렬한 비판의 대상이 되는 점을 볼 때 반면교사의 역할을 부각함으로써 좀 더 상업윤리를 강조하고 세상에 권계하려는 포송령의 의도가 내포된 것이라고 볼 수 있다.

(5) 상인의 사회적 지위와 사회비판

명청(明淸)시대 상인의 사회적 지위는 전(前) 시대에 비해 상당히 격상됐고 유상(儒商)의 진입으로 인해 교양 또한 더해져 품격 있는 상인들도 많이 등장했다. 이로 인해 상인들을 이전처럼 함부로 무시하지 않았고 심지어 상인들을 존경의 시선으로 보는 경우도 많아졌다. ≪요재지이(聊齋志異)≫에서도 이러한 사회적 분위기가 반영돼 비록 일부 저열한 상인들도 묘사하고 포송령 자신이 이들에 대해 신랄히 비판하기도 했으나 포송령의 상인소설 58편의 주인공들은 대부분 긍정적인 시각으로 묘사됐고 사회적 지위도 낮지 않았음을 짐작할 수 있다.

<연성(連城)>편에서 어려서부터 재능과 인품으로 명성이 높고 의기(義氣)가 강한 유생 교년(喬年)이 나오는데 아름다운 규수 연성의 아버지인 사효렴(史孝廉)은 교년보다는 소금장수의 아들 왕화성(王化成)에게 딸을 시집보내고자 한다. 이유는 단 한 가지, 교년의 집안이 찢어지게 가난한 반면 왕화성은 부유한 상인의 아들이었기 때문이다. 이후 스토리는 아버지의 반대에도 불구하고 연성이 교년을 사랑해 많은 어려움을 이겨내고 둘의 사랑을 이뤄낸다는 해피엔딩으로 끝나지만 시사하는 바는 크다.

즉, 일반적으로 생각하는 사윗감으로 교양 있는 유생 교년보다는 돈 많은 왕화성이 훨씬 인기 있는 사윗감으로 묘사된다는 점이다. 당시 시대 분위기로는 허울만 좋고 실속은 없는 유생보다는 돈 많은 상인의 인기나 지위가 더 높았다는 점을 간접적으로 드러내고 있다. 이는 이전에 저작된 소설의 내용과도 대비가 된다.

당(唐)나라 때 씌어진 ≪이왜전(李娃傳)≫에서는 기생 이왜가 비록 가난하지만 학식 있는 선비를 사랑해 오로지 낭군의 성공을 염원하며 아낌없이 도와주고 결국은 선비가 과거에 급제해 영달한다는 스토리 구조로 이뤄져 있다. 이와 같은 스토리 구조는 당(唐)나라 전기소설(傳奇小說)에 천편일률적으로 등장하는 것으로 여주인공은 돈보다는 명예를 좇는 즉, 상인보다는 유생을 선택하는 경우가 대부분이었다. 그러나 청나라의 소설은 다르다. 여성이 유생보다 상인을 선택하기도 하고 허위의식과 명분만 중요시하는 유생을 답답하게 여겨 훈계하는 내용도 나온다.

이와 같은 인식의 변화는 오늘날 현대 중국에서 더욱 빛을 발한다. 현대 중국사회에서는 상인, 즉 기업가가 이 시대의 영웅이자 이상적 인물로 형상화됐다. 그렇다면 한국사회에서는 어떠한가. 한국도 대기업 경영자들과 일부 성공한 벤처 기업가들은 선망의 대상이 되고 있으나 여전히 한국에서는 상인들에 대한 잠재의식 속의 경시풍조가 남아있다. 실질보다는 명분과 형식에 치우쳐 공직이나 관료를 지향하는 경우가 많다. 아직도 한국 사회에서는 기업체에 취직하기보다는 공무원 시험을 봐서 안정적인 공직으로 진출하겠다는 젊은이들이 많은 점도 이와 같은 풍조를 여실히 보여준다.

유가사상은 그 시작부터 고매한 형이상학을 논하고 이상론에 치우친 철학체계가 아니었다. 단지 당시 사회에서 살아가야 할 규율을 정하고 권력을 잡으면 백성을 어떻게 계도하고 다스려야 하는지를 다룬 통치윤리가 대부분이었다. 이 때문에 사람과의 관계를 평등하고 자유로운 형태로 보는 것이 아니라 지도하고 복종하는 대상이 있는 상하관계를 강조한다. 종법관계를 정하고 왕이 해야 할 일을 논한 왕도치세의 논리가 대부분이다.

이와 같은 아시아적 가치를 이어가고 있는 한국, 중국, 일본, 베트남 등은 각자의 방식으로 근대화하고 사회체계를 만들었으나 아직도 인간과의 관계는 왜곡된 경우가 많다. 중국, 일본의 경우 같은 유가라 하더라도 좀 더 현실적인 가치와 인간의 감성들을 더 중요시하는 양명학, 심학계열의 유가도 같이 발전하고 베트남의 경우 중국적 전통을 단절하는 극단적 방법을 썼으나 한국은 오로지 주자학만 유일사상으로 극존하고 명분, 형식 위주의 보학(譜學), 예학(禮學)에만 치우친 특징을 보인다.

이 때문에 한국은 유난히 상인에 대한 경시와 관료에 대한 존중의 태도가 강하다. 관료의 영어 표현은 Public servant로서 공복(公僕), 즉 공공의 하인이라는 뜻인데 우리나라에서는 본인들에게 세금으로 월급을 주는 일반 서민을 하대하고 위에서 군림하려는 Public lord 같은 공무원들이 많이 보인다. 이는 개개인의 문제가 아니라 사회관습과 문화의 문제이다.

중국과 일본에 다양하게 존재하고 이상적 인간형으로 문학작품에도 자주 표현되는 협객과 상인은 한국의 고전문학작품에서는 단 한 차례도 주인공으로 등장하지 않는다. ≪홍길동전≫의 홍길동은 양반 출신의 반역적인 인물이었고 ≪일지매전≫의 일지매도 송나라 화본소설의 한 인물유형을 모방한 것에 지나지 않고 정통 고전문학은 아니었다. 극단적인 문화편향이다. 한국의 전통사회에서는 상인과 협객이 한 번도 사회의 주류로 등장하거나 존중받지 못했기 때문이다.

포송령이 쓴 ≪요재지이(聊齋志異)≫를 살펴보면 문학작품으로서 서사구조나 플롯이 엉성하고 문학작품으로 보기도 힘든 간단한 기록에 불과한 작품들도 많다. 포송령이 ≪요재지이(聊齋志

異)≫를 쓴 목적은 본인이 위대한 문학자가 되고 엄청난 걸작을 남기기 위해서 쓴 것이 아니라 오로지 본인의 소일거리, 또는 당시 뜻을 이루지 못한 시골 유생으로서 사회를 간접적으로 비판하기 위한 면이 크다.

본인이 직접 겪어보지 못하면 사회를 비판하거나 고통 받는 서민들의 입장에서 생생한 글을 쓰기 어렵다. 모든 글과 사상, 정책 등은 본인의 경험과 가장 큰 관계가 있다. 오로지 생각과 느낌, 책을 통한 유추로만 글을 쓰고 정책을 만든다면 이는 뜬구름 잡거나 현실과 관계가 없는 얘기들만 난무할 뿐이다. 이 때문에 한국의 정치가나 입안자들이 교수 출신이거나 법조인 출신이 대부분인 경우는 상당히 문제가 크다. 이들은 처음부터 갑의 위치에서 사회생활을 시작했기 때문에 고통 받는 을의 비애와 사회문제를 실감하기 힘들다.

포송령은 사회 모순 중에서도 특히 관료의 부패와 무능을 질타했다. 청대 초기에는 명대의 부패한 관료들이 아직 제대로 청산되지 못하고 그대로 남아 민생을 유린하는 현상들이 많았기 때문에 포송령은 이들 관료에 대한 비판의 날을 세웠다. 근대 자본주의 학자들은 경제와 정치는 큰 관련성이 없이 경제 자체의 논리에 따라 발전 또는 쇠퇴를 한다고 생각했으나 현대 들어갈수록 정치와 경제가 깊은 관련성이 있다고 보는 견해가 지배적이다. 즉, 정치가 맑고 청렴한 사회일수록 경제가 발전하고 사회의 공정한 분배와 선순환이 이뤄진다. 특히 정경유착이 심하고 관계의 경제 지배현상이 농후한 중국과 한국사회에서는 경제발전을 위해서는 정치 선진화가 급선무라고 볼 수 있다.

≪요재지이(聊齋志異)≫의 <효조(鴞鳥)>편은 강희 을해년(강희 34년, 1695년) 산동성 장산현령(長山縣令)이 주촌(周村)에 상인들이 운집하는 것을 보고 사병(私兵)들을 동원해 모든 노새, 나귀들을 약탈해가는 만행을 부리는 것을 묘사한다. 구체적으로 년도까지 쓴 것을 보면 포송령이 비슷한 사건을 목격하고 소설로 쓴 것임을 유추해볼 수 있다. 이후 한 젊은 상인이 현령을 조롱하고는 부엉이가 돼 훨훨 날아간다는 허구로 각색했으나 구체적 지명과 년도를 볼 때 당시 지방관들의 시장 장사꾼들에 대한 횡포나 갈취가 횡행했다는 것을 알 수 있고 포송령은 말미에서 이에 대해 통렬하게 비판하고 있다. 봉건왕조의 지방관이나 현대사회의 관료들은 비슷한 점이 많다.

특히 한국, 중국 사회에서의 관료들은 그들이 민주적인 절차로 선출됐든 정부에서 지명됐든 관료가 되면 서민들을 위해 봉사한다는 마음보다 군림하고 지배하려는 감투의식이 강해진다. 서양의 민주체제를 받아들여 선출직으로 바꾼 한국사회에서도 여전히 이러한 강한 감투의식을 갖고 있는 시의원, 도의원 및 지방공무원들을 볼 수가 있다. 즉, 2017년에 화두가 됐던 '대중들은 개돼지와 같다, 레밍과 같다, 본인(시의원)은 늑대(시민)들을 이끄는 늑대왕과 같다'라는 수준이하의 발언들이 모두 공무원들의 대중들에 대한 평가 와중에 나온 발언들이며 이를 통해 그들의 잠재의식과 대중을 바라보는 시선을 알 수 있다.

이와 같은 인식은 개인의 인격수양 부족, 열등한 품성과 직결되겠지만 뿌리 깊은 유가적인 상하의식, 관료의식에서 나온 생각들이라고 볼 수 있다. 여전히 고리타분한 생각을 갖고 있는 사람들은 관료가 돼야 사회에서 성공했다고 인식하고 고위직에 오르면 우선 찾는 것이 관용차, 법인카드, 뱃지인 것을 봐도 이들은 공복으로서의 의무나 책임보다도 부차적인 권위와 과시를 더욱 즐기려는 본능이 잠재돼있다. 이들을 공복으로 뽑는 유권자들의 수준도 문제가 있으나 우선 이들이 후보로 나오지 못하게 제도적 장치를 마련하거나 이들의 정신개조가 시급하다. 어쩔 수 없이 뽑혔다 하더라도 나중에 자질 없는 정치인을 퇴출시킬 수 있는 국민소환제 등도 필요하다.

우리 사회를 지배하고 있는 정신문화는 종교, 좌우익 정치이론 밖에 없으나 좀 더 다양한 철학적 사유와 인문학 운동이 필요하다. 특히 유가문화 전통이 강한 한국사회는 유가사상을 철저히 분석하거나 유가사상으로부터 출발한 정신교육이 필요하다. 그렇다고 대학에 있는 딸깍발이 서생들처럼 자기들 밥그릇 지키자는 차원에서 '한자교육을 시켜야 한다, 고전이 좋은 것이여'라는 틀에 박힌 소리는 하고 싶지 않다.

다만 우리가 살고 있는 현대사회를 좀 더 유연하고 자유롭고 개방적인 사회로 만들기 위해 이성에 부합하지 않고 투쟁만 일으킬 수 있는 종교나 좌우익 정치이론보다는 유가사상에 기초를 둔 한국인의 정신분석 또는 정신개조를 할 필요가 있다는 것이다. 가령 유가에서 얘기하는 예의는 상하관계에 대한 예의에 중

점을 뒀으나 현대적 유가해석은 상하보다는 상내를 배려하는 예절 형식으로 개선해야 할 것이다.

포송령(蒲松齡)이 사례로 든 잘못된 정책과 관료들에 의해 민생이 고통을 받는 내용이 <왕십(王十)>에서도 나온다. <왕십(王十)>에서는 잘못된 소금정책에 대해 신랄히 비판하는데 특히 이사씨왈(異史氏曰)의 평론 부분에서 본문의 내용보다 더 많은 부분을 할애해서 염전(鹽田)정책에 대해 분석하고 비판한다.

> 소금의 정치를 논해 보련다. 조정에서는 사염을 공공의 이익에 반하는 행위라고 규정하지만, 관리와 소금상들은 자신들 개인의 이익에 부합하지 않는 경우를 일컫는다. 요사이 제(齊)와 노(魯) 지방에는 새로운 법률이 생겼다. 점포를 연 지방의 소금상이 제각기 자신의 관할 구역을 지칭하는 경우로서 이 법에 따르면 비단 한 고을의 백성이 다른 고을로 소금을 사러갈 수 없을 뿐만 아니라 어느 점포의 구역에 속한 백성은 다른 점포로 소금을 사러 가는 것도 금지되었다. 하지만 소금상들은 암암리에 미끼를 던져 다른 고을 백성들을 유인하는데, 딴 고을 백성에게 팔 때는 염가로 주고 제 고장 사람에게는 두 배가 되는 값으로 바가지를 씌우는 것이 예사였다. … (중략) … 오호라! 위로 어질고 자비로운 스승이 없어 간교한 상인의 농간대로만 법률이 시행되니 하루가 다르게 풍속이 변하고 거짓이 횡행하는구나. 이런 상황에 교활한 백성들은 날로날로 잡초처럼 쑥쑥 자라니 양민들이야 어찌 날마다 말라 죽지 않을 수 있으리오![87]

87 鹽之一道, 朝廷之所爲私, 乃不從乎公者也, 官與商之所謂私, 乃不從乎其私者也. 近日齊魯新規, 土商隨在設肆, 各限疆域. 不惟此邑之民, 不得去之彼邑, 卽此肆之民, 不得去之彼肆.

위의 글을 현재 대한민국 한 신문사설에 넣어도 전혀 손색이 없을 정도로 당시 사회의 부패상이 현대 한국 사회의 부패상과 닮아 있다. 일부 소수의 무리들이 부패한 관계와 결탁해 사익을 편취하고 억울한 양민을 괴롭히는 것은 인간의 본성인가. 이와 같은 부패상은 몇백년 전에도 현재도 미래에도 계속 발생할 수밖에 없는 인간사회의 숙명인가. 좀 더 고민해볼 숙제이나 아무튼 400년 전 청나라 사회에서도 소수의 기회주의 세력들이 국정을 농단하고 서민들을 고통에 빠뜨리는 문제들이 횡행했다.

포송령은 이와 같이 작품 속에서 소설의 형식으로 간접적으로 묘사하거나 작품 말미 평론 부분에서 좀 더 직접적으로 사회비판을 하기는 했으나 그에 대한 해결책, 대안을 제시하지는 못했다. 그도 그럴 것이 그는 당시 시골의 한갓 힘없는 유생에 불과해 설사 대안을 갖고 있다 하더라도 실행할 수 없는 위치에 있었으며 당시 사회의 부패와 인간의 탐욕 문제는 현재도 마찬가지지만 한두 개 정책으로 치료할 수 없는 근본적 문제이기도 했다.

而肆中則潛設餌以釣他邑之民, 其售於他邑, 則廉其直, 而售諸土人, 則倍其價以昻之. …(중략) … 嗚呼, 上無慈惠之師, 而聽奸商之法, 日變匸詭, 奈何不頑民日生, 而良民日死哉. (포송령 저, 장우학 집교, 권11 <왕십>, ≪요재지이회교회주회평본≫, 상해 : 상해고적출판사, 1995년 6월, 1560-1562쪽)

3. 포송령 잡저(雜著)에 표현된 경제관

포송령은 ≪요재지이(聊齋志異)≫외에도 다양한 장르의 작품을 저술했다. 시(詩), 사(詞), 곡(曲) 등 정통문학작품 뿐 아니라 생활신변의 내용과 관심사를 다룬 실용성이 강한 잡문(雜文)도 많이 썼다. 잡문은 일정한 형식이 정해지지 않은 산문성 작품들을 통칭하고 그 내용 또한 광범위하기 때문에 작가의 사상과 경향을 가장 핍진하게 드러낼 수 있는 수단이라고 볼 수 있다. 특히 잡문들은 출판이나 공개를 목적으로 하지 않고 개인소장이나 기록용으로 작성한 것들이 많기 때문에 각색하지 않은 작자의 생각을 그대로 드러내는 서사양식으로 활용된다.

그러나 포송령은 잡문에서 본인의 상업의식이나 상업 관련 분석 또는 사회비판 관련 내용을 많이 언급하지는 않았다. 오히려 직접적인 논설이 불가능하고 비현실적인 내용이 다분한 소설 ≪요재지이(聊齋志異)≫에서 상업 관련 내용을 많이 언급했고 직접적인 논설이 필요한 경우 이사씨왈(異史氏曰)이라는 작품 말미의 평론 부분을 자주 활용했다.

포송령의 잡문에는 상업관련 내용보다 농업, 양잠, 약초 재배법 등 실학 위주의 저술이 많은 비중을 차지하고 있다. 즉, 당시 경제토대의 중요한 축을 담당했던 농업에 대한 내용을 많이 저술함으로써 자신의 경제관, 직업관을 드러냈다. 당시 봉건사회에서는 경제의 대부분은 농업이라고 볼 수 있다. 중국 인구의 90% 이상이 농민이었고 상업, 공업에 종사하는 인구는 많은 비중을 차지하지 못했다. 이 때문에 민생과 더 긴밀한 관계를 갖고 있는 산업이 상업보다는 농업이었고 농업에 대한 관심이 그의 잡문의 저술 동기로 이어졌다.

그의 잡저(雜著)는 <역일문(歷日文)>, <성신어록(省身語錄)>, <역자문(歷字文)>, <일용속자(日用俗字)>, <가정외편(家政外編)>, <가정내편(家政內編)>, <농상경(農桑經)>, <약수서(藥祟書)>, <회형록(懷刑錄)> 등 총 9편으로 이뤄져 있고 이 중 <일용속자(日用俗字)>, <가정외편(家政外編)>, <가정내편(家政內編)>, <농상경(農桑經)>, <약수서(藥祟書)> 등 다섯 편이 농업, 양잠업, 축산업, 약학, 수공업 등 실학적인 내용을 담고 있다. 특히 <가정외편>의 서문에 책의 저술목적이 '노동하는 사람들을 위로하고 돕기 위해서(慰藉勞人)'라고 밝히며 일반 서민들이 생업을 하는 과정에서 필요한 상식과 노하우들을 실학적인 관점에서 집필하고 저술했다. 중국 사회주의 학계에서는 이러한 대목을 노동을 중요시하고 노동계급을 찬미하는 사회주의 경제적 요소를 갖추고 있다고 과대해석하고 견강부회하는 논조들도 있으나 당시 노동하고 생업을 영위하는 서민들의 입장에서 저술한 작품이라는 점은 부인할 수 없다.

포송령의 위대함은 ≪요재지이(聊齋志異)≫보다는 이와 같이 민생을 위해 쓴 실학적인 잡저가 더 가치 있다고 볼 수 있다. 당시 다른 문인들도 모두 시, 산문, 사, 곡 등의 문학 외에도 신변잡기적인 문언소설을 저술했으나 대부분 자기향유, 소일거리 등으로 활용한 성격이 강했다. 실학적인 과학서나 생활경제 서적은 거의 저술하지 않았다. 여전히 저술의 폭이 문학의 범주나 정치적 견해를 다룬 의론문(議論文)에만 치우쳐 있었고 농업서적이나 과학서적은 저술하지 않았다. 포송령 역시 다양한 시, 사, 곡, 산문 및 후대에 위대한 문언소설이라고 평가받는 ≪요재지이(聊齋志異)≫까지도 저술했지만 그의 다른 문인들과의 차별점은 다양한 생활경제를 다룬 잡저를 집필했다는 것이다.

그의 잡저들 중 <농상경(農桑經)>은 농업과 양잠업의 경험과 기술에 대해 다루고 있고 <약수서(藥祟書)>는 의료혜택을 제대로 받을 수 없는 서민들을 위해 약초나 약방문에 대해 기술하고 있는 등 순전히 서민들의 민생과 편의를 위해 저술한 실용서적이며 <일용속자(日用俗字)> 역시 농업생산 관련 지식과 가내수공업에 대한 지식을 편집한 책이다. 이와 같은 실용서적을 문인들이 작성하는 것은 청대 후기 실학사상과 경세치용 사상이 강해지면서 많이 나타났으나 청대 초기에는 흔치 않았다. 아무래도 당시 사대부들의 저술경향은 고상하고 우아한 시, 사, 산문 등 순수문학 장르에만 편중됐고 소설마저도 통속적이라고 잘 저술하지 않았다. 하물며 이와 같은 실용서적들은 당시 관련업종에 종사하고 있는 인력들 외 정통 문인들은 거의 관심조차 없는 분야였다.

포송령의 잡저가 상업보다는 농업 관련 내용이 많은 것은 당시 산동지역의 상업이 발전하고는 있었으나 대부분의 서민들은 농업 종사자들이었고 당장 상업으로 전직하기는 힘든 일이었다. 이 때문에 당장 서민들의 생활수준과 경제상황을 개선할 수 있는 방법은 농업, 양잠업 및 가내수공업의 발전이라고 생각해 이에 대한 저술을 늘려갔다고 볼 수 있다.

<농상경(農桑經)>의 서문에서 포송령은 '가정의 중요한 일은 밖으로는 농사이고 안으로는 양잠이다. …(중략)… 비록 천하를 교화하지는 못하겠지만 자손에게 물려줄 수는 있다.'[88]라고 얘기하면서 천하를 다스리는 철학사상이나 정책을 얘기하는 것은 아니지만 가계를 꾸려나가기 위한 생활의 지혜를 싣고 있다는 점을 명확히 밝히고 있다.

<농상경>은 총 2만여 자(字)로 기록돼 있고 크게 농경(農經)과 상경(桑經) 두 부분으로 나눠진다. 농경은 다시 71칙(則)으로 나눠 중국 북방지역의 농업 관련 종식작물(種植作物), 종식과정(種植過程) 및 농업생산량을 늘리기 위한 지식, 방법 등을 총 망라하고 있다. 두 번째 부분은 양잠업에 대한 상경으로 뽕나무 재배방법부터 시작해서 양잠에 대한 각종 지식을 모두 수록하고 있다. 이와 같은 지식들은 포송령 본인이 직접 실험해보고 체득한 지식이라기보다는 당시 전해져오는 각종 객관적 방법들을 총 취합해 편집한 내용들이다.

<일용속자(日用俗字)>는 농업생산, 가내수공업 등과 관련한 지식을 편집한 작품으로 모두 31장으로 구성돼 있다. 이 중 목장(木匠), 니와장(泥瓦匠), 철장(鐵匠), 석장(石匠), 피장(皮匠), 은장

---

88 居家要務, 外惟農而內惟蠶. …(중략)… 雖不能化天下, 庶可以貽子孫云爾. (성위(盛偉) 집교, ≪포송령전집(蒲松齡全集)≫제3책, 상해 : 학림출판사(學林出版社), 1998년 12월, 247쪽)

(銀匠), 전장(氈匠), 재봉(裁縫), 양잠(養蠶), 양축(養畜) 등 10개 장(章)은 농업 외 대체산업, 가내수공업 등에 대한 지식 및 기술을 상세하게 기록하고 있다. 특히 전장(氈匠)의 경우 포송령이 살았던 치천(淄川) 용구촌(龍口村)에서 성행했던 방직업을 토대로 기록하고 있다.

<가정외편(家政外編)>은 경제적 가치가 있는 유실수를 식목하는 방법과 기르는 방법 및 가축, 가금류를 키우는 방법을 다뤘다. <가정내편(家政內編)>은 소규모로 할 수 있는 가내수공업을 다섯 개 부분으로 나눠 다뤘다. 즉, 서재아제(書齋雅制), 자화(字畫), 장황(裝潢), 진완(珍玩), 석보(石譜) 다섯 장이다. 서재아제 부분은 각종 색지(色紙), 화지(花紙)의 가공방법과 편지지, 인주, 도장, 벼루 등의 제작방법을 수록했다. 장황 부분은 주로 그림 표구방법을 다뤘고 자화는 고문자(古文字), 고화(古畵)의 감정방법을 다뤘다. 진완과 석보는 진주, 마노 등 보석 및 수석의 종류와 용도를 설명했다. 이 책은 수공업을 주로 다뤘으나 대상이 되는 제품은 주로 문화용품 위주였다. 아무래도 문인 신분인 포송령이 문화 관련 제품의 제작에 대해 더 관심이 많기도 했겠지만 당시 빠른 경제발전이 이뤄지던 청대 초기 사회에서 문화제품에 대한 수요도 급성장했음을 방증한다.

앞에서도 얘기했다시피 포송령의 잡문에는 직접적으로 상업의식과 상업관념에 대해 저술한 작품이 없지만 일반 민생과 서민들의 경제와 직접적으로 관련이 있는 농업, 방직, 수공업, 양잠업 등의 산업발전을 위한 기술, 연구개발 등의 내용이 주를

이룬다. 포송령의 입장에서는 민생을 살리기 위한 모든 산업을 경제로 봤고 철저한 실학주의의 관점에서 각 산업의 특장점을 분석하고 기술한 특색이 있다. 즉, 상업에 대한 관심도 컸으나 당시 중국의 대다수를 이루던 농민들이 모두 상업에 종사하는 것은 불가능했고 아직 상품경제, 자본주의 경제의 토대가 약했던 청나라 초기 사회에서는 민생의 삶의 수준을 높이기 위해서는 당장 상업보다는 농업, 방직, 수공업, 양잠업 등의 생산성을 높이는 것이 훨씬 더 효과를 볼 수 있었다.

비록 인류를 계도하고 고매한 사상을 논하는 철학서는 아니었으나 오히려 민생에는 훨씬 더 가치 있는 소소한 각 업계의 정보, 지식을 하나하나 정리하고 분석한 점을 볼 때 포송령의 실학주의적인 경제관, 민생위주의 경제관을 쉽게 짐작할 수 있다. 하지만 아쉽게도 포송령은 이와 같이 분석하고 이론으로 정리는 많이 했으나 이와 같은 지식을 직접 활용하고 써보지는 못했다. 즉, 본인이 직접 농업, 양잠업 등의 일에 종사하지는 않았다. 이와 같은 지식인들은 현대에서도 많이 볼 수 있다. 많은 이론과 정책으로 갑론을박하나 본인이 직접 실천하거나 현실에 적용해 본 지식인들은 흔치 않다. 포송령과 경우가 다를 수 있으나 이론과 현실의 접목 및 실천은 현대 지식인들이 깨야할 장벽이다.

중국인의 관념 속에서 공부(工夫)란, 책을 보는 학습 외에도 현실에서 실천하는 일, 경제활동을 위한 직업, 심지어 체력단련하고 무술 훈련하는 것도 공부라고 봤다. 사변적으로 흘렀던 조선시대는 오로지 책 읽는 것을 공부로 단정하고 문인우대 풍조를 강화했으나 실제로 사회를 변화시키고 먹거리를 만드는 계층은 제품을 제조하고 판매하는 상공인들이다.

현대사회의 상인경시 풍조나 지식인 우대풍조와 같은 모순된 분위기를 혁파하기 위해서는 공부와 지식인의 개념을 바꿔야 한다. 골방에 틀어박혀 책이나 달달 외우는 것을 공부로 보지 않고 현실에서 실천하고 경제행위 및 체력단련 하는 것으로까지 공부의 범주를 넓혀야 한다. 지식인의 개념 역시 이론에만 치우치지 않고 현실과 끊임없이 소통하고 실천하고 생각하는 사람들을 지식인으로 정의하고 우대해야만 한다. 김대중 정부 시절 신지식인을 제정하고 표창하는 일들이 이와 같은 움직임 중 하나였지만 제대로 계승되지 못해 안타까울 뿐이다.

다만 현실감각이 충분한 지식인에도 맹점은 있다. 너무 현실감각과 실무경험만 강조한 나머지 장기적인 비전과 철학, 전망이 부족해 사업가 출신 정치가나 관료들이 실패한 사례가 부지기수다. 즉, 현실적인 실무감각과 경험을 이론화하고 정책과 결합해나갈 철학이 부족한 경우가 기업인들에게 많이 보인다. 이들이 막상 공공기관이나 국가 정책기관의 간부로 등용이 되는 경우 의외로 실망스런 결과를 초래하는 경우도 많다.

이를 극복하기 위해서는 현장에서 뛰는 실무인원이나 기업가들이 좀 더 인문학과 철학의 학습에 힘을 기울여야 한다. 오로지 기업의 이익과 숫자상 실적만 신경 쓸 것이 아니라 무형의 자산, 국가이익 차원의 사고, 배려 등에 대한 생각이 있어야 한다. 그러나 시계 부속품처럼 돌아가며 소모될 뿐이기만 한 일반

기업인들에게 이러한 요구사항이 어쩌면 사치스러운 얘기로만 들릴 수 있다.

그러나 국가의 장래와 서민들의 희망을 위해서는 실무경험 없는 부잣집 자제 출신 지도자보다는 밑바닥 생활을 오래 해본 서민 출신, 기업가 출신 지도자들이 훨씬 바람직하고 효과적이라고 본다. 다만 부족한 부분을 보충하기 위해서는 21세기의 초스피드 사회에서도 문학, 철학, 역사 등 인문학에 대한 지속적인 학습과 훈련이 필요하다.

현실적으로 당장 실행하기는 힘드나 일반 직장인들도 대학교수들처럼 안식년 제도를 시행해 3~4년 일하고 1년 정도 쉬며 여행도 가고 인문학 서적을 읽으며 성찰을 하는 방안도 고려해볼 만하다. 현재와 같이 취업난이 심한 상황에서 일자리 공유라는 개념과 개인 삶의 질적 수준 제고 및 기업의 궁극적 발전을 위해 적극 고려할 필요가 있다.

포송령 상업의식의 현대적 해석

1. 중국고전(中國古典)의 현대적 가치

현대사회의 국가 사이에서 아무리 적대적 국가라 하더라도 재래식 무기를 갖고 대립하며 원시개념의 전쟁을 하는 경우는 갈수록 줄어든다. 대신 자신들의 경제발전과 부를 위해 세계경제시장을 무대로 치열한 경제전쟁을 벌이고 있다. 21세기 들어 군사적 세계 정복보다는 경제적인 무기를 통해 다른 나라를 정복하는 사례는 여럿 있다. 대표적인 예가 독일로써 20세기 두 차례 세계대전을 통한 세계정복의 야심이 실패로 끝난 후 현재는 경제적 힘을 토대로 EU 통합에 나서 실질적으로 소프트한 유럽정복을 성취하고 있다.

미국, 중국, 일본 등 강대국들이 자신들의 권역 또는 먼 대륙의 나라까지 경제적 파워를 활용해 자신들의 영향권에 두려는 시도는 현재도 진행형이다. 미국은 전 세계를 대상으로 중국은 아시아와 아프리카, 일본은 동남아시아 등에 경제적, 문화적 무기를 총동원해 일종의 경제적 지배지역으로 조성하고 있다고 말해도 과언이 아니다.

이와 같이 경제가 최고의 화두로 떠오르고 있는 현대에 경영을 잘하기 위해서 각종 이론과 방법들이 출현하고 있다. 회사의 최대 이익을 위해 어떤 식으로 마케팅을 하고 관리를 하며 수치적인 실적들을 어떻게 통계하는지 등에 대한 이론서, 개론서 등이 서점에 가득 찼다. 실제로 각 나라의 기업들은 좀 더 효과적인 경영과 이익추구를 위해 다양한 방법의 경영혁신, 경영이론 접목 등에 노력을 기울이고 있다. 현재까지 주로 기업에서 사용하는 경영이론이나 회계방식 등은 모두 미국, 유럽 등지에서 개발된 이론이 주를 이루고 있다.

특히 19, 20세기 연이어 세계의 패권을 제패한 영국, 미국을 중심으로 한 서양 이론들이 아직까지는 득세하고 있다. 그러나 21세기 들어 이러한 경향은 조금씩 변화하고 있다. 즉, 미국과 함께 G2라는 칭호를 들으며 새로운 강자로 떠오른 중국의 영향에 힘입어 동아시아적 가치를 담은 경영이론들이 조금씩 출현하고 있다.

역사적으로 볼 때 중국이 훨씬 오랫동안 세계의 최대 경제 강국으로 자리 잡고 있었고 주판, 은행, 전당포, 지폐 등 여러 가지 상업적 수단도 모두 중국에서 최초로 시작됐다. 다만 근대 들어 산업혁명에 뒤떨어진 대가로 영국, 미국 등에 그 지위를 넘겨주고 말았지만 중국의 경제적 전통과 가치는 결코 서양에 뒤떨어지지 않는다.

실례로 몇백년이 넘은 육필거(六必居), 동인당(同仁堂), 도일처(都一處) 등의 회사들이 공산혁명에도 불구하고 아직까지 존재하고 있다. 또한 상해 복단대학교는 전문적으로 동방관리학(東方管理學)이라는 학과를 만들어 중국적 가치를 지닌 경영학 개발에 집중하고 있다. 즉, 유가사상의 경전과 고전을 토대로 회사와 인간을 경영하는 이치를 개발해 경영이론으로 접목 및 개발하는 연구 작업이다.

중국의 아시아적 가치는 아무래도 유가사상일 수밖에 없다. 2000년 넘게 중국, 한국, 일본, 베트남, 몽골 등 아시아 국가의 지도사상으로 군림했고 현재도 그 생명력이 왕성하고 아시아인들의 생활에 강한 영향력을 갖고 있는 사상이다.

일부 도가사상(道家思想)도 중국인의 잠재의식에 깊이 쌓여있어 일찍이 작가 임어당(林語堂)이 중국인은 뜻을 이루거나 세상에 나아가서는 유가사상에 입각해 생활하고 뜻을 접고 자기 세계에 들어와서는 도가사상에 탐닉한다는 말을 했듯이 중국의 자생적인 사상 중 중국인들의 심리에 가장 많은 영향을 끼치고 있는 사상은 유가, 도가사상이다. 그 중 유가사상이 중국인을 대변하는 가장 대표적인 사상이라고 볼 수 있다.

서양의 경영이론은 세분화하고 분석적인 반면 유가적 가치를 갖고 있는 경영이론은 종합적이고 융합적인 면이 많다. 또한 다분히 윤리적 측면을 강조하는 인간관리에 집중된다. 최근 중국에서 새로운 조류로 일고 있는 경영이론은 중국의 지혜를 담고 있는 유가, 도가의 경전 또는 고전작품을 토대로 현대 회사경영 방식을 추출하는 방법이다. 즉, ≪논어(論語)≫, ≪맹자(孟子)≫, ≪도덕경(道德經)≫, ≪장자(莊子)≫, ≪손자병법(孫子兵法)≫, ≪전국책(戰國策)≫, ≪채근담(菜根譚)≫, ≪근사록(近思錄)≫ 등 유가, 도가의 유명한 고전, 경전 뿐 아니라 ≪삼국연의(三國演義)≫, ≪수호전(水滸傳)≫, ≪요재지이(聊齋志異)≫, ≪홍루몽(紅樓夢)≫, ≪유림외사(儒林外史)≫ 등 고전소설을 텍스트로 분석해 경영이론과 연결하는 방법이다.

중국문화는 고대로부터 이미 조숙(早熟)한 문화를 만들었고 많은 관련 저작들이 깊이 있는 철리(哲理), 정치사상 및 현실 생활을 살아가는데 필요한 지혜를 담고 있다. 이러한 이유들 때문에 동서양을 막론하고 많은 현대인들이 인생을 살아가는데 참고할 교양서로 현재까지도 애독하고 있는데 서양의 경영학자들이 먼저 이와 같은 철학적 사상과 행동이론을 기업의 경영이론으로 융합하는 시도를 하고 있다.

일종의 융합학문적인 입장에서 출발하고 있는데 역사학계에서도 단순히 중국의 역사서만 갖고 연구하는 방법에서 벗어나 문학작품을 텍스트로 역사를 연구하고 역사를 소설적인 플롯으로 저술하는 움직임도 일고 있다. 대표적인 역사학자가 미국 버클리대의 조너선 스펜스(Jonathan D. Spence)교수로 포송령의 문학작품을 대상으로 청나라 초기 역사를 연구하는 한편 역사를 소설형식으로 저술한 ≪왕여인의 죽음≫, ≪반역의 책≫, ≪강희제(康熙帝)≫, ≪옹정제(雍正帝)≫ 등을 발표했다.

경영학이란 회사의 이익 추구를 위해 어떻게 회사조직과 직원을 체계화하고 관리해야 하는지를 고민하는 학문이므로 다분히 인문학적인 학문이라고 볼 수 있다. 군사용어인 전략, 전술이라는 용어도 많이 사용하며 어찌 보면 전쟁 시 병참상황과 비슷한 면이 있으므로 병법서와 경영전략서가 통용되기도 한다. 이 때문에 ≪Arts of War≫로 번역되는 ≪손자병법(孫子兵法)≫이 경영전략서 제재로 활용되며 이를 분석해 경영이론으로 활용되는 연구사례가 많다. 또한 전국시대 살벌한 군웅할거 시대에 고사 위주로 처세의 지혜를 알려주는 ≪전국책(戰國策)≫을 텍스트로 활용하는 저술도 많다.

유가사상이 대부분 군자를 꿈꾸며 자신의 수양과 천하의 치세에 관심이 많은 학문이므로 유가사상을 통해 인사관리의 방법을 탐구하고 바람직한 윤리관을 가진 경영자의 모습을 찾는 시도도 많다. 특히 중국을 중심으로 유상(儒商)이라는 개념을 내세우며 중국 특색의 경영이론을 개발하는 동방관리학자(東方管理學者)들은 바람직한 경영자의 모습으로 '내성외왕(內聖外王)'의 덕목을 강조한다.

'내성외왕'이라는 말은 안으로는 성인이며, 밖으로는 임금의 덕을 함께 갖춘 사람이라는 뜻으로 학식과 덕행을 모두 지닌 사람을 이르는 말이다. 원래 '내성외왕'이라는 말은 도가사상의 핵심경전인 ≪장자(莊子)≫의 <천하편(天下篇)>에 처음 나오는 말이지만 후대에 군지(君子)가 추구하는 유가(儒家)의 이상적 인물 형상으로 개념이 정형화된다. 특히 '내성외왕'의 개념을 현대화하고 정립한 인물은 중국의 저명한 철학자 풍우란(馮友蘭)으로 내성외왕의 도(道)는 유가의 전통적 이념으로 자리 잡는다. 내성외왕의 도와 현대 경제이론은 결코 관계가 없어 보였으나 시대의 변화에 따라 유상(儒商)의 면모를 묘사하는 경구(警句)로 대표됨으로써 윤리성을 강조하는 바람직한 경영자상으로 자리 잡게 됐다.

내면적인 수양과 인격도야를 통해 성인을 추구한다는 내성(內聖)의 개념은 유가경전에서 자주 언급되는 행동원칙이다. 논어의 '자신이 원하지 않는 바를 남들에게 베풀지 마라'[89]라고 하는 가장 기본적인 서(恕)의 철학부터 시작해 '자신이 서고자 함에 남도 서게 하며, 자신이 통달하고자 함에 남도 통달하게 하는 것'[90]이라는 상생주의(相生主義) 및 '내 노인을 노인으로 섬겨서 남의 노인에게까지 미치며 내 어린이를 어린이로 사랑해서 남의 어린이에게까지 미친다면 천하를 손바닥에 놓고 움직일 수 있다'[91]라는 인애사상(仁愛思想)은 인간의 내면을 수양하는 원칙

89 子貢問曰 有一言而可以終身行之者乎, 子曰其恕乎 己所不欲 勿施於人 (성백효 역주, <위령공(衛靈公)>, ≪논어집주(論語集註)≫ 제15장, 서울 : 전통문화연구회, 1994년 10월, 317쪽)

90 夫仁者 己欲立而立人 己欲達而達人 (성백효 역주, <옹야(雍也)>, ≪논어집주(論語集註)≫ 제6장, 서울 : 전통문화연구회, 1994년 10월, 124쪽)

91 老吾老以及人之老 幼吾幼 以及人之幼 天下可運於掌 (성백효 역주, <양혜왕장구상(梁惠王章句上)>, ≪맹자집주(孟子集註)≫, 서울 : 전통문화연구회, 1996년 2월, 36쪽)

임과 동시에 회사조직의 관리와 인간중심 경영에도 활용할 수 있는 철학이다.

회사생활에 대해 계약적인 인식이 강한 서양국가에 비해 아시아의 정서는 직장을 제2의 가정, 동료를 제2의 가족으로 생각하는 경향이 강하다. 차츰 개선되고 있으나 잔업이나 회식 등으로 잠자는 시간을 제외하고는 거의 하루 종일 회사에 있는 시간이 많다보니 같이 일하는 동료가 친척보다 더 친밀감이 강하고 직장이 집보다 더 친숙하게 느껴질 수 있다. 이는 그나마 서양의 선진문명을 앞서 받아들였다는 일본에서조차도 비슷한 상황이고 새로운 창업이 쏟아지고 있는 중국에서도 집과 직장을 동일시하는 경향이 커지고 있는 점을 볼 때 이는 아시아의 전체주의적 특징이라고 볼 수 있다. 이 때문에 아시아의 기업관리는 인사관리, 인간경영 및 직원들에 대한 관리방법에 대한 연구가 주를 이루고 있다.

특히 유가적 전통을 가진 중국, 한국, 일본 3개국이 유가적 소양을 갖고 있는 경영자의 모습인 유상(儒商)에 대한 관심이 크고 이에 대한 학술대회도 빈번히 열리고 있다. 즉, 최근 경영계의 화두는 강력한 카리스마와 추진력으로 무장한 경영자의 저돌적 경영보다 화합하고 포용하며 조정하는 부드러운 인간성을 가진 유상(儒商) 경영자들의 감성경영이다. 중국기업들이 특히 신용과 인간미를 강조하고 시장경제 가운데서도 이익과 손해에 대한 자체책임을 강조하는 점 등은 유가적 전통과 유상이 갖고 있는 감성경영에 따른 점이라고도 볼 수 있다.

이와 같은 책임경영, 신용경영이 가능해지려면 경영자의 자질과 품성도 중요하나 사회적인 제도와 시스템이 뒷받침돼야 하고 공정거래, 투명경영 분위기가 정착돼야 한다. 중국의 경우 아직 부족한 점이 많으나 중국식 공정거래법인 '반독점법'이 시행된 지 2017년 들어 10년째이고 부패척결 등 많은 제도개선을 하고 있기 때문에 갈수록 사업하기 편한 환경이 되고 있다. 아직도 관계(官界)와 결탁한 인치(人治)의 모순점이 있기는 하나 중국 자체적으로 경제발전의 동력이 강력하고 넓은 시장을 갖고 있기 때문에 아무래도 사업수행이나 회사경영은 한국이나 일본보다는 많은 성공 가능성을 갖고 있다.

'외왕(外王)'의 측면에서 유상(儒商)을 분석해본다면 한마디로 사회적 책임의식이라고 말할 수 있다. 사업을 하더라도 소속된 사회에 대한 책무를 다하자는 생각의 발로인데 유가사상은 불가의 '출세(出世 · 세상을 등지고 해탈의 세계로 떠남)', 도가의 '둔세(遁世 · 세상을 등지고 은둔함)'와 같은 소극적 사상이 없다. 궁극적인 목표는 자신만의 인격수양에 그치지 않고 세상에 나아가 세상을 위해 봉사하고 일하는 것이다. 적극적이고 현실적이며 사회참여적인 철학체계라고 볼 수 있다.

유생(儒生)들의 지상목표는 적극적으로 사회에 참여하여 도를 밝히고(明道), 정치를 혁신하고(稽政), 뜻을 천하에 두는 것(志在天下)이지 내세나 해탈을 지향하는 것이 아니다. 이 때문에 유가사상에는 단 한 번도 죽음 이후의 세계에 대해 언급한 적이 없고 오로지 현재 살고 있는 세상을 어떻게 다스리고 개선할 것인지에 대해 관심을 둔다. 이 때문에 유생의 유일한 직업관은 관료가 돼 세상을 변혁하는 것이었으나 후대 경제가 발전하면서 다양한 직업군으로 변천해 나가기도 했다. 이와 같은 과정에서 유생 출신 상인들이 생겨났으나 그들의 사상에는 여전히 외왕(外王) 즉, 유가적인 경세관이 남아있다.

송나라 범중엄(范仲淹)이 그의 시에서 '천하의 근심에 앞서 근심하고 천하가 즐겁고 난 뒤 즐거워한다(先天下之虞而虞 後天下之樂而樂)'라고 말한 대목이나 명말청초 학자 고염무(顧炎武)가 '천하의 흥망은 필부인 저에게도 책임이 있나이다.(天下興亡匹夫有責)'라고 말한 부분은 유생들의 대표적인 외왕(外王)의식의 발로이다. 유생들은 본인들이 하는 도학이 경세제민지학(經世濟民之學)이라 생각했고 실제로 경제라는 용어도 이 개념에서 출발한 것이다. 현대 유상들도 세상을 경영하고 서민들을 구제하기 위해 즉, 경세제민을 위해 사회에 봉사하고 인류에 공헌하며 얻은 것을 사회에 환원한다는 경영이념을 추구한다.

이 때문에 유상들은 희생정신이나 민족정신을 강조하며 맹자가 얘기한 '부귀를 가졌어도 부패하지 않고 가난하고 힘들어도 포부를 버리지 않으며 권위와 무력에도 굴복하지 않는다(富貴不能淫 貧賤不能移 威武不能屈)'는 군자의 모습을 지향한다.

그러나 자칭 유상이라고 칭하는 중국 기업가들이 얼마나 행동으로 모범을 보였는지는 의문이다. 대부분 표어에만 그치고 현실은 정반대의 상황을 보이는 예들이 많다.

중국 대도시 대중교통수단이나 길거리에는 '사회주의 핵심가치관'이라는 공익광고판이 붙어 있는데 총 12가지 표어를 내걸고 있다. 부강(富强), 민주(民主), 문명(文明), 화해(和諧), 자유(自由), 평등(平等), 공정(公正), 법치(法治), 애국(愛國), 경업(敬業), 성신(誠信), 우선(友善)인데 과연 얼마나 많은 가치관들이 지켜지고 있는 지 의문시되고 오히려 너무 안 지켜지고 있기 때문에 버스 안에 광고판까지 만들어 제창(提唱)하고 있다는 반증일 수도 있다.

중국의 현실을 볼 때 이와 같은 이상적 가치관들이 실현되기는 지난(至難)한 상황이다. 이전의 이념시대처럼 강력한 리더십에 바탕을 둔 철학자 겸 정치지도자들이 부재하고 정치 지도층 자신들이 부패했기 때문에 이상원칙을 주장하기도 힘들다. 그렇다고 시민사회가 발전해 다양한 목소리를 정치권에 대변할 수도 없는 상황이며 일반 대중들은 지식수준, 시민의식이 낮거나 아예 관심조차 없다. 이와 같은 상황에서 이상과 철학을 말해봤자 어느 누구도 귀담아 듣지 않는다.

반면 국민소득 3만 불을 향해 성장하고 있고 5천만 명의 적지 않은 인구를 갖고 있으며 다양한 민주주의 소양이 성숙한 한국사회에서는 유상의 원칙, 유가적 경영이념을 실현하거나 본격적으로 연구할 토대가 구축돼 있다. 특히 공산주의 혁명 이후로 유가적 전통이 끊어진 중국보다 일부 극단적인 교조주의에 치우쳐 있긴 했으나 유가전통을 면면히 이어온 한국사회에 더 적합한 이론이라고도 볼 수 있다.

중국이라는 큰 대륙 옆에서 소국으로 생존해왔던 한국사회는 어쩔 수 없이 중국의 문명과 문화를 받아들일 수밖에 없었고 근대화 이전까지는 중국의 부속국과 같은 처지에 놓일 수밖에 없었다. 특히 조선시대 같은 경우는 수동적 조공이 아니라 적극적인 사대주의로 명나라를 섬기고 심지어 청나라 이후로는 소중화(小中華)라는 이론까지 내세우며 중국문화를 철저히 받들었다. 소국으로 살아가기 위한 생존논리였을지 모르나 아무튼 중국문화는 한국의 문화와 떼려야 뗄 수가 없는 지경까지 됐고 구분하는 것도 의미가 없을 정도로 동화됐다. 다만 우리나라가 역대로 중원(中原) 땅을 넘보지 않고 우리만의 강역을 지키고 살았기 때문에 만주족, 거란족처럼 나라나 민족이 없어지는 꼴까지는 당하지 않고 그나마 독립국가로 살아왔는지도 모른다. 위구르, 티베트, 거란, 만주 등과 같이 중국 역대왕조에 의해 완전히 통합되고 민족까지 없어진 사례가 많은데 한국만이 유일하게 완전 통합되지 않은 것은 여러 의견이 분분한 일종의 미스터리라고도 볼 수 있을 정도로 우리 민족은 끈끈한 생명력을 자랑했다.

근대화 이후에는 같은 아시아권인 일본에게 강압적인 식민통치를 당하고 해방 후에는 미국이 이전 중국의 역할을 하고 있다. 미국과 국제사회의 도움 및 한국 서민들의 피눈물 나는 노력이 더해져 세계 10위권의 무역 강국으로 일어섰고 국제사회에서도 결코 무시할 수 없는 경제 대국이 됐다. 어찌 보면 우리민족 5000년 동안의 역사 속에서 현재의 대한민국이 가장 강한 국가체계를 유지하고 있다고 볼 수 있다.

또한 지식과 권력이 일부 지배층에게만 집중돼있고 일반 서민들은 노예와 다름없었던 이전 봉건시대와 달리 지식이 고루 분배돼있고 권력 역시 시민들에게 부여돼있는 민주사회를 이루고 있다. 비록 중국, 일본, 미국의 정치, 문화적 영향을 강하게 받고 있으나 한국의 독창적인 문화를 찾고 연구하려는 노력도 어느 때보다 강한 시대이다. 여전히 5000년 동안 뿌리 깊게 이어져왔던 반민족, 사대주의 세력이 일부 기득권층을 차지하고 있고 오로지 자신들 무리의 이익에만 혈안인 종교, 언론, 정치권 세력과 그에 현혹돼 부역자로 살아가는 우매한 대중들이 존재하나 이들 역시 밝고 개방적인 민주사회가 충분히 계도하고 타파할 수 있는 현상이다.

특히 2016년 촛불시민혁명으로 인해 2017년 민주정부가 재집권하고 사대반민족 세력들을 몰아낼 수 있었던 것은 민족문화를 연구하는 학자들 입장에서도 환영할 일이다. 기존 사대반민족 세력들의 집권시기에는 모든 것이 비정상적으로 돌아갔기 때문에 경제, 문화 등에서도 한국의 독창적인 내용들을 연구할 수가 없었다. 경제계도 정상적인 경영자들보다는 권력계층에 아부하고 부도덕한 일들을 일삼는 사람들이 중용되고 재벌체제를 더욱 강화하는 역할을 담당했다.

한국경제 위기의 가장 핵심적인 원인은 부도덕(Moral Hazard)에서 비롯됐다. 회사의 이익보다 자신의 이익을 앞세우고 공기업과 회사의 자산을 자신의 것처럼 사용하는 것이 일상이 된 사회와 국가에서 경제발전과 부의 분배는 요원한 일이다. 또다시 봉건시대의 노예제 사회가 되고 만 것이다. 정부차원의 투자라고 얘기하면서 부실한 사업보고서를 만들어 국가자원을 허비하고 능력보다는 권력계층에 줄을 대 요직에 중용되고 열심히 일하는 일반 서민들을 상대로 갑질하고 하대하는 신(新)노예사회를 이명박, 박근혜 정부 시절 충분히 경험했다. 다행히 위대한 시민들의 힘으로 이들을 몰아내고 민주정부를 다시 만들어 새롭게 시작하게 됐다. 이와 같은 탐욕과 부도덕은 정치와 시스템이 부패하면 순식간에 만연한다.

1987년 민주혁명으로 쟁취한 민주주의가 단순히 부도덕한 두 명의 대통령으로 대변되는 정치집단으로 인해 순식간에 60년대 또는 조선시대의 노예제 사회로 바뀐 것이다. 좀 극단적으로 묘사한 부분이 있지만 우리 사회가 그만큼 기초나 철학적 토대가 튼튼치 못하다고 볼 수 있다.

특히 윤리적인 면에 있어서 서양국가보다 유가철학과 같은 윤리철학이 더 강하다고 자부하는 아시아권에서 더 부패현상이 만연하다. 사회발전을 위해서는 선행돼야 할 것이 사회 시스템 개선이겠으나 이를 뒷받침할만한 철학의 발전도 병행돼야 한다. 서양국가가 발전한 것은 시스템 구축 외에도 오랫동안의 자본주의 철학자, 윤리주의 철학자들의 연구와 분석이 뒷받침된 영향도 크다.

아시아 국가의 경우 유가철학(儒家哲學)의 우수성만 얘기하지 실제로 이를 현대의 기업문제나 사회문제와 연계해 깊이 연구하고 분석한 철학자나 인문학자는 드물다. 그 학문 자체로 연구한 연구업적은 있다 하더라도 현대사회와 접목하고 융합적인 시각에서 사회발전을 위해 이론화하는 노력은 서양국가에 비해 많지 않다. 이와 같은 후대의 무관심과 방임이 위대한 철학체계와 전통을 갖고도 제대로 현실사회에서 실현하지 못하고 부패와 문제점을 반복하고 있는 이유가 될 것이다. 인문학계에서는 워낙 교수사회가 그들만의 리그로 운영되는 부분이 있고 일단 그들만의 울타리 안으로 들어가게 되면 일반 사회와 담을 쌓고 안주하는 경향이 강하다. 인문학 자체가 현대기업의 실용주의 이론과 연계하기 힘든 부분이 많고 어쭙잖은 선비의식이 있으므로 통속적인 작업은 꺼리는 경향이 강하다.

이 때문에 실제로 중국의 고전을 현대 경영학 이론과 연계하거나 사회문제와 연계해 비판하고 분석하는 책들은 정통 대학교수들보다는 일반 작가나 기업가들에 의해 저술되는 경우가 많다. 대학에 적(籍)을 두지 않고 소위 비제도권 또는 재야에서 수준 높은 연구실적을 보이는 학자들도 많으나 한국사회의 인문학계의 관행으로 본다면 대학교수들의 교류공간인 학회에 발표되지 않고 대학교수들의 인정을 받지 않는 이론이나 논문들이 학문의 주류로 자리 잡기가 힘들다. 학문의 중심을 대학이나 학회에 한정하지 않고 열린 공간으로 끌어내는 작업들도 지속돼야 한다. 현실의 상황을 볼 때 인문학의 고사(枯死)는 인문학 전공 교수들이 자초하는 경향이 없지 않다. 즉, 현실과 그들만의 리그에 안주하는 철밥통 의식이 한국 인문학의 가장 큰 발전저해 요소이다.

그러나 희망은 있다. 중국과 한국의 일부 뜻있는 인문학자들이 매주 사롱 형식으로 소규모 학술회의를 열고 기업체나 출판계 등 꼭 대학에 있지 않더라도 지속적으로 연구하고 책도 출판하는 활동이 지속되고 있다. 또한 대학에서만 틀어박혀 현실과 괴리된 강의만 하는 교수보다는 사회에서 다른 업종에 종사하는 전문가나 오랜 연구자를 초청해 강연을 하는 기획도 늘어나고 있다.

실례로 중국 광주(廣州)의 중산대학(中山大學) 중문과는 매주 중국문학사롱(中國文學沙龍)을 개최해 연구 성과를 발표하고 꼭 학계 사람만이 아니라 일반인도 강의를 들을 수 있도록 하는 소규모 학술모임이 이어지고 있다. 또한 한국의 한문, 고전문학을 강의하는 대학과정에서도 일반 기업가나 예술계에 종사하는 전문가를 초빙해 강의를 하는 등 학제간의 교류현상도 젊은 신진 학자들을 중심으로 늘어나고 있다.

특히 오천년의 역사 속에서 근대 이후 100여 년만 일본과 미국의 영향권에 있었고 그 외 대부분의 시간을 중국의 영향권에 있었던 한국으로서는 중국의 고전과 한국의 학문을 연계해 연구할 필요가 있다. 중국의 시대가 다시 부활하고 있는 21세기 초 현재, 한국의 미래가 다시 중국의 영향권으로 갈 것인지 기존처럼 미국의 영향권에서 안주할 것인지 아니면 제3의 독자적인 길을 갈 것인지 강력해진 국력만큼 중대한 결정의 기로에 서있다고 볼 수 있다. 신중한 결정과 미래의 비전을 위해서 더욱 인문학의 힘이 필요하고 중국 고전을 통한 한국의 재발견 작업도 필요하다.

2. ≪포송령전집(蒲松齡全集)≫의 경제이론

포송령은 그의 잡저에서 농업, 공업 및 당시 풍속과 관련된 많은 내용들을 실증학적 입장에서 연구하고 저술했으나 직접적인 경제이론이나 상업 관련 의론문은 작성하지 않았다. 오히려 소설 형식의 ≪요재지이(聊齋志異)≫에서 상업 관련 내용을 더 많이 나뤘고 경제이론도 소설 속 줄거리나 이사씨왈(異史氏曰)의 평론 부분에서 기술한 부분이 많다.

≪요재지이(聊齋志異)≫에 나오는 경제관련 고사 중 현대 경제이론과 연계해 볼 수 있는 대목은 우선 포지셔닝(Positioning)에 근거한 선물이론(先物理論)이다. 선물이론이란 특히 무역업계에서는 반드시 필요한 경제이론으로 시황 및 여러 요소를 분석해 향후 시장전망을 토대로 제품을 미리 사거나 파는 행위를 말한다. 앞으로 가격이 올라갈 것으로 예상하고 미리 사두거나 가격이 내려갈 것이라고 본 후 미리 팔았을 때 그 예상이 맞았을 경우 시황의 변동 폭만큼 이익을 볼 수 있을 것이다. 선물과 대비되는 개념은 향후 미래전망하지 않고 현재 시황대로 현재 제품을 사고파는 현물(現物)이다. 일반적으로 국제무역을 하는 트레이더들은 선물과 현물을 동시에 투자해 한 쪽의 리스크를 헷지(Hedge)하는 방식을 사용한다. 이 때문에 중국의 주요 대도시에는 선물에 투자하는 시장이 형성되고 시황을 가늠 하는 중요한 시금석 중 하나로 자리매김하고 있다. 다만 관계의 입김이 큰 중국시장의 경우 중국정부의 인위적인 개입에 따라 시황이나

환율이 변동되기도 하나 일반적으로 전 세계의 여러 원자재의 수급변화, 유가(油價) 변화, 정치적 상황 등에 따라 시시각각 변한다.

이와 같은 선물이론이 ≪요재지이(聊齋志異)≫의 <황영(黃英)>, <백추련(白秋練)>, <주우(酒友)>, <왕성(王成)>에 등장한다. 이들 작품에서는 주인공 상인이 자신이 다루는 제품을 가격이 내려갈 때 많이 사두었다가 가격이 올라갈 때 되파는 형식으로 이윤을 취하는 선물이론의 가장 기초적이고 전형적인 방법을 묘사하고 있다. 선물은 주식 투자와 거의 같은 형식과 특성을 갖고 있어 투자 시 가장 중요한 요소가 정보력이다. 각 업계의 전문가를 통해 소식을 듣고 언론매체나 각종 소식지 등을 통한 업계 트렌드를 파악해 분석하는 것이 정보력의 관건이라고 할 수 있다. 표면적인 소식을 그대로 믿지 않고 이를 분석하고 통찰하는 것은 뛰어난 투자자의 개인적 능력이다. 앞의 작품들은 주인공이 요정, 신선, 여우 등 환상적 존재의 도움을 받아 업계의 정보를 취합해 선물투자 성공을 이룬다는 줄거리이다. 이들 요정, 신선, 여우 등은 현실세계에서는 앞에서 얘기한 각 업계의 전문가로 비유할 수 있다. 각 업종의 전문가와 많이 교류하고 배우며 곳곳에 산재돼있는 정보를 취합, 분석해 마지막 통찰력으로 판단하는 것은 투자자의 몫이다. 이들이 삼위일체로 잘 화합을 이루어야 선물투자에서 성공을 거둘 수 있다.

포송령의 작품에서 발견할 수 있는 또 다른 경제이론은 '집중이론(集中理論)'을 들 수 있다. 이 이론은 각 회사마다 가장 잘할 수 있는 업종을 선택해 집중함과 동시에 오랫동안 투자와 연구를 거듭해 성공을 이뤄야 한다는 내용이다. 실제로 한국을 제외한 모든 나라들의 대기업은 한두 가지 업종만 집중한다. 애플이 전자제품 외에 식품회사, 건설회사가 있다는 얘기를 들어보지 못했고 텐센트, 알리바바가 전자상거래, 온라인 업체 외 굴뚝산업이 있다는 얘기를 듣지 못했다. 그러나 한국은 소위 재벌그룹들이 모든 업종의 다양한 회사를 소유하고 있다. 여러 업종들을 거느린 거대집단회사가 시너지나 순기능도 있을 수 있으나 대체적으로 다른 중소기업의 사업영역을 침해하거나 전문적이지 못해 한번 부도가 나기 시작하면 회사 자체만의 문제로 끝나는 것이 아니라 국민들의 세금으로 형성된 공적기금을 낭비할 가능성이 크다는 것이다.

이미 1997년 아시아 금융위기나 2008년 세계금융위기 등을 통해서 재벌회사의 몰락을 지켜봄과 동시에 국민들의 혈세가 얼마나 낭비되는지도 지켜봤다. 이제는 한국도 재벌그룹을 청산하고 전문회사를 양성해야 한다. 경영도 능력을 검증받지 못한 혈연 관계자에게 세습되는 봉건왕조식 세습제보다는 전문경영인들이 선발돼 책임경영을 하는 제도적 장치와 문화가 조성돼야 한다.

포송령의 작품에서는 <황영(黃英)>, <소이(小二)>, <청매(青梅)>, <적녀(績女)>, <아두(鴉頭)>, <농부(農婦)> 등의 작품이 집중이론을 잘 보여주고 있다. 즉 국화재배, 유리공장 경영, 자수(刺繡), 방직(紡織), 주류 된장 간장 판매, 도기제작 등 자신이 가장 잘하는 업종에서 장인정신을 가지고 꾸준히 기술개발과 합리적 경영을 축적해 성공을 이루는 모습을 보여준다.

우리나라에서 가장 부족한 면이 장인정신이다. 어떤 한 기술이나 직능을 대대로 이어가며 보존 또는 발전시키는 경우가 극히 드물다. 이와 같은 이유는 문인관료를 우대하는 편향된 직업관, 매뉴얼의 부재, 인수인계 의식 부족 등을 들 수 있다. 아무리 뛰어난 공장, 기술을 보유한 사람이라도 자신의 아들은 판검사, 의사로 키우려고 하지 자신의 대를 잇게 하지 않는다. 또한 자신이 가진 기술을 문서로 남겨 매뉴얼화하는 것에 대한 인식이 부족하고 자신의 기술을 끝까지 공개하지 않고 자신만이 갖고 있어야 인정받는다는 편협한 자존감이 기술의 공유, 계승으로 이어지지 않는다.

일본은 널리 알려진 바와 같이 몇백년의 역사를 가진 점포나 회사가 즐비하고 아무리 명문대를 졸업했다 하더라도 부모님의 몇백년 된 우동집을 물려받는 것이 당연시되는 사회적 분위기와 장인정신을 갖고 있다. 이와 같은 사회적 분위기와 개개인의 생활태도가 전 국가의 발전, 세계에서의 위상강화 등과 직결된다. 전 세계에서 일본을 유일하게 무시하는 민족이 한국인이라는 말이 있는데 한국인들이 그에 걸맞게 일본인과 같은 수준의 치밀함, 협상력, 준비성 등을 갖추고 있는지 궁금하다.

일본인들도 중국인 못지않게 평균적으로 외국어를 못하고 국제적인 감각이 없는 국민들이 대다수다. 그러나 일본이 국제무역전쟁에서 승리하는 이유는 치밀한 전략과 일관성 있는 장기적

전망에 기초한 사업수행 외에도 무역상사와 제조업체의 역할분담 등 전문화와 체계화가 잘 갖춰져 있다는 것이다. 일반 제조업체의 경우 외국어나 무역지식이 낮기 때문에 제조업에만 집중하게 하고 외국어, 마케팅, 영업은 전문상사에게 맡겨놓는 형식이다. 이 때문에 일본은 관행적으로 국내영업, 수출입을 할 때 상사와 제조업체가 분할돼 각자 맡은 영역에서 최선을 다한다. 한국의 경우 일본의 발전모델을 따라 초기에는 상사와 제조업체가 분할돼 사업을 진행했으나 향후에는 상사가 퇴락하고 제조업체 자체의 영업 기능이 강화됐다. 그러나 전문인력 양성이나 인프라 투자 없이 주먹구구식으로 영업부문을 만들어 사람 수만 채워놓았기 때문에 제대로 굴러갈 수가 없다. 아이러니한 경우는 한국 내 대부분 대기업 해외영업 직원들의 외국어 실력과 무역지식이 상상외로 낮다는 것이다.

이는 민간업체 뿐 아니라 관공서나 공공부문도 마찬가지다. 인력채용이 공정한 실력에 바탕을 둔 채용이 아니라 개인 청탁과 현대판 음서제도를 통해 채용되기 때문에 실력은 뒷전이다. 해외에 나가 있는 많은 관공서에 근무하는 직원들은 대부분 현지 언어를 못하거나 업무에 대한 전문성이 떨어진다. 그들에게 외국근무는 외유성이거나 쉬기 위해서 나오는 것이고 국민 혈세로 마련한 눈먼 돈을 쓰기 위한 수단에 불가한 것으로 인식되는 경우가 많다.

그러나 일본의 공무원들은 다르다. 그들은 정부차원에서 지역전문가로 몇 년 씩 양성된 경우가 많고 하나같이 현지 언어에

능통하며 현지근무에 최선을 다한다. 이 때문에 무슨 사건이 터졌을 경우 일본 공무원은 일사분란하게 매뉴얼대로 행동하나 한국 공무원은 우왕좌왕하며 뭘 해야 할지 모르는 경우도 비일비재하다. 또한 일본 관공서, 기업체 주재원의 자녀들은 현지 일본학교에 다녀야만 회사에서 학비를 지원해주기 때문에 대부분 주재원들이 자녀들을 일본인 학교에 보내 일본식 교육을 한다. 반면 한국의 주재원들은 영어를 하는 국제학교에 보내 과도하게 비싼 학비를 낭비하며 겨우 영어 몇 마디 가르치기 위해 혈안이다. 그렇다고 한국 기업체에서 외국 대학교 출신자를 차별 없이 채용하는 글로벌 마인드가 강한 것도 아닌데 말이다.

아무튼 해외에 파견돼 근무하는 기업체, 관공서 직원들의 예를 볼 때도 한국의 업무수준은 전문성과 거리가 많다. 중국의 경우 일본, 한국보다 더 열등하지만 워낙 기본 인프라가 강하다 보니 크게 문제가 되지 않는다. 그러나 인프라도 작고 규모도 열세인 한국이 일본보다 치밀하지 못하고 중국보다 대담하지 못하니 이리 치이고 저리 치이는 신세이다. 그렇다고 전략적 마인드가 있어 시기조절을 위한 일시적 소강상태를 유지하지도 못한다. 그저 위에 잘 보이기 위한 전시성 행정과 주먹구구식 행태가 반복될 뿐이다.

21세기의 치열한 경제전쟁 시대에서 전문화와 집중이 살 길이라는 것은 여러 사례에서도 잘 보인다. 독일 경영학자 헤르만 지몬이 창안한 개념인 '히든 챔피언(Hidden Champion)' 즉 각 분야의 세계시장을 지배하는 우량 기업들을 보면 수많은 시간

동안 한우물만 파면서 전문화를 추구했던 기업이 현재까지 살아남아 발전하고 있다. 세계적인 독일 필기구 회사 파버카스텔은 1761년 창립 이후 256년간 단 한 번도 망하지 않고 '세계에서 가장 오래된 연필 회사'라는 명성까지 얻었다. 일본의 '닌텐도(任天堂)', 미국의 'Fedex', 'JP Morgan', 'GE', 중국의 '육필거(六必居)', '동인당(同仁堂)' 등 한 우물을 파면서 몇백년의 기업역사를 자랑하는 회사들이 많이 있다.

정경유착이 강하고 관(官) 주도의 개발독재 시대에 발달한 한국의 재벌문화는 다른 나라에서는 찾아보기 힘든 특수한 형태이나 일부 경우를 제외하고는 갈수록 경쟁에서 도태되는 분위기다. 많은 그룹회사가 해체됐고 족벌경영체제에서 벗어나지 못하는 재벌은 발전이 정체되거나 퇴보하고 있다. 앞에서 예로 든 파버카스텔은 설립자 가문이 9대째 경영(현재 오너 찰스 알렉산더 폰 파커카스텔)을 하고 있는 대표적인 가족경영회사이다. 하지만 이와 같은 가족기업은 한 분야만 집중하는 장인정신을 발휘해 지속적으로 발전하고 법적으로도 상장하지 않은 완벽한 개인회사이다.

그러나 한국의 재벌기업들은 주식회사로 상장까지 해 많은 주주들이 있는데도 일부 주식만 갖고 있는 대주주가 왕처럼 군림하고 경영권까지 행사하며 주식회사를 개인회사로 취급하는 관행이 많다. 또한 편법을 통해 세금도피를 하고 자기 자식들에게 세습까지 하는 등 또 다른 기이한 왕국을 만들고 있다. 지속적으로 개선되고는 있으나 관(官)을 배경으로 삼아 모든 업종에 손을 대는 문어발식 재벌기업보다 전문화된 중소기업을 육성해야 한국의 미래가 있다.

포송령의 작품에서 보이는 세 번째 현대식 경제이론은 '감성경영(感性經營)'이론이라고 볼 수 있다. 유학(儒學)은 인간의 본성을 탐구하고 인간과의 관계에 대해 규명하는 윤리학적 실천이론이 많은데 이에 근거한 인사관리 방법에 대한 사례가 눈에 띈다. 회사 관리에서 가장 중요한 네 가지 요소 영업, 기획, 인사, 재무 중 인사관리의 중요성이 나날이 높아지고 있다. 회사도 역시 사람이 모여 구성된 조직이고 이들이 모여 기술을 개발하고 판매를 하며 수익을 창출하는 것이다. 이 때문에 얼마나 성실하고 뛰어난 인재를 선발해 잘 관리하고 본인들의 장점을 잘 발휘할 수 있도록 조건을 마련해주느냐가 중요한 화두다.

특히 개발독재 시대에 횡행했던 조폭 두목 같은 분위기의 사장보다는 화합하고 조정하는 포용력 있는 경영자의 리더십이 각광받고 있다. 이러한 부드러운 리더십을 강조하는 마인드가 감성경영이라고 볼 수 있는데 ≪요재지이≫의 <유부인(劉夫人)>, <유생(柳生)>, <부옹(富翁)> 등의 작품에서 전면에 나서지 않고 갈등을 조정하며 능력 있는 전문경영인을 도와줘 사업체를 발전시키는 감성경영의 전형적인 예들이 나온다. <유부인(劉夫人)>의 주인공 유부인은 비록 손자가 두 명이나 있었으나 능력이 부족한 것을 간파해 자신의 사업을 혈육에게 물려주지 않고 인품과 능력이 뛰어난 염생(廉生)에게 경영권을 준다. 또한 옆에서 잘 보좌할 수 있는 비서도 배치해 염생이 사업에 전념할 수 있도록 도와준다.

중국, 한국의 정서상 사업체의 경영권과 소유권이 일치해 대대로 세습하는 경우가 다반사다. 그러나 포송령의 작품에서는 대부분 경영권과 소유권이 분리되는 사례가 많다. 위의 작품들에서도 자본을 소유한 오너가 경영을 직접 하지 않고 능력 있고 인품이 좋은 전문경영자에게 위탁해 자신의 사업을 발전시키는 내용이 주를 이룬다. 다만 소설 속에서는 자본가가 전문경영인을 선발하는 첫 번째 기준이 인품이라는 한계는 있다.

현대 기업에서는 뛰어난 경영자가 갖춰야 할 덕목으로 시장에 대한 통찰력, 재무감각, 기술에 대한 안목 등을 위주로 보는 경우가 많다. 대표적인 예로 록펠러나 스티브 잡스는 인격적인 면에서 주위 사람들로부터 좋은 평가를 받지는 못했다. 잔혹한 독점기업가라는 평가를 받는 록펠러나 매정한 면이 많았다는 스티브잡스는 그러나 각자의 업계에서는 독보적인 업적을 쌓았다. 록펠러는 석유왕이라는 칭호를 들으며 현재는 다우, 엑슨모빌, 쉐브론 필립스로 나눠진 스탠다드오일컴퍼니(Standard oil company)를 세워 미국의 석유개발을 주도했고 스티브잡스는 아이폰, 아이패드 등을 출시해 사람들의 생활패턴을 바꾼 위대한 선구자로 자리 잡았다.

그러나 감성경영의 측면에서는 아무래도 경영자의 인품과 포용력을 중요시하고 있다. 위와 같은 소수의 특별한 예를 제외하고는 현대 기업에서 독불장군 식의 폭압적인 경영자는 직원들의 분란과 와해로만 이어질 뿐이다. 특히 한국의 대기업 문화에서 사장이나 회장은 구체적인 업무에는 관여하지 않아야 한다. 비전을 제시하고 기업문화를 쇄신함으로써 직원들의 동기를 부여하는 것이 가장 큰 임무이자 과업이라고 볼 수 있는데 이와 같은 관점에서 감성경영은 꼭 필요한 대목이다.

포송령의 작품에서 네 번째로 얘기할 수 있는 경영이론이 '정도경영(正道經營)'이다. 여기서 말하는 '정도(正道)'라는 개념은 공평무사, 투명경영이라는 말로 대체할 수 있다. 이윤추구가 목적인 회사가 이윤추구의 방법에서 불법적이고 불의한 수단을 쓰지 않고 합법적이고 투명한 방법으로 이윤추구를 해야 한다는 말이다. 사회가 개명하지 않고 인간들의 의식이 발전하지 못한 사회에서는 비공식적이고 개인간의 담합, 불공정 거래 등을 통해서만 돈을 벌 수 있었다. 이 때문에 한국을 비롯한 아시아, 아프리카 등 미개발 사회는 정경유착, 뇌물수수, 갑질 등을 당연한 사회현상으로 받아들여 수단방법을 가리지 않고 돈을 버는 것을 능력 있는 것으로 생각하는 기이한 풍조까지 생겼다.

일본, 한국을 비롯한 일부 국가들이 시민의식의 성숙, 제도적 장치 조성 등으로 인해 투명한 경영과 정경유착 현상이 줄어들고 있으나 아직도 이러한 불공정 관행은 암암리에 횡행하고 있다. 제도적인 장치로 공정거래법(중국의 경우 반독점법(反獨占法)), 이전가격관리법(중국의 경우 전양가격관리법(轉讓價格管理法)) 등을 마련해 회사들의 투명경영을 정부차원에서 유도하고 있으나 일부 부도덕한 경영자들이 주도하는 회사는 교묘히 법망을 빠져나가 편법을 일삼고 있다.

≪요재지이≫ 작품들 중에서는 <김영년(金永年)>, <장불량(張不量)>, <유부인(劉夫人)>, <소이(小二)> 등 작품에서 정도경영을 실천하는 양심적인 상인들을 묘사했고 <임수(任秀)>, <금릉을(金陵乙)>, <궁몽필(宮夢弼)> 등 작품은 그와 정반대로 온갖 수단방법을 가리지 않고 돈만 좇는 정도경영의 반대현상에 대해 다뤘다.

포송령의 의견은 각 회사와 점포를 경영하는 경영자들이 정도경영에 입각해 도덕적인 관리를 해야지 그렇지 않으면 소설 내용과 같이 도산(倒産), 개인적인 파멸에 이른다는 점을 강조하고 있다. 포송령은 소설이라는 허구적 형식으로 각색했으나 실제로 현대사회 특히 서양사회에서는 공정거래를 하지 않는 업체의 경우 도산에 이를 정도까지 벌금을 부과하는 경우가 파다하다. 특히 비양심적인 경영, 즉, 분식회계, 불공정거래, 비자금 조성, 뇌물수수 등의 행위를 한 경영자들은 엄중한 형사처벌까지 가해지고 있다.

자본주의가 발달한 미국사회에서는 원래는 일정정도 불공정 관행은 눈감아주고 오로지 이익추구를 최대의 선으로 보는 경우가 많았다. 가장 상징적인 메시지가 1987년 상영된 미국영화 '월스트리트(Wall street)'의 주인공(Michael Douglas)이 자신의 부하사원(Charlie Sheen)에게 한 대사 '탐욕은 좋은 것(Greed is good)'이라는 말이 당시 미국 자본주의 사회의 철학을 대변하는 것이었다.

그러나 20년 후 리먼브러더스 사태로 촉발된 세계금융위기를 맞닥뜨려 자본주의의 위기를 갖고 온 근본적인 원인은 탐욕과 부도덕 경영이었다는 인식을 갖게 된다. 이후로는 경제의 안정적 발전은 윤리의식과 투명한 정치시장(Political market)과 긴밀한 연관관계가 있다는 주장이 설득력을 얻고 있다.

즉, 기업윤리가 강조되고 안정적인 정치 환경을 갖고 있는 나라가 경제적으로 발전하고 위기를 맞이할 때도 큰 영향을 받지 않는다는 생각이다. 대표적인 나라들이 노르웨이, 스웨덴, 네덜란드, 독일, 캐나다 등으로 탁월한 윤리의식으로 무장해 부패지수가 제로에 가깝고 정치도 안정돼 있다. 정치인들이 더 이상 일반 서민들에게 군림하려 하지 않고 봉사하려는 태도가 뿌리깊이 인식돼 있으므로 이러한 나라들의 기업들은 지속적으로 안정적 발전을 한다.

그에 반해 비록 경제규모는 갈수록 커지고 있으나 많은 부패와 불공정거래 관행이 뿌리 깊은 중국, 인도의 경우 언제 무너질지 모르는 불확실성도 커지고 있다. 한국도 정치권이 부패하고 부도덕한 정치가들이 득세를 하는 경우 경제성장률도 하락하는 여러 가지 실증적 사례들이 많다. 갈수록 불투명하고 위기상황이 많아지는 세계경제계에서는 니체가 '초인(超人)'을 갈망했듯이 도덕적 윤리의식을 갖고 있는 '유상(儒商)'을 갈망하고 있는지 모른다.

3. ≪포송령전집(蒲松齡全集)≫의 현대적 가치

포송령의 작품들 중 ≪요재지이(聊齋志異)≫를 제외하고 대부분의 작품들이 실용성이 강한 생활과학 지침서와 같은 성격을 갖고 있다. ≪요재지이(聊齋志異)≫는 환상적인 내용을 주로 담고 있는 소설형식이지만 다른 잡저들은 농업, 과학 등에 대한 체계적이고 분석적인 내용이 대부분인 일종의 과학서적들이라고 보아도 무방할 정도이다. 포송령은 75년간의 삶에서 한 번도 제대로 된 직업을 가져본 적이 없는 서생이었다. 일생동안 과거에 급제해 관료가 되는 것만 꿈꾸다 인생을 허송해버린 과거낭인이라고도 볼 수 있다. 가끔씩 생계를 위해 어쩔 수 없이 돈 많은 부잣집 자제들을 가르치는 훈장노릇이나 고위관료의 개인비서 정도 일을 해본 것이 전부였다.

즉, 그는 한 번도 농민이나 수공업자 또는 과학자의 직업을 가져본 적이 없으나 이들 직업에 대해 객관적 관찰자로서 많은 관심을 갖고 분석을 했기 때문에 실용적인 각 업종 참고서적들을 저술할 수 있었다. 중국어에서 비즈니스를 한다는 표현(做生意)은 단순히 상업거래를 한다는 의미가 아니라 '살아가는 의미(生意)'를 실행한다(做)는 함의를 갖고 있다. 경제적 활동을 함으로써 살아가는 의미를 찾아가는 중국인의 실용적 정신을 담고 있는 말이며 살아가는 의미를 확인하는 업종은 단순히 상업만을 지칭하는 것이 아니라 농업, 수공업 등의 각 업종을 두루 포괄하고 있다. 특이한 환경과 입장에서 남들과 다른 논조와 내용을 저술한 포송령이었지만 그도 역시 유교의 영향을 뼛속 깊이 받은 유생에 불과했다. 다수의 혁신적인 내용에도 불구하고 그의 일관된 사상은 유학의 인문정신을 벗어나지 않았다.

포송령이 살았던 청나라 초기의 유학은 자체 정리, 조정의 시대라고 볼 수 있다. 전대의 자유분방한 양명학이 만주족의 통치라는 정치적 환경의 급변속에서 정체성을 찾아가며 자체적으로 타이밍과 방향성을 조정하는 단계라고 볼 수 있다. 이 시기는 유학의 사회적 기능을 강조하며 여전히 생기를 띠고 있었다고 볼 수 있다. 당시 만주족의 압제 속에서도 꾸준히 학문 활동을 계속한 청나라 초기의 고염무(顧炎武), 왕부지(王夫之) 같은 유학자들의 공헌이 컸다.

그러나 청나라 중기 이후로는 국력의 쇠퇴와 함께 유학의 철학적 기능과 창의력이 힘을 잃기 시작한다. 정치권력의 압제 속에서 단순히 고적유물을 고증하는 고증학의 말류에만 빠져들어 창의적이고 사회적인 힘을 불어넣는 사회지도적인 철학으로서의 역할을 잃기 시작했다. 심지어 근대 들어 '아편전쟁(阿片戰爭)', '청일전쟁(清日戰爭)' 등의 연이은 패배로 변방의 오랑캐로만 여겼던 영국, 일본 등 섬나라 소국들에게 굴욕을 당한다.

이 때문에 근대 이후 유학은 타도의 대상, 봉건사상의 대표자로 치부됐고 문화대혁명 기간에는 '비림비공(批林批孔)'을 외치며 모택동의 정적 임표와 함께 공자까지도 타도대상으로 몰았다. 한국도 역시 중국과 일본의 영향권을 벗어나 미국의 영향권에 들어서면서 한자문화권인 중국의 전통은 모두 낡은 타도의 대상으로 여겨지며 한때 이들을 벗어나려고 많은 노력을 기울였다. 하지만 중국의 전통을 타도하면서 고유한 한국의 정체성을 찾아야 했으나 단순히 미국의 문화가 우월하다고 여기며 중국의 문화를 미국의 문화로 대체하는 데에만 그쳤다.

그러나 시대도 윤회하듯이 중국의 시대가 100년 만에 다시 찾아오며 유학적 전통이 조명을 받고 있다. 중국은 서양사회와 구별되는 사회적, 정치적 시스템을 중국식 사회주의와 함께 유학적 전통에서 그 뿌리를 찾고 있다. 특히 경제계에서는 유교를 말하는 장사꾼들 즉 유상들인 춘추시대의 자공, 범려부터 시작해 명청시대의 휘상(徽商), 진상(晉商)에 대한 재조명이 이뤄지고 있다.

특히 중국정부의 지원 아래 공자학원(孔子學院) 등 각종 문화사업도 전 세계를 대상으로 이뤄지고 있다. 아직까지 공자학원은 중국어 HSK 시험 주관이나 중국어 교육사업 정도에만 그치고 있으나 향후 대대적인 문화사업을 준비해 각국의 친화파(親華派)를 양성하겠다는 목표이다. 즉, 중국의 문화적 정수로 유학을 내세워 중국에 대한 홍보를 진행하고 있다. 다분히 정치적인 이해타산 측면도 있으나 21세기 들어 유학은 아시아권과 떼려야 뗄 수 없는 문화적 코드로 부상하고 있다.

한때는 유학의 중심이라고 자부했던 한국의 상황은 어떠한가? 한국은 성리학 위주 유학 연구가 주를 이뤘고 양명학은 금기시됐으며 소학(小學)같은 백과사전식 실증학문은 등한시해 체계적인 공구서나 실용적 이론서가 정리돼 있지 않다. 그렇다고 독창적인 철학적 이론이 정립되지도 않았고 주자의 이론적 범주에 안주하거나 그를 넘어서도 안 된다고 생각했다. 아직까지도 한국의 기성 한문학자들은 주자와 송시열의 이론을 가장 존중하며 그 외의 이론들을 이단시하는 경향이 있다.

이 때문에 성리학 외에 양명학, 소학 등이 다양하게 발전했던 일본의 경우와 달리 현실과는 무관한 다분히 사변적이고 형식적인 철학체계로만 유학이 자리 잡았다. 일본의 경우 '공자, 맹자가 일본을 침략할 경우 이미 유가의 인의(仁義)정신을 잃어버렸기 때문에 공자, 맹자라 하더라도 그들을 쳐부숴야 한다.'라고 얘기하며 다분히 융통성 있고 현실적인 유학체계를 세웠다. 이 때문에 비유럽 국가 중 최초로 산업혁명에 성공했고 정치제도까지 개혁했다. 이를 주도한 인물들이 유가사상에 입각한 왕도(王道)를 내세운 사무라이들이었다.

일본의 사례에서도 보듯이 유학이론의 연구, 전통사상의 보존이 꼭 전근대적이고 개혁, 혁신과는 정반대의 것이라고 볼 수는 없다. 얼마나 잘 운용하고 현실과 접목해 활용하느냐에 따라 유학의 이론은 현실개혁의 기본이론으로도 활용될 수도 있고 나라를 망하게 하는 망국의 폐단으로 전락할 수도 있다.

이와 같은 상황을 볼 때 포송령의 저서들은 각 장르별로 특색 있으나 기본적으로 유가사상의 입장에서 집필했고 다양한 현실적 이슈들을 저술대상으로 했기 때문에 현대에서도 경제이론, 생활과학 등과 접목해 활용할 수 있는 내용들이 많다. 포송령의 저서들은 아직까지는 ≪요재지이≫ 외에는 관련 연구서적들이 전무하고 ≪요재지이≫조차도 일부 발췌본 번역서만 나왔지 한국에 소개된 내용은 극히 적다.

본서가 포송령처럼 한국에는 알려져 있지 않으나 중국에서는 문호로 인정받고 있는 인물의 작품들에 대한 연구 및 중국전통과 문화에 대한 전문적 연구의 단초가 되고자 한다. 서론에도 언급했듯이 우리나라가 중국에 대해서 가장 많이 알고 있듯이 사부하고 있으나 실제로 제대로 분석하거나 심도 있게 연구한 것이 별로 없는 것도 사실이다.

일부 인물이나 시대에 연구가 집중돼 있고 다양한 인물의 조명, 특히 청나라의 시대상을 반영한 작품에 대한 연구가 많이 부족하다. 포송령의 작품들은 청나라 초기 시대상을 여실히 반영하면서도 뛰어난 사회분석력, 혁신적인 직업관, 경제관을 담고 있다. 현대와 같은 지식경제 시대에 청나라 초기 산동지역에 살았던 가난한 한 유생이 던진 메시지를 우리가 현실을 분석하는 잣대로 삼기에도 충분하다.

결론

본 저서는 청나라 초기 포송령의 작품을 위주로 당시 지식인들의 상업, 직업에 대한 관점 및 유상(儒商)의 범위 등에 대해 다뤘다. 현대적인 경제이론도 유상을 필두로 한 경제윤리 관념에 대해 초점을 맞췄고 유상과 같은 경영자 유형과 인사 관리자 유형이 현대 기업경영의 올바른 모델이라고 제시하고 있다. 또한 상인의 입장에서 유교를 말하고 사회를 재단한 여러 가지 사례를 포송령의 작품을 통해 분석했다.

포송령은 봉건사회에서 전통 유가교육을 받고 과거를 준비했던 전형적인 유생에 불과했으므로 그의 사상이나 행동에는 일부 현대적인 관점에서 볼 때 보수적이고 전근대적인 내용들도 많다. 또한 말과 행동이 불일치하거나 논지가 상황에 따라 다른 모순적인 면모도 많이 보인다. 그러나 그가 ≪요재지이≫의 서론에서도 썼듯이 자신의 집필동기가 본인의 '외로운 분노(孤憤)'를 풀고자 하는 행동이었으므로 여러 가지 면에서 당시 사회에 비판적이고 혁신적이며 참신한 내용들이 주를 이루고 있다.

경제이론 면에서도 유가인본주의와 결합된 유상의 형상을 내세움으로써 윤리와 경영을 합치하는 모습을 보이고 있다. 공자가 ≪논어≫에서 얘기한 '군자도 재물을 좋아하나 재물을 얻는 방법에는 도의가 있어야 한다(君子愛財, 取之有道)'라고 한 행동강령을 유상의 방향성으로 삼아 장사를 함에 있어서도 유가의 도를 따라야 함을 강조했다.

최근 잇따르는 세계 경제위기 속에서 미국, 유럽을 중심으로 한 경제학자들이 현재 경제질서와 경제철학에 대한 우려를 심각하게 표시하고 있다. '자본주의 체계를 개선하고 새로운 모델을 찾아야 한다'는 주장부터 '탐욕에 젖은 월스트리트를 점령하라(Occupy the Wall Street)'는 급진적인 목소리까지 나오고 있다.

일부 서양 경제학자들은 대안으로 중국의 사회주의 경제체제를 모델로 삼기도 하나 윤리의식 부재에 대한 우려도 크다. 중국 사람들도 현재의 사회주의 경제체제보다는 유가의 윤리의식이 더욱 강조된 중국사회의 정체성이 우선 확보돼야 한다는 주장이 많다.

경영자의 윤리의식을 강조한 포송령의 주장은 자칫 진부해보일 수도 있으나 어찌 보면 가장 기본에 충실한 정답이라고 볼 수 있다. 현대의 많은 비극의 씨앗이 인간의 품성과 성격에서 비롯된 경우가 많다. 시스템이 아무리 잘돼있다 하더라도 이를 운용하는 인간의 품성과 방향이 잘못돼 있다면 이는 돌이킬 수 없는 비극을 초래하기도 한다.

유가사상의 현대화나 장사꾼들이 유교를 얘기하는 현상은 일반 중국 인민들에게는 아무런 관심도 없는 얘기일지 모른다. 그저 공산당이 영도하는 대로 따라가고 오늘 하루 일하고 밥 먹으면 그만이라는 서민들이 대다수이다. 그러나 한국이 촛불혁명으로 새로운 민주주의의 모범을 보였듯이 새로운 유가사상의 철학형태나 사회적용 이론에 대한 연구가 중국, 한국을 막론하고 시도될 필요성은 있다.

중국정부는 2017년 10월 18일부터 24일까지 개최된 19차 전국대표대회에서 중국식 사회주의 발전과 함께 왕양명의 사상 즉, 양명학을 부각했다. 중국식 사회주의를 실현하기 위해서는 마르크스보다 지행합일(知行合一)을 강조한 왕양명의 사상을 계승해야 한다는 입장이다. 향후 미국을 뛰어넘어 2050년에는 세계 최대강국으로 부상할 것이라고 야심찬 포부도 발표했다. 그저 뜬구름 잡는 얘기가 아닌 다분히 현실성 있는 계획이다.

과거 조선시대에 주자학의 교조주의에 사로잡힌 유생들은 양명학을 연구하는 사람들을 사문난적(斯文亂賊)으로 몰아 살육했다. 현대 한국에서조차도 유학 연구자들은 대부분 주자학 위주이고 양명학을 연구하는 사람들은 적다.

조선왕조, 대한민국은 민족과 민중을 위해 현실적인 애민정책을 내놓은 이들과 교조주의에 사로잡혀 명분만을 강조하거나 자신들의 당파적인 이익만 도모해 민중들의 삶은 무시하는 이들의 투쟁현상이 종종 보인다. 동양철학자 김용옥 선생 말마따나 이들은 좌파, 우파 또는 보수파, 급진파의 투쟁이 아닌 상식과 몰상식의 투쟁일 따름이다.

안타깝게도 조선과 대한민국은 몰상식의 세력이 기득권을 형성했다. 지극히 당연한 상식적이고 이성적인 행위를 한 사람들을 기득권의 당파적 이익, 또는 교조주의에 맞지 않는다고 조선시대에는 사문난적으로 몰아 죽이고 임진왜란 때는 왕이 몰래 도망가고 병자호란 시 이미 망한 명나라를 위해 청나라와 대척하는 무모한 행동을 해 민생을 도탄에 빠뜨리거나 한일합방 시 아예 앞장서 일본의 식민지로 굴종했다.

대한민국에서는 국가보안법이란 허울로 수많은 민주인사를 박해하고 기회주의 세력들이 양민을 학살하고 국정을 농단하는 등 본질적으로 조선시대와 같은 몰상식의 세력들이 기득권을 형성해왔다. 조선, 대한민국의 역사에서 상식적으로 이해가 안 되는 엉뚱한 정치권의 행동이 양산된 것은 상식적인 세력이 힘을 얻지 못하고 몰상식의 세력으로부터 견제를 받거나 압도됐기 때문이다. 몰상식의 세력은 조선, 대한민국의 역사에서 일관되게 자신 집단의 이익에만 혈안이 돼있기 때문에 수단 방법을 가리지 않아 오랜 기간 기득권을 형성하고 있다.

중국의 경우 많은 문제점들이 있으나 이들의 역사는 그래도 민족주의 세력과 상식적인 생각을 하는 사람들이 기득권을 점유하고 승리했다. 당연히 언론통제, 독재, 부패 등 공산당의 문제점도 많으나 공산당이 중국의 민중을 해방하고 세계강국을 건설하는 리더로서 역할을 해온 것은 부정할 수 없는 현실이다. 공산주의를 신념으로 공산이상사회를 건설하려는 공산당이 이전에는 타도의 대상으로 여겼던 유가사상, 특히 양명학의 가치를 주장한 것은 눈여겨 볼 부분이다. 특히 일반적인 공자, 맹자의 사상이 아니라 조선왕조시대 독서조차 금기시됐던 왕양명의 사상이 21세기 들어 다시 관심의 대상이 되고 있다.

포송령의 실학적인 세계관, 윤리중심, 행동위주의 유교관은 시간적으로 멀지 않았던 양명학의 학통과 뿌리가 닿아있다. 대륙의 주인이 명나라에서 청나라로 바뀌고 정치적으로 혼란했으나 경제적으로는 지속 발전하고 있었던 17세기 후반 중국 산동성에 살았던 시골 유생 포송령이 소설과 잡문에서 던지는 메시지와 유가사상은 21세기 초에 들어선 현대에서도 활용가치가 있다. 이 부분이 향후 양명학과 포송령의 사상을 좀 더 면밀히 분석함으로써 중국 사회를 이해하는 시금석 및 한국사회의 인문전통을 조금이라도 개선할 수 있는 참고자료로 활용해야 할 필요성이다.

서양적 가치로 볼 때는 현대중국의 정치나 문화가 다분히 유가적이고 독재적인 경향이 있다. 하지만 이러한 체제와 문화를 통해서 21세기 중국이 많은 경제적 발전과 정치적 영향력을 확대해온 것도 사실이다. 서양 사람들의 가치관과 민주질서가 다분히 합리적인 부분이 많으나 이것이 절대선일 수는 없다. 중국의 공산주의, 자본주의, 유가정신이 혼합된 새로운 철학시도가 과연 서양 체제와 공존할 수 있는 시스템이 될 지는 좀 더 지켜

봐야 한다.

한국에서 포송령의 연구는 막 시작단계이다. 한국 문학계에 큰 영향을 주지 못했고 굳이 한국학계에서 관심을 가질만한 인물이 아닐 수도 있다. 그러나 학문의 다양성을 지향하고 포송령이 중국 학계에서 차지하는 중요도를 고려해볼 때 최소한 그의 주요 작품들에 대한 연구는 지속돼야 한다. 다양한 인물과 작품들에 대한 연구가 이뤄져야 중국에 대한 이해도를 심화할 수 있고 어쩔 수 없이 동반자 관계를 구축해야 하는 중국을 좀 더 효과적으로 다룰 수 있는 기재로 활용할 수 있다.

백 철

고려대학교를 졸업하고 중국 복단대학교에서 중국고전문학 전공으로 박사학위를 취득했다. 매일경제신문사 부동산부, 사회부에서 취재기자로 근무했고 대림코퍼레이션 상해, 북경법인에서 중국영업 업무를 담당했다. 현재는 ㈜효성 중국 광주지사에서 근무 중이다. 중국 고전문학을 텍스트로 현대 경영이론과의 융합, 한중문화교류 현상에 대한 연구를 진행하고 있다.

장사꾼이 유교를 말하다

2018년 3월 20일 초판 1쇄 발행

지은이 : 백 철
펴낸이 : 김병환
펴낸곳 : 학자원
주 소 : 134-814 서울시 강동구 천호대로 1121
전 화 : 02) 6403-1000
팩 스 : 02) 6338-1001
E-mail : hakjaone@daum.net
등 록 : 2011년 3월 24일 제324-2011-14호

HAKJAONE Publishing Co.
1121 Cheonho-Daero Kangdong-Gu Seoul

ISBN : 979-11-6247-038-1 03820

값 15,000원

잘못 만들어진 책은 교환 가능하며 구입 서점이나 본사에서 교환해 드립니다.
이 책은 저작권법의 보호를 받는 저작물이므로 무단전재와 복제를 금지하며,
이 책의 내용을 이용하려면 저작권자와 학자원의 동의가 있어야 합니다.